汽车电器及电子设备测试实验技术研究

曾清德◎著

汕头大学出版社

图书在版编目（CIP）数据

汽车电器及电子设备测试实验技术研究 / 曾清德著
. -- 汕头：汕头大学出版社，2024.5
ISBN 978-7-5658-5290-9

Ⅰ．①汽… Ⅱ．①曾… Ⅲ．①汽车－电器－测试－实验技术－研究②汽车－电子设备－测试－实验技术－研究 Ⅳ．①U463.6

中国国家版本馆 CIP 数据核字（2024）第 098301 号

汽车电器及电子设备测试实验技术研究
QICHE DIANQI JI DIANZI SHEBEI CESHI SHIYAN JISHU YANJIU

著　　　者：	曾清德
责任编辑：	蔡　瑶
责任技编：	黄东生
封面设计：	优盛文化
出版发行：	汕头大学出版社
	广东省汕头市大学路 243 号汕头大学校园内　邮政编码：515063
电　　话：	0754-82904613
印　　刷：	河北万卷印刷有限公司
开　　本：	710 mm×1000 mm　1/16
印　　张：	20.5
字　　数：	260 千字
版　　次：	2024 年 5 月第 1 版
印　　次：	2024 年 6 月第 1 次印刷
定　　价：	98.00 元

ISBN 978-7-5658-5290-9

版权所有，翻版必究

如发现印装质量问题，请与承印厂联系退换

前　言

随着我国汽车工业的快速发展和社会汽车保有量的增长，人们对汽车技术越来越重视。由于现代汽车结构中汽车电器及电子设备占的比重越来越大，汽车电控技术的不断发展及汽车电气系统技术的日益进步，对汽车电器及电子设备测试实验技术提出了更高要求。

本书把汽车电器及电子设备分成若干个模块，除了使读者了解各个模块的基本原理、基本组成及相关的结构配置外，针对当前汽车行业从业者的技术状态、从业技术人员轻电恐电的普遍现象，重点对现代汽车普遍配置的电器及电子设备的测试实验技术进行研究。本书对从事汽车技术研究及汽车维修的人员有一定的参考价值。

作者在写作过程中阅读了大量国内外专著及相关教材，并结合多年从事汽车电器及电子设备测试实验技术研究的经验，力求整体全面系统地研究现代汽车电气设备及电子控制技术模块的测试实验技术。但是鉴于现代汽车电器及电子技术的飞速发展，各个车型的电器及电子设备差异较大，作者掌握的资料不足，且作者的研究水平有限，书中的一些内容和方法难免有不当之处，恳请广大读者提出宝贵的意见及建议。

目 录

第1章 汽车蓄电池性能测试实验 ··· 001
    1.1 蓄电池正负极柱的识别 ··· 001
    1.2 蓄电池技术状况的判断、检测仪器与检测方法 ············ 003
    1.3 免维护蓄电池技术状况的检测方法 ··························· 008
    1.4 蓄电池常见故障的检测与诊断 ·································· 009

第2章 汽车交流发电机及电压调节器测试实验 ················ 012
    2.1 交流发电机接线柱的识别 ······································· 012
    2.2 交流发电机的不解体检测方法 ·································· 014
    2.3 交流发电机的性能测试 ··· 018
    2.4 无刷硅整流发电机的性能测试 ·································· 021
    2.5 电压调节器的测试 ·· 023
    2.6 供电系统故障排查方法 ··· 027
    2.7 维修后的交流发电机的性能测试 ······························· 035
    2.8 供电系统故障维修的禁忌 ······································· 037

第3章 汽车起动机性能测试实验 ······································· 039
    3.1 起动系统的性能测试及故障诊断 ······························· 039
    3.2 发动机启动实验 ··· 048

第4章 汽车点火系统性能测试实验 ··································· 054
    4.1 普通电子点火系统的故障诊断与检测 ························ 055

4.2 微型计算机控制电子点火系统的故障诊断与检测 ……… 057
　　4.3 故障案例分析 …………………………………………… 072

第5章 汽车照明与信号系统性能测试实验 …………………… 076
　　5.1 照明与灯光信号系统的故障诊断与排除 ……………… 076
　　5.2 电喇叭的故障诊断与排除 ……………………………… 084

第6章 汽车雨刮装置电机性能测试实验 ……………………… 087
　　6.1 刮水器的检测、故障诊断及修理 ……………………… 087
　　6.2 电动刮水系统常见故障与排除 ………………………… 090
　　6.3 电子智能式间歇刮水器常见故障维修 ………………… 093

第7章 汽车前照灯灯光调整测试实验 ………………………… 095
　　7.1 前照灯光学系统的结构 ………………………………… 095
　　7.2 前照灯的防眩目措施 …………………………………… 100
　　7.3 前照灯的类型 …………………………………………… 103
　　7.4 其他形式的前照灯 ……………………………………… 105
　　7.5 前照灯的控制电路分析 ………………………………… 107
　　7.6 前照灯及其控制电路的检测与调整 …………………… 111

第8章 汽车空调系统测试实验 ………………………………… 114
　　8.1 空调系统故障的感官判断 ……………………………… 114
　　8.2 空调制冷系统主要部件的就车检测 …………………… 117
　　8.3 空调制冷系统的故障检测方法 ………………………… 120
　　8.4 空调暖风系统的故障及排除方法 ……………………… 123
　　8.5 空调系统的常见故障及排除方法 ……………………… 125
　　8.6 电动汽车空调系统及其常见故障与排除方法 ………… 129
　　8.7 空调系统故障检修的禁忌 ……………………………… 134

第9章 汽车仪表显示系统测试实验 …………………………… 137
　　9.1 仪表外部故障诊断与排除 ……………………………… 137

9.2　仪表内部故障诊断与排除 ··· 144

第 10 章　汽车电子控制系统传感器测试实验 ································· 146
10.1　传感器分类 ··· 146
10.2　传感器检测方法 ··· 148
10.3　发动机用传感器常见的故障及原因 ································· 149

第 11 章　汽车制动防抱死装置性能测试实验 ································· 153
11.1　汽车制动系统常见的故障诊断与排除 ································· 154
11.2　防抱死制动系统（ABS）的测试与诊断 ································· 162

第 12 章　汽车电控助力转向系统性能测试实验 ································· 172
12.1　电子控制动力转向系统的检测诊断 ································· 172
12.2　电控汽车转向系统常见故障测试诊断 ································· 181
12.3　电动助力转向系统故障检修的禁忌 ································· 184

第 13 章　汽车电控悬架性能测试实验 ································· 185
13.1　功能检查 ··· 187
13.2　故障自诊断 ··· 189
13.3　故障代码的诊断 ··· 191

第 14 章　汽车安全气囊性能测试实验 ································· 199
14.1　检测安全气囊系统的注意事项 ································· 199
14.2　汽车安全气囊系统故障诊断程序 ································· 201
14.3　安全气囊系统的故障诊断与检修 ································· 203
14.4　安全气囊系统报废处理 ································· 209

第 15 章　汽车电控自动变速系统性能测试实验 ································· 212
15.1　离合器故障诊断与排除 ································· 212
15.2　手动变速器的故障诊断与排除 ································· 222
15.3　电控液力自动变速器的测试诊断 ································· 231
15.4　万向传动装置的故障诊断与排除 ································· 273

15.5 驱动桥的故障诊断与排除 ················· 278

第16章 汽车车身稳定程序性能测试实验 ············ 286

16.1 ESP 概述 ························· 286
16.2 ESP 的工作过程 ····················· 290
16.3 ESP 测试 ························· 290
16.4 新车进行 ESP 匹配流程 ················· 291

第17章 汽车巡航控制系统性能测试实验 ············ 293

17.1 故障自诊断 ························ 294
17.2 故障代码诊断 ······················· 298

第18章 汽车总线系统测试实验 ················ 303

18.1 CAN 总线故障产生的原因 ················ 303
18.2 CAN 总线系统的检测 ·················· 304
18.3 典型车载网络的结构 ··················· 306
18.4 车载网络故障的检测方法与技巧 ············· 308
18.5 电动汽车整车 CAN 总线网关及网络化管理 ········ 316
18.6 车载网络系统故障维修的注意事项 ············ 317

参考文献 ······························ 319

第1章 汽车蓄电池性能测试实验

1.1 蓄电池正负极柱的识别

1.1.1 新蓄电池的正负极柱识别

为了避免蓄电池搭铁极性弄错或相互连接时安装错误,造成电气系统出现故障,应准确辨别蓄电池的正负极柱。通常,新蓄电池正极柱上刻有"+"或"POS"记号或涂有红漆标记;负极柱上刻有"-"或"NEG"记号或涂有蓝、绿、白、黄漆等标记。有的生产厂家还将正极柱的直径做得比负极柱略大些。正极柱较硬,而负极柱较软。

1.1.2 标记不清或无明显标记蓄电池的正负极柱识别

对于久用后标记不清或无明显标记的蓄电池,其正负极柱识别方法如下。

1. 颜色识别法

由于蓄电池正极板上的活性物质是二氧化铅(PbO_2),呈深棕色,负极板上的活性物质为海绵状铅,呈青灰色,因此由极板的颜色就可以区分出正、负极柱。正极柱为深棕色的,颜色深;负极柱为青灰色的,颜色浅。

2.电压测量识别法

将万用表直流 50 V 电压挡的红、黑两表笔分别接蓄电池的两极柱。若指针转向正确,有电压值示出,则红表笔所接的极柱为蓄电池的正极柱,黑表笔所接的极柱为蓄电池的负极柱。

3.电流测量识别法

将车用电流表"+"接线柱的连线与任一极柱相触,另一根线与该单格电池的另一极柱瞬间划擦,同时迅速观察电流表指针的摆向:若指针向"+"摆动,则与电流表"+"接线柱连线相触的极柱为正极柱;若指针向"-"摆动,则与电流表"+"接线柱连线相触的极柱为负极柱。

4.盐水气泡识别法

将通过蓄电池极柱的两根导线的另一端插入稀硫酸溶液或盐水中,并使两根导线保持 2 mm 的距离。观察导线端头产生的气泡:气泡多的那根导线所连接的极柱为蓄电池的负极柱,气泡少的为蓄电池的正极柱。

5.马铃薯识别法

将通过蓄电池极柱的两根导线的另一端插入切开的马铃薯内(注意:不要让这两根导线相接而造成短路),观察导线周围马铃薯的颜色:若导线周围马铃薯变成绿色,则该导线所连接的极柱为正极柱;另一个即为负极柱。

6.位置识别法

一般情况下,根据与厂牌的相对位置也可判断出蓄电池极柱极性。极柱前后排列时,靠近厂牌正面的是正极柱,靠近厂牌反面的是负极柱;极柱左右排列时,厂牌左边的是正极柱,厂牌右边的是负极柱。

7.高率放电计识别法

用高率放电计判别蓄电池正负极柱时,将该蓄电池与有明显极性标记的蓄电池进行比较，按指针的摆动方向，也可准确判断出蓄电池极柱的极性。

8. 指南针识别法

将指南针放在带有电流的导线下，并将右手掌放在导线上，使拇指掩盖指南针的北极，其余各指所指方向即导线中电流方向。因电流方向由正到负，所以很容易就能确定正极柱。

1.2 蓄电池技术状况的判断、检测仪器与检测方法

1.2.1 蓄电池技术状况的判断

1. 根据不同现象判断蓄电池失效

蓄电池失效后，往往表现为充不进去电，即不存电。有以下现象时，可判断出蓄电池已损坏且无修复价值。

（1）长时间充电后电解液仍无变化，不冒气，密度不变，端电压低，蓄电池外壳发热。

（2）电解液混浊，呈棕色或青色，正极板或负极板脱落严重。

（3）从加液口观察极板，可以看到极板厚度不均（负极板两面的隔板膨胀，几乎碰到正极板），出现弯曲。

（4）蓄电池存电不足，充电时端电压快速上升、电解液沸腾、密度不变，停止充电不久，端电压又下降。

（5）塑料蓄电池外壳四壁向外凸起，这主要是由极板脱落物质挤落在极板间，向外挤胀极板形成的。

2. 模拟启动放电来判断放电程度和启动能力

高率放电计是接入起动机的模拟负荷，通过测量蓄电池在大电流（接近起动机启动电流）放电时的端电压，来判断蓄电池的放电程度和启动能力。高率放电计有可变电流式和不可变电流式两种，应用较多

的是不可变电流式。在测量时，将放电针用力压在蓄电池的正、负极柱上（红放电针接正极柱），保持15 s，若蓄电池电压能够保持在9.6 V以上，则说明该蓄电池性能良好，但存电不足；若蓄电池电压稳定在10.6～11.6 V，则说明该蓄电池存电足；若蓄电池电压迅速下降，则说明该蓄电池已损坏。不同厂牌的高率放电计的放电程度和放电电压的对应关系不同，应依据厂家的使用说明书来确定。

3. 汽车启动时测量端电压或根据启动现象判断蓄电池放电程度

在发动机阻力正常的情况下，启动发动机的同时，测量蓄电池的端电压。对于12 V电气系统，其端电压高于9 V，说明蓄电池存电比较足；对于24 V电气系统，其端电压高于18 V，说明蓄电池存电比较足。

在汽车上连续几次使用起动机驱动发动机，若发动机均能快速旋转，则说明蓄电池存电充足；若发动机旋转无力或不能旋转，则说明蓄电池放电过多或有故障。夜间开灯使用起动机时，若起动机旋转有力，灯光虽稍许变暗，但仍有足够的亮度，则说明蓄电池存电充足；若起动机旋转无力，灯光暗淡，则说明蓄电池放电过多；若起动机不能带动发动机，灯光暗红甚至熄灭，则说明蓄电池放电过多或严重硫化。

1.2.2　蓄电池技术状况的检测仪器

1. 采用万用表检测

采用数字式万用表检测汽车的静态电流时，应在记住音响防盗系统或装置密码的情况下，按以下步骤进行操作。

（1）断开点火开关，关闭车载电话以及车门灯等所有用电器的开关。

（2）确认发动机舱盖下面的灯、杂物箱灯和后备箱灯处于关闭状态。

（3）先把数字式万用表的两端与蓄电池的负极柱及负极电缆连接好，然后从蓄电池的负极上脱开负极电缆，再进行检测，初测时将数字式万用表的量程设定为最大，然后逐步设定为"mA/DC"。

（4）读取汽车的静态电流，如果放电电流在20～40 mA，那么说明静态电流基本正常；如果测得的电流很大，那么说明蓄电池的放电电流很大，应查找故障原因。

（5）采用逐一断开蓄电池负载各分支电路的方法判断故障出在哪一支路。通常采用逐一拔下分支电路熔丝的方法来查找故障部位，当不良支路的熔丝被拔下时，电流读数会下降，由此可以找到有故障的支路。

2. 采用钳形电流表检测

采用钳形电流表检测汽车静态电流，具有不需要拆卸蓄电池连接线的优点，具体方法如下。

（1）关闭发动机约 15 min，确认门锁灯、照明灯等各种电气装置的开关均处于断开状态。

（2）采用合适的钳形电流表（如 SK-7831 型等），将其挡位设置在较高位置，然后将钳形电流表的表头夹在蓄电池负极柱上，LCD 屏幕上显示的值，就是静态电流值。

（3）如果测得的电流为 20～40 mA，那么说明静态电流基本正常；如果测得的电流很大，那么说明蓄电池的放电电流很大，应查找故障原因。

（4）采用逐一断开蓄电池负载各分支电路的方法判断故障出在哪一支路。通常采用逐一拔下分支电路熔丝的方法来查找故障部位，当不良支路的熔丝被拔下时，钳形电流表的读数会下降，由此可以找到有故障的支路。

3. 采用蓄电池测试仪检测

（1）蓄电池测试仪是一种新型的检测仪器，专门用于对蓄电池的性能进行检测，能够快速检测蓄电池的存电状况，以及点火开关断开以后蓄电池的放电现象。

（2）蓄电池测试仪的检测方式主要有蓄电池在车检测、发电机检测和静态电流检测，检测所需要的时间从 30～120 s 不等。

（3）蓄电池测试仪检测的内容包括蓄电池寿命比例、蓄电池断路或短路故障、蓄电池极板故障、蓄电池电解液温度、发电机工作电流、发电机工作电压、整流二极管脉冲电压以及供电系统的静态电流等，检测的结果可以在显示屏上直接显示出来，这些数据还可以通过蓄电池测试仪的红外端口传送给打印机打印出来。

1.2.3 蓄电池技术状况的检测方法

1. 采用在车测压法判断蓄电池的技术状况

所谓在车测压法，就是在汽车上用电压表在一定状态下测量蓄电池的电压，根据测量值可判断蓄电池存电量。

在发动机正常温度下，将一个电压表接在蓄电池的正负极上，拔出分电器盖上的中央高压线并搭铁。

启动发动机连续运转 15 s 左右，观察电压表的读数。在起动机和线路连接良好的情况下，对于 12 V 蓄电池，若电压为 9.6 V 或高于 9.6 V（对于 6 V 蓄电池，电压为 4.8 V 或高于 4.8 V），则说明蓄电池技术状况良好；若电压低于上述值，则说明蓄电池技术状况不好，应对蓄电池进行检查和修理。

2. 采用灯光判断法判断蓄电池的技术状况

在夜间开灯的情况下，接通起动机，通过起动机的旋转情况和灯光的变暗程度可以判断蓄电池的存电量。

（1）若起动机旋转有力，灯光虽稍许变暗，但仍有足够的亮度，则说明蓄电池能够保持一定的电压，技术状况良好且充电较足。

（2）若起动机旋转无力，灯光又非常暗淡，则说明蓄电池放电过多，必须立即充电。

（3）若接通起动机后，灯光暗红并迅速熄灭，则说明蓄电池放电已经超过了允许限度或蓄电池已严重硫化。

3. 采用充、放电检查法判断蓄电池的技术状况

充、放电检查法是判断蓄电池技术状况的可靠方法。通过对充、放电检查得到的各项参数及反映的现象进行分析，可判断蓄电池的故障程度及故障性质，这对蓄电池的维修有好处。

（1）充电。充电至全充电状态，即多数单格电池电压充至 2.4～2.7 V 并充分冒气泡，电解液浓度在 2 h 内不再增高。

在充电过程中，测量并记录各单格电池的电解液密度、温度及端电压，观察并记录充电过程中的现象。

在充电过程中，若电解液温度超过 45℃，应暂停充电使其降温。充电完毕后，若电解液密度不符合规定，应用蒸馏水或密度为 1.4 g/cm³ 的电解液进行调整。调整后，应再充电 2 h。

（2）放电。用蓄电池额定容量 1/20 的电流进行放电，并保持放电电流固定。在放电过程中，每隔一定时间（开始每隔 1 h，待单格电池电压降至 1.9 V 后每隔 15 min）要测量一次单格电池端电压、电解液密度及温度。当放电至出现下述情况之一时，应停止放电，将记录的总放电时间（h）乘以放电电流（A），即可得出实际放电容量。但出现以下情况时应停止放电。

① 多数单格电池端电压降至 1.75 V 以下。

② 某单格电池端电压急剧下降。

根据蓄电池充、放电过程中测量得到的参数及反映的现象，分析蓄电池的故障程度及故障性质。

4. 采用划火法检查单格电池的存电程度

将一根直径小于 1.5 mm 的铜线的一端接在某一单格电池的一个极上，另一端与该单格电池的另一个极划擦，不要跨接两个以上的单格电池。若出现蓝白色的强火光，则表明该单格电池存电充足；若出现红色火花，则表明该单格电池电量不足；若无火花或只有微弱的小火星，则表明该单格电池短路，且存电量微弱。

5. 采用较简单的方法判断蓄电池的自放电现象

新的蓄电池或充足电的蓄电池，过一两天后，就感觉亏电了，如起动机不转、前照灯不亮、电喇叭不响等，这种情况可能是由于蓄电池存在自放电现象。

1.3 免维护蓄电池技术状况的检测方法

1.3.1 免维护蓄电池技术状况的判断

免维护蓄电池的技术状况是否良好，一般可以通过其壳体上的检视装置判断。

检视装置中有一个绿色的小球。该小球可随电解液密度不同在一定范围内运动，观察该小球的颜色，就可以判断蓄电池电解液的密度是否正常。

1. 免维护蓄电池电解液密度达到标准状态

当免维护蓄电池电解液密度达到标准状态时，绿色的小球浮到顶端，从检视孔中可看到一个绿点。

2. 免维护蓄电池电解液密度低于标准状态

当免维护蓄电池电解液密度低于标准状态后，从检视孔中看到的是黑点，此时免维护蓄电池必须充电才能使用。

3. 免维护蓄电池电解液不足

若从检视孔中看不到任何颜色，则说明免维护蓄电池电解液不足（此时如果接通起动机，起动机旋转无力），应查找电解液不足的原因。液面过低的原因可能是外壳破裂或有外漏现象，应仔细检查。必须注意的是，有些免维护蓄电池的电解液不足时，从检视孔中看到的是浅黄色。免维护蓄电池具有故障少、寿命长、启动性好等特点，但它也是铅酸蓄电池，由于电解液析水和自行放电是不可避免的，所以日常应经常注意其状况的好坏，定期检查电解液液面高度及电解液的密度。

1.3.2 采用普通数字式万用表测量蓄电池开路电压的方法

采用普通数字式万用表测量蓄电池开路电压的方法判断蓄电池电解液的相对密度，进而确定蓄电池的电量状态。

在测量蓄电池开路电压之前，为了获得准确的数据，蓄电池应在稳定状态下 5～10 min 内没有承受负载，且测量温度应在 16～37℃。

对于刚充好电的蓄电池，要先消除其表面产生的电荷后，才能获得准确的开路电压值。消除表面电荷的方法较简单，在蓄电池两端连接一个 20 A 左右的负载约 2 min，如接通前照灯等，然后断开连接的负载，使蓄电池稳定 5～10 min 后，再测量蓄电池的开路电压。

测量蓄电池开路电压的方法较简单，与测量一般干电池两端的电压基本相同，然后将测得的数据与表 1-1 所列的蓄电池开路电压和蓄电池电解液相对密度、蓄电池电量状态之间的对应关系进行对比，就可以判断出蓄电池电解液的相对密度以及蓄电池的电量状态。

表 1-1　蓄电池开路电压与蓄电池电解液相对密度、蓄电池电量状态之间的对应关系

蓄电池开路电压（V）	≥ 12.6	12.4	12.2	12.0	11.9
蓄电池电解液相对密度	1.265	1.225	1.190	1.155	1.100
蓄电池电量状态（%）	100	75	50	25	0

1.4 蓄电池常见故障的检测与诊断

蓄电池在使用中常出现极板弯曲、极板断裂、自放电、活性物质脱落、反极、硫化及短路等故障。造成蓄电池故障的原因是多方面的，大体可分为生产制造和使用不当两大方面。生产制造方面的原因主要有原

材料质量不好（铁、铜含量过高）、工艺粗糙和极性装反造成的极柱标错。使用方面的原因主要有充电不及时、充电时极性接反、外壳不干净、电解液不纯、密度过高或过低等，这些都可能导致蓄电池故障的发生。

常见蓄电池外部故障及其排除方法如下。

1.4.1 容器破裂

蓄电池容器多由硬橡胶或塑料制成，其质地硬脆。造成容器破裂的原因有蓄电池固定螺母旋得过紧、行车剧烈振动、外物击打和电解液结冰等。根据蓄电池电解液液面高低以及蓄电池底部是否潮湿可以判断容器是否有裂纹存在，容器的裂纹一般在其上近四角处。裂纹轻者蓄电池容器可修补，重者应更换。

1.4.2 封口胶破裂

封口胶因质量低劣或受到撞击容易破裂，封口胶破裂后，电解液从裂缝中渗出，与杂质或脏物混合使蓄电池外表沟通形成短路，引起蓄电池自放电。若封口胶裂缝较小，则可清洁干燥后，用喷灯喷裂缝处烤热熔封。若封口胶破裂严重，则可把封口胶清除干净，重新封口。

1.4.3 极柱螺栓和螺母腐蚀

蓄电池的极柱螺栓和螺母腐蚀产生污物后，可用竹片将污物刮去，用抹布蘸5%的碱溶液擦去残余的污物和酸液，再用水清洗干净，然后在极柱及接线端表面涂以凡士林保护。若腐蚀严重则应更换极柱螺栓和螺母。

1.4.4 蓄电池爆炸

在蓄电池充电后期，电解液中的水分解为氢气和氧气。由于氢气可以燃烧，氧气可以助燃，如果气体不及时排出，其与明火接触即迅速燃烧，从而引起爆炸，因此为了防止蓄电池爆炸，在使用过程中应从防止形成可爆性混合气体和杜绝明火两方面着手来预防。具体措施如下。

（1）保证蓄电池充电室内通风良好。

（2）严禁蓄电池周围有明火。

（3）使用匹配的充电设备，不过度充电。

（4）蓄电池内部连接处的焊接要可靠，避免因松动产生火花。

（5）保持蓄电池的通气孔通畅。

第2章 汽车交流发电机及电压调节器测试实验

2.1 交流发电机接线柱的识别

汽车车型不同，交流发电机的机型也有所区别，但一般机型均设有电枢接线柱、磁场接线柱、搭铁接线柱、中性点接线柱等接线柱。交流发电机接线柱的识别方法主要有线径辨认法、字母识别法、符号判别法和万用表测量识别法等。

2.1.1 线径辨认法

交流发电机上较粗（$\phi 6$ mm）的接线柱为电枢接线柱；两个较细（$\phi 3$ mm）的接线柱中的一个（螺钉根部与外壳直接接触或用导电铜片相接）为搭铁接线柱，与之相邻的另一个则为磁场接线柱；独立的接线柱为中性点接线柱。

2.1.2 符号判别法

国产交流发电机上一般只有三个接线柱，上面分别标有"+""-""F"。其中，"+"表示电枢接线柱；"-"表示搭铁接线柱；"F"表示磁场接线柱。

2.1.3 字母识别法

交流发电机的整流端盖上设有不同的接线柱,并在相应的位置上标有不同的字母,各字母的含义及对应接线柱的作用分别叙述如下。

(1)"A"接线柱、"B+"接线柱或"B"(Battery,蓄电池)接线柱为电枢接线柱,向交流发电机内部与正整流板连接,向外输出电能,通过较粗的导线与蓄电池正极和起动机相连。另外,一般的电源输出线也称为"B"。

(2)"F"(Field,励磁绕组)接线柱为磁场接线柱,应用于普通交流发电机,向交流发电机内部与励磁绕组的一端相连,向外接电压调节器的"F"接线柱。对于整体式交流发电机(内装集成电路调节器),励磁绕组与集成电路调节器相连的一端也称为"F"。

(3)"N"接线柱或"P"(Neutral,中性的)接线柱为中性点接线柱,向交流发电机内部与星形绕组的中性点相连,向外对于普通交流发电机,一般用来控制各种用途的继电器,如充电指示灯继电器、磁场继电器等;对于整体式交流发电机(内装集成电路调节器),中性点或三相绕组中的一相接点一般和集成电路调节器相连。

(4)"L"(Light,灯)接线柱为充电指示灯接线柱,对于整体式交流发电机(内装集成电路调节器),向内和集成电路调节器相连,通过集成电路调节器来控制充电指示灯的工作,向外一般通过点火开关和充电指示灯相接。

(5)"D+"接线柱为充电指示灯接线柱,标有"D+"接线柱的一般为采用三个专用磁场二极管的9管或11管的交流发电机,因而充电指示灯通过三个专用的磁场二极管进行控制,向外一般通过点火开关和充电指示灯相接。

(6)"S"接线柱。现代汽车普遍应用的大功率交流发电机中常采用"S"端子,其为蓄电池电压检测线,向内与集成电路调节器相接,此线一般为较粗的中间没有任何熔断装置的导线,与蓄电池的正极直接相连,用来检测交流发电机的电压,其作用是控制集成电路调节器工作的基准信号。

(7)"E"(Earth,搭铁,地线)接线柱为搭铁接线柱,常用搭铁标志是"⊥"或"E",对于普通交流发电机,"⊥"或"E"端与交流发电机的外壳相连,向外与电压调节器的"E"或"−"接线柱相连,目的是使交流发电机与电压调节器之间形成良好的搭铁回路,以保障充电系统的正常工作。

(8)"IG"(Ignition,点火)接线柱为点火线,一般此线用来控制交流发电机的工作,向外一般通过点火开关与蓄电池正极相连。

2.1.4　万用表测量识别法

测量前先将交流发电机各接线柱上的导线拆下,把万用表置于"R×10"或"R×100"挡,用两根表笔分别去测量各接线柱和机壳之间的电阻,然后将两表笔对调位置进行测量。若两次测量中电阻均为 0 Ω,则所测脚为搭铁接线柱;若两次测量中电阻均为 5～6 Ω(12 V 电系车型)或 19.5～22 Ω(24 V 电系车型),则所测脚为磁场接线柱;若两次测量中,一次电阻为 40～50 Ω,另一次为 10 000 Ω,则所测脚为电枢接线柱。

2.2　交流发电机的不解体检测方法

2.2.1　手动检测法

(1)连接好电路,用直流电源(6～12 V)给发电机磁场线圈励磁(将电源的负极搭铁,正极接发电机磁场接线柱),并将电压表正、负表笔分别接到发电机电枢接线柱与地线间。

(2)用手尽量高速转动发电机带轮并观察电压表。正常的发电机电压应达到 3～5 V(12 V 电系车型)或 5～8 V(24 V 电系车型)。

（3）用1 m左右的尼龙绳绕在带轮上，将发电机夹持在台虎钳上，用力拉动绳索使发电机旋转，空载电压可达10～12 V（12 V电系车型）或20 V以上（24 V电系车型）。

（4）若检查结果符合上述规律，则说明发电机正常，问题出在其他电路；反之则说明发电机本身有故障，应解体查找原因并进行维修。

2.2.2 万用表测压检测法

1. 连接好电路

（1）先检查调整发电机皮带的张力，然后拆下发电机各接线柱上的导线，另用一根导线将发电机电枢接线柱和磁场接线柱连接起来。

（2）用万用表检测发电机的输出电压。其方法是将万用表拨至直流电压挡（0～50 V），红表笔接发电机电枢接线柱，黑表笔接外壳，即搭铁。

2. 对发电机进行励磁

启动发动机，并把从发电机电枢接线柱上拆下的那根火线碰一下磁场接线柱，即对发电机进行励磁，几秒后将该线移开，开始缓缓地提高发动机转速。

观察万用表上所指示的电压值。若该电压值随发电机的转速升高而逐渐增大，则说明被测发电机工作基本正常，问题出在其他部分；若万用表指针不动（无电压值），则说明发电机未发电，其内部可能有元件或部件不良，应进一步解体检查。

2.2.3 试灯检测法

1. 不拆线检查判断

在发动机熄火状态，接通点火开关，将直流试灯的一端接"F"（磁场）接线柱，另一端接外壳。

（1）若试灯亮，则说明发电机励磁电路良好。

（2）若试灯不亮，则说明调节器有问题。拆下电枢接线柱头后启动发动机，使其以稍高于怠速的转速运转，再将试灯的一端触外壳，另一端触"+"接线柱。若试灯不亮或为暗红光，则说明交流发电机内部有问题。

2.拆线检查判断

将电枢接线柱与磁场接线柱上的线头都拆下，接上试灯后启动发动机并缓慢提高转速，观察试灯。

（1）若试灯灯光随发动机转速升高而增强，则说明调节器有问题。

（2）若试灯一直发红或光度无明显变化，则说明交流发电机内部有故障，如个别二极管损坏、定子绕组某相松脱、短路等，应进一步解体检查。

2.2.4 就车测压、测流检测法

1.空载实验

拆下蓄电池的负极搭铁线，从交流发电机的电枢（标有"+"或"A"）接线柱上拆下接线，将一个量程为 0～40 A 的直流电流表串接在拆下的接线端头与电枢接线柱之间。再将一个量程为 0～20 V（12 V 电系车型）的直流电压表的电枢接线柱连接在发电机电枢接线柱上，电压表的搭铁接线柱接在发动机机体（搭铁）上。断开汽车上所有用电器的开关。接上蓄电池的负极搭铁线，启动发动机，使发动机转速由怠速提高到略高于 1 300 r/min（对于国产系列汽车此转速略高于 1 000 r/min，对于一般进口汽车此转速可提高到 2 000 r/min），此时电压值应为 13.8～14.8 V（12 V 电系车型），电流表读数以小于 10 A 为佳，否则说明所测量的交流发电机可能有问题。

2.满载实验

在上述空载实验的基础上，保持发动机转速，接通汽车上主要用电

器,如照明灯、信号灯、暖风电动机(注意:不要按喇叭),此时电压值应为13.8~14.8 V(12 V电系车型),电流表读数应大于额定电流值。

若符合上述规律,则所测发电机工作基本正常,否则说明其内部有故障,应进一步解体检查。

2.2.5 万用表就车测阻检测法

在不从车上拆下发电机的情况下,用万用表测量发电机各接线柱之间的正、反向电阻值,也可初步判断发电机有无故障。若有故障,需将发电机解体后进行维修。

用万用表测量的发电机各接线柱之间的电阻值应符合规定范围。表2-1列出了不同类型发电机正常时的电阻值范围。

表2-1 不同类型发电机正常时的电阻值范围

发电机类型	"F"与"E"之间	"B"与"E"之间		"B"与"F"之间		"N"与"B"或"E"之间	
		正向	反向	正向	反向	正向	反向
有刷	5~6 Ω(12 V);19.5~21 Ω(24 V)	40~50 Ω	>10 kΩ	50~60 Ω	>10 kΩ	10 Ω	>10 kΩ
无刷	3.5~3.8 Ω(12 V);15~16 Ω(24 V)	40~50 Ω	>10 kΩ	50~60 Ω	>10 kΩ	10 Ω	>10 kΩ

注:"F"表示磁场接线柱,"E"表示搭铁接线柱,"B"表示电枢接线柱,"N"表示中性点接线柱。

测量结果分析如下。

1. "F"与"E"之间

若"F"与"E"之间的电阻值大于标准值,一般是电刷与滑环接触不良或滑环脏污;若电阻值小于标准值或接近零,一般是磁场绕组有匝间短路；若电阻值为∞，一般是磁场绕组断路；若电阻值为零，则"F"搭铁或两个滑环短路。

2."B"与"E"之间

若"B"与"E"之间的正向电阻值小于标准值，则说明某个二极管被击穿（短路）；若正、反向电阻值均为零，则说明"B"搭铁或正、负极板上各有一个或一个以上的二极管被击穿；若正向电阻值大于标准值，则说明二极管断路；若正、反向电阻值为∞，则说明连接电路出现断路。

3."B"与"F"之间

若"B"与"F"之间的正向电阻值小于标准值，则说明二极管短路；若正、反向电阻值均等于"F"与"E"之间的标准值，则说明"B"搭铁或正、负极板上各有一个或一个以上的二极管被击穿；若正、反向电阻值均为∞，则说明磁场绕组断路。

4."N"与"B"或"E"之间

若交流发电机有中性点接线柱，用万用表测"N"与"B"之间的正、反向电阻值，若正向电阻值为∞，则说明"N"端子引线所连的绕组断路或三个二极管均断路；若正、反向电阻值均为零，则说明正二极管中至少有一个二极管短路。同理，测量"N"与"E"之间的正、反向电阻值，可进一步判断负二极管和定子绕组故障。

2.3 交流发电机的性能测试

2.3.1 交流发电机输出电压的检测

如果汽车装有催化式排气净化装置，在做此实验时，发动机的运转时间不得超过 15 min。

（1）在发动机停转且不使用汽车上电气设备的情况下，测量蓄电池电压，并把这个电压作为参考电压或基准电压。将电压表并联到蓄电池电缆接头上，红表笔接蓄电池正极，黑表笔接蓄电池负极。

（2）启动发动机，使发动机转速保持在 2 000 r/min，在不使用汽车上电气设备的情况下，测量蓄电池电压，这个电压称为空载电压，空载电压应比参考电压高些，但差值不超过 2 V。根据汽车型号的不同，空载电压为 13.5～15.0 V。

（3）若测量结果低于 13.5 V，则表明充电系统存在发电不足的问题；若高于 15.0 V，则表明发电机的发电电压过高。

注意：对于 12 V 交流发电机，其正常的发电电压应在 14 V 左右（13.5～14.5 V）；对于 24 V 交流发电机，其正常的发电电压应在 28 V 左右（27.5～28.5 V）。

（4）在发动机转速仍为 2 000 r/min 时，接通电气附件，如暖风机、空调和前照灯等，当电压稳定时测量蓄电池电压，这个电压称为负载电压。负载电压至少应高于参考电压 0.5 V。若负载电压在规定范围内，则硅整流发电机和调节器工作均正常。

（5）若测量结果不正常，则可在充电电流为 20 A 时测量充电线路压降。将电压表正极接发电机电枢接线柱，电压表负极接蓄电池正极，电压表读数不得超过 0.7 V；将电压表正极接调节器壳体，另一端接发电机机体，电压表读数不得超过 0.05 V；当电压表一端接发电机机壳，另一端接蓄电池负极时，电压表读数不得超过 0.05 V。若电压表示值不符，应清洁、紧固相应连接线头及安装架。

2.3.2 交流发电机输出电流的检测

交流发电机输出电流检测的电路连接如图 2-1 所示。

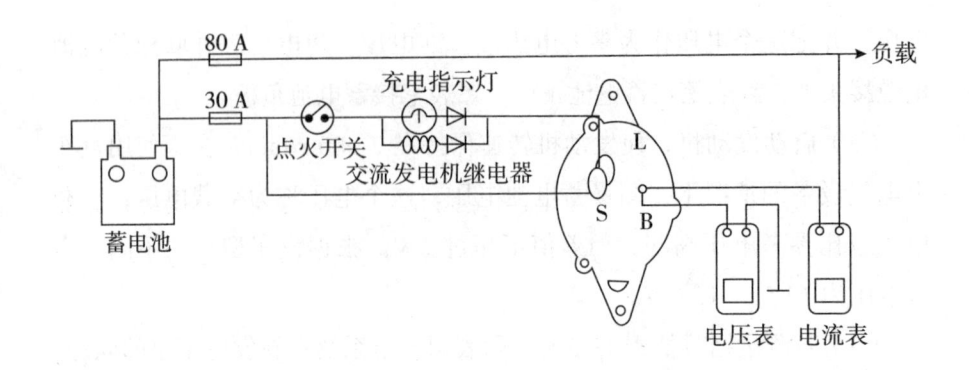

图 2-1　交流发电机输出电流检测的电路连接

（1）检查蓄电池的状态是否正常；检查发电机传动带的张紧度是否正常；检查发电机运转时有无异响等。

（2）把点火开关转到"OFF"位置，拆下蓄电池的负极电缆。

（3）从发电机的端子"B"拆下输出线，在端子"B"和已拆下的输出线之间串联一个 0～100 A 的测试用直流电流表。

（4）把一个 0～20 V 的测试用电压表接到端子"B"和搭铁之间。把电压表的正极导线接到端子"B"上，把电压表的负极导线可靠搭铁。

（5）连接蓄电池的负极电缆。检查电压表的读数，判断其是否与蓄电池的电压相同，若电压为 0 V，则认为发电机的端子"B"与蓄电池正极间的接线脱开或熔丝烧断。

（6）将照明开关置于"ON"位置，前照灯点亮后，启动发动机。

（7）把前照灯调到远光灯位置，取暖器送风机开关调到大风量位置，然后将发动机转速提高到 2 500 r/min；观察该电流表上的最大输出电流值，极限值应为额定输出电流的 70%。

（8）电流表的读数应大于极限值。若小于极限值且交流发电机的输出线正常，则从发动机上拆下交流发电机加以检查。

2.3.3　输出电压的波形观察——用示波器

当发电机有故障时，其输出电压的波形将会出现异常，故可以根据输出电压的波形判断发电机内部二极管以及定子绕组是否有故障。发电机出现各种故障时输出电压的波形如图 2-2 所示。

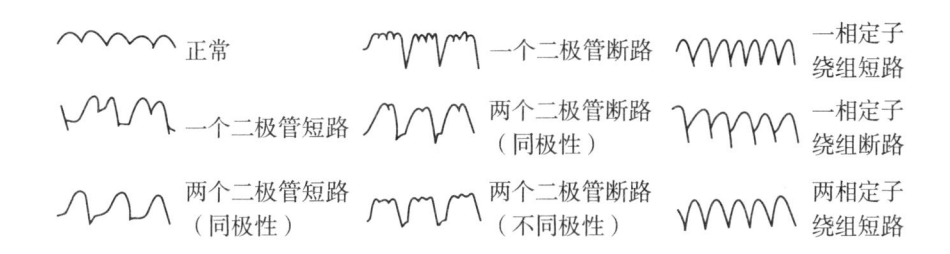

图 2-2 发电机出现各种故障时输出电压的波形

2.4 无刷硅整流发电机的性能测试

2.4.1 采用测阻的方法测试无刷硅整流发电机性能

采用测阻的方法测试无刷硅整流发电机性能是在不解体的情况下进行的，可以采用万用表测量无刷硅整流发电机各接线柱之间的电阻值，以此来初步判断发电机是否有断路故障。

表 2-2 列出了 WSF 系列无刷硅整流发电机的实测电阻正常值，供检测时对比参考。表中的"F"表示磁场接线柱、"B+"表示电枢接线柱、"E"表示搭铁接线柱、"N"表示中性点接线柱。

表 2-2 WSF 系列无刷硅整流发电机的实测电阻正常值

无刷硅整流发电机型号		WSF14X（14 V，36 A）	WSF28X（28 V，18 A）
电阻	"F"与"E"之间的电阻（Ω）	3.5～3.8	15～16

续表

无刷硅整流发电机型号		WSF14X （14 V，36 A）	WSF28X （28 V，18 A）
电阻	"B+"与"E"接之间的电阻（kΩ） 正向	390～400	390～400
	反向	>500	>500
	"N"与"E"之间的电阻（kΩ） 正向	1.2～1.4	1.2～1.4
	反向	>500	>500

2.4.2 采用测速的方法测试无刷硅整流发电机性能

采用测速的方法测试无刷硅整流发电机性能分为空载测试与满载测试，该方法通过测量最低转速来判断所测发电机性能的好坏。图2-3为无刷硅整流发电机测试电路。

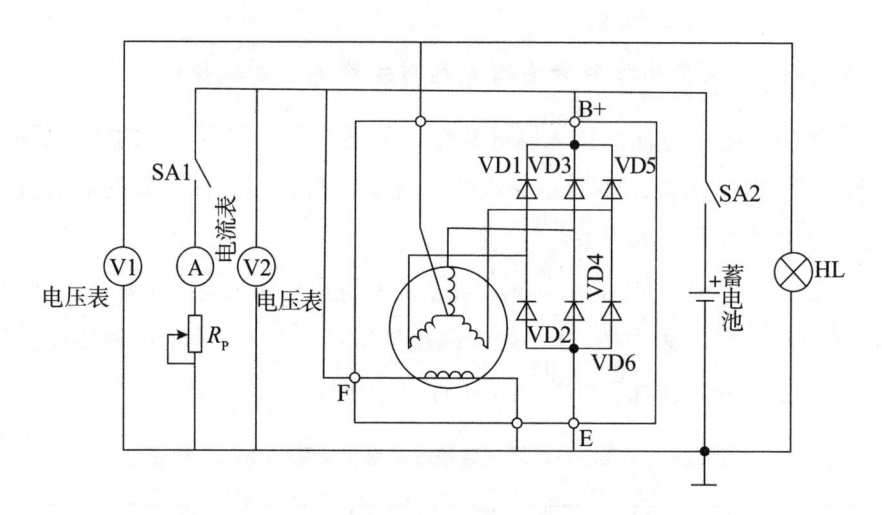

图2-3 无刷硅整流发电机测试电路

1. 空载测试

（1）在实验台上，将被测试的发电机与调速电动机的传动部件相连，并固定好。

（2）断开"SA1"开关，接通"SA2"开关，驱动调速电动机，并逐渐提高被测试发电机的转速，待指示灯 HL 点亮后断开"SA2"开关，使发电机进入自激状态。

（3）提高被测试发电机的转速，直到其输出电压达到额定值（通过观察"V2"电压表），从转速表上（转速表与调速电动机相连）记下相对应的发电机转速，该转速即为所要测的发电机的空载转速。

2. 满载测试

在空载测试的基础上，接通"SA1"开关，继续提高发电机转速，与此同时，减小负载电阻 R_p 的电阻值，使电压表"V2"与电流表"A"指示出该发电机满载时的额定电压值和额定电流值，再从转速表上记下相对应的转速，该转速即为发电机的满载转速。

3. 测试结果分析

（1）正常情况下，14 V、500 W 的无刷硅整流交流发电机的空载转速应小于或等于 1 000 r/min；当达到额定功率时，满载转速应小于或等于 2 500 r/min。当发电机转速达到额定转速时，其中性点电压表"V1"的示值约为发电机额定输出电压的 1/2。

（2）通过空载转速与满载转速的测量，将实测值与其标准值进行对比后，即可判断所测发电机性能的好坏。若性能不符合规定要求或变差，则应对发电机本身进行拆卸检查，以找出产生故障的原因，并进行相应的修理。

2.5 电压调节器的测试

供电系统出现故障，经检查确认发电机工作正常，而电压调节器有故障时，应将电压调节器从汽车上拆下进行维修。使用中的电压调节器也应定期进行测试和必要的调整，以保证发电机的输出电压稳定在额定值内。

2.5.1 电压调节器的故障现象及故障原因

电压调节器由于使用不当或质量不佳,可能出现的故障现象及故障原因如表 2-3 所示。

表 2-3 电压调节器的故障现象及故障原因

故障现象	故障原因
发电机不发电	大功率三极管断路,稳压管或小功率三极管损坏使大功率三极管始终处于截止状态
发电机电压过高,充电电流过大,车上灯泡特亮或烧坏,蓄电池电解液沸腾且消耗过快	大功率三极管短路,稳压管或小功率三极管损坏使大功率三极管始终处于饱和导通状态

2.5.2 电压调节器搭铁形式的判断

电压调节器有内搭铁和外搭铁之分,必须与相应搭铁形式的发电机配用。若电压调节器搭铁形式标记不清,为避免选错,可用如图 2-4 所示的方法判别。

将一个 12 V 或 24 V 蓄电池和一个 12 V 或 24 V、2 W 的小灯泡按如图 2-4 所示的方法接线。若灯泡在"-"与"F"接线柱之间亮,而在"+"与"F"接线柱之间不亮,则该电压调节器为内搭铁式,如图 2-4(a)所示;若灯泡在"+"与"F"接线柱之间亮,而在"-"与"F"接线柱之间不亮,则该电压调节器为外搭铁式,如图 2-4(b)所示。

(a）内搭铁式　　　　　（b）外搭铁式

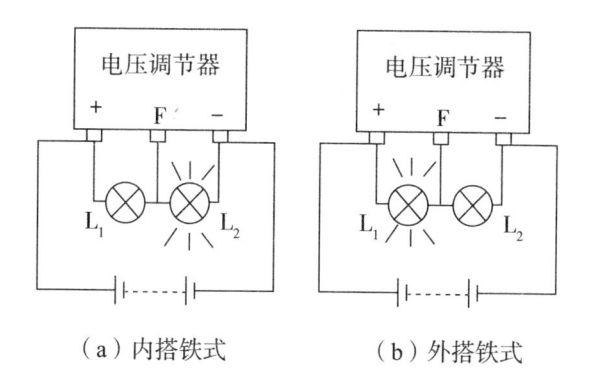

图 2-4　电压调节器搭铁形式判别

2.5.3　电压调节器的故障检查方法

电压调节器的故障检查方法如图 2-5 所示。用一个电压可调的直流稳压电源（0～30 V，3 A）和一个 12 V 或 24 V、20 W 的车用小灯泡代替发电机磁场绕组，按如图 2-5 所示的方法接线后进行实验。调节直流稳压电源，其输出电压从零逐渐增大时，灯泡应逐渐变亮。当输出电压增大到电压调节器的调节电压 [（14.0±0.2）V 或（28.0±0.5）V] 时，灯泡应突然熄灭。若输出电压超过调节电压值，灯泡仍没有熄灭或一直不亮，则说明电压调节器有故障。

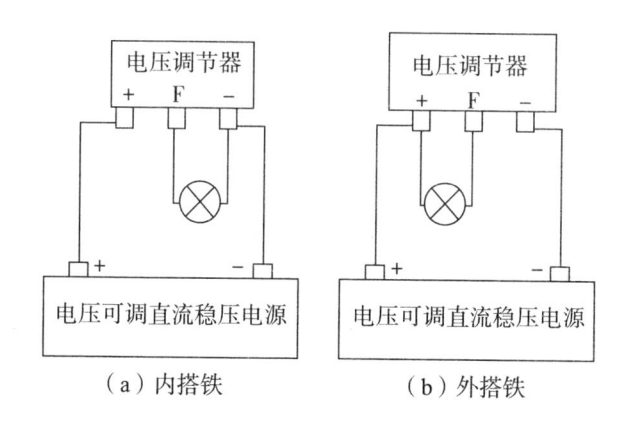

(a）内搭铁　　　　　（b）外搭铁

图 2-5　电压调节器的故障检查方法

如果已知电压调节器的有关参数，也可用万用表"R×10"挡测量电压调节器三个接线柱之间的电阻值来判断电压调节器的好坏。

电压调节器的故障一般是晶体管损坏导致大功率三极管始终处于不通或导通的状态，这使发电机电压建立不起来或调节电压过高而损坏用电设备。

2.5.4 电压调节器的性能测试

电压调节器的性能在万能实验台上进行测试。首先固定发电机，然后根据电压调节器的搭铁形式按图2-6接线。

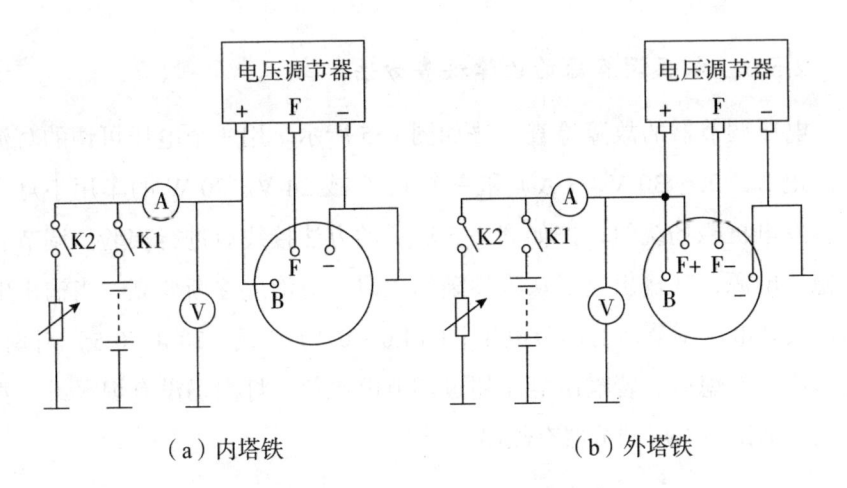

（a）内塔铁　　　　　　（b）外塔铁

图2-6 电压调节器的测试电路

发电机由调速电动机驱动运转，先接通"K1"，待发电机自励后，断开"K1"。合上"K2"，并将发电机转速控制在3 000 r/min，调节可变电阻，使发电机处于半载（输出电流为额定电流的一半）时，记下电压调节器所维持的电压值，该电压值应符合规定，一般为（14.0±0.5）V或（28.0±0.5）V。若不符合规定应报废。

2.6 供电系统故障排查方法

汽车供电系统（充电系统、电源系统）电路主要由蓄电池、交流发电机、调节器、电流表、放电警告灯继电器及放电警告灯等组成。

2.6.1 供电系统故障诊断的基本方法

1. 用放电警告灯诊断

在装备有放电警告灯的汽车上，可利用放电警告灯来诊断供电系统有无故障，方法如下。

（1）预热发动机，启动发动机后，使其怠速或将发电机转速控制在 1 200 r/min 左右运转 10 min，然后断开点火开关，使发动机停止运转。

（2）接通点火开关（将点火开关转到"ON"位置，但不启动发动机），观察放电警告灯是否亮。此时放电警告灯应当亮，如果不亮，说明放电警告灯电路或充电指示控制器有故障。

（3）启动发动机，并逐渐提高发动机转速（逐渐踩下加速踏板），当发动机转速提高到 600～800 r/min 时，放电警告灯自动熄灭，这说明放电警告灯电路正常，发电机能够发电。此时调节器工作是否正常，还需用电压表或万用表进行检测判断。

2. 用电压表诊断

（1）将直流电压表（万用表拨到直流电压 DC 挡）的正极接发电机输出端子"B"，负极搭铁。

（2）记下此时电压表指示的电压，该电压即为蓄电池的空载电压，其正常值为 12.0～12.6 V。

（3）启动发动机，并逐渐踩下加速踏板使其转速升高，当发动机转速高于怠速（600～800 r/min）时，电压表指示的电压应高于蓄电池的空载电压，并随转速升高而稳定在某一调节电压值不变。

若电压表指示的电压高于调节器的调节电压，且随发电机转速升高而升高，则说明发电机能发电，调节器有故障；若电压表指示的电压随发电机转速升高而保持蓄电池空载电压值不变或低于蓄电池空载电压值，则说明发电机或调节器有故障，此时可将发电机和调节器从车上拆下分别进行检测，也可继续进行以下检测。

①另取一根导线将调节器大功率晶体管的集电极与发射极短接。方法：对外搭铁式调节器，导线的一端接发电机的励磁端子"F"，另一端接发电机的搭铁端子"E"；对内搭铁式调节器，导线的一端接发电机的励磁端子"F"，另一端接发电机的输出端子"B"，这样便可将发电机励磁绕组的电路直接接通。

②启动发动机，并将其转速提高到比怠速稍高，观察电压表指示的电压，若它仍等于或低于蓄电池空载电压，则说明发电机有故障（发电机不发电）；若此时电压表指示的电压随转速升高而增大，则说明发电机能发电，故障出在调节器上。

2.6.2 供电系统常见故障及诊断

供电系统部件常见故障部位如图 2-7 所示。供电系统常见故障及诊断如表 2-4 所示。

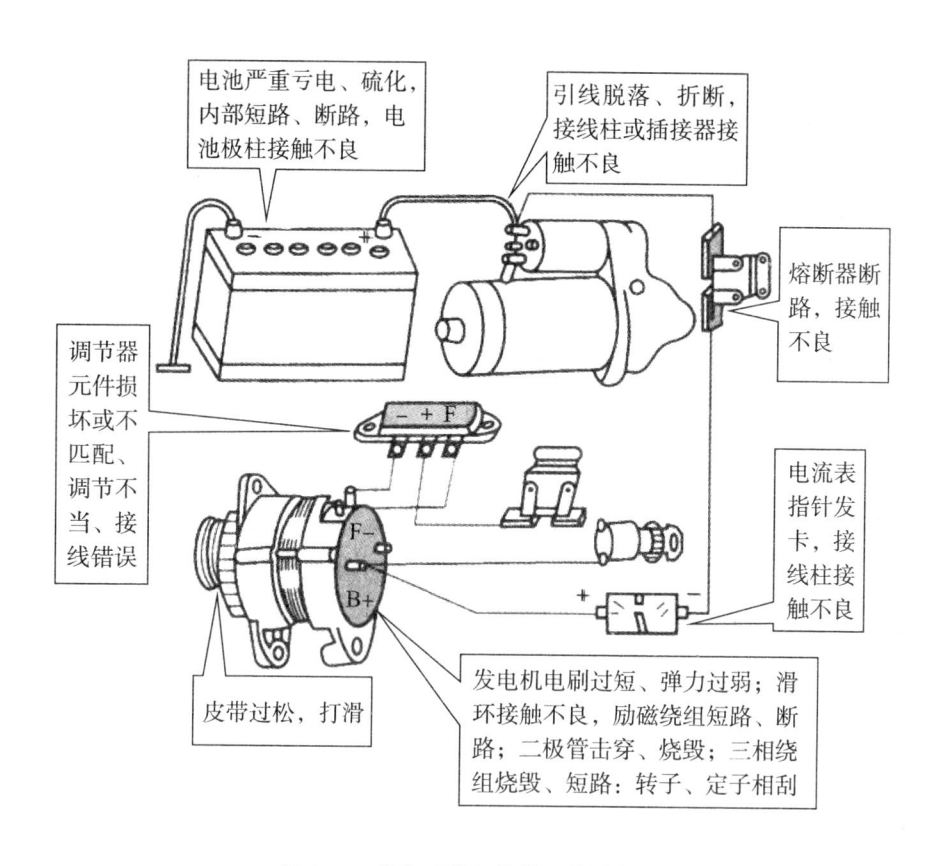

图 2-7 供电系统部件常见故障部位

表 2-4 供电系统常见故障及诊断

故障现象	故障原因	故障处理方法
不发电	二极管损坏	更换二极管
	调节器损坏	更换调节器
	励磁绕组断路、短路或搭铁	更换励磁绕组
	定子绕组断路、短路或搭铁	更换定子绕组
	电刷与集电环不接触	维修电刷或清洁集电环
	接线柱搭铁	维修接线柱

续表

故障现象	故障原因	故障处理方法
发电量小	个别二极管损坏	更换二极管
	调节器电压调整值偏低	更换调节器
	励磁绕组局部短路	更换励磁绕组
	电刷接触不良	维修电刷
发电不稳定	传动带过松	调整传动带松紧度
	电刷弹簧压力不足	更换电刷弹簧或电刷
	定子绕组接触不良	维修定子绕组
	接线柱松动或接触不良	维修接线柱
发电机异响	发电机装配不当	重新装配发电机
	定子与转子表面相摩擦	维修定子与转子
	定子绕组搭铁	维修定子绕组
	发电机轴承损坏	更换轴承

2.6.3 供电系统常见故障及其排除方法

工况正常的发电机，在打开点火开关时，发电机指示灯应亮，且在发动机启动后熄灭。若在发动机运转时充电指示灯亮，则说明供电系统有故障。蓄电池的电压在 13.8 V 左右。如果存在发电机指示灯闪烁或者不亮等异常情况，蓄电池电压低于 12.8 V 或者更低、高于 14.5 V，就必须对供电系统故障进行排查。

（1）检查发电机的传动带和导线连接状况。传动带的老化、表面炭化、张紧度过松等，都会造成传动带打滑、发出异响，使发电机丢转。轴承损坏会使发电机丢转，产生运转噪声，严重时会使转子与定子发生接触摩擦，造成发电机严重发热，导致供电系统故障。

（2）打开点火开关，不启动发动机，若充电指示灯不亮，则拔下发电机的线束插头。用试灯一端搭铁，另一端测量发电机"L"端，如果这时充电指示灯亮，就可以判断出发电机有故障；如果充电指示灯仍旧不亮，就证明充电指示灯线路断路或灯泡损坏，此时应按照供电系统的电路图检查充电指示灯线路以及仪表板内的充电指示灯灯泡。

（3）打开点火开关，不启动发动机，在充电指示灯亮时，拔下发电机的线束插头，充电指示灯应熄灭，插头的"L"端的电压应为蓄电池电压。如果充电指示灯没有熄灭，就可以判断出其线路有搭铁故障，此时应按照供电系统的电路图检查充电指示灯线路，排除线路搭铁故障。

（4）在充电指示灯亮的情况下，启动发动机并使其中速运行，这时充电指示灯应熄灭。如果充电指示灯没有熄灭，而拔下发电机插头后充电指示灯才熄灭，就可以判断出发电机有故障，此时应维修或更换发电机。

（5）在关闭点火开关时，检查并记录蓄电池电压。然后连接发电机插头，中速运行发动机，此时测量的电压应高于启动前的电压（13.8 V左右）。如果所测电压低于启动前的电压或高于 14.5 V，就可以判断出发电机故障。

（6）发电机壳体与蓄电池负极之间的电压不应超过 0.5 V。如果超过 0.5 V，应检查蓄电池负极与发动机搭铁线路，确保其可靠连接，清除接触点的电阻，紧固所有接头。

（7）蓄电池正极与发电机输出端的电压也不应超过 0.5 V。如果超过 0.5 V，应检查蓄电池正极与发电机输出端之间的线路，确保其可靠连接，清除接触点的电阻，紧固所有接头。

交流发电机供电系统常见故障及其排除方法如表 2-5 所示。

表2-5　交流发电机供电系统常见故障及其排除方法

故障现象	故障部位	故障原因		故障排除方法
完全不充电（电流表指示放电或充电指示灯亮）	接线	接线断开或短路		修理
	电流表	接线错误		改接
	发电机	发电机不发电	（1）二极管损坏； （2）电刷卡死与集电环不接触； （3）定子、转子线圈断路、短路或搭铁，接线柱绝缘不良； （4）阻尼电容器损坏	（1）更换； （2）更换或维修； （3）更换或维修； （4）更换
	调节器	调节电压过低	触点式：（1）调整不当；（2）触点接触不良	（1）再调整；（2）修理
			晶体管式：调整不当	更换
		调节器不工作	触点式：（1）高速触点烧结在一起；（2）内部断路或短路	（1）更换；（2）修理或更换
			晶体管式：（1）大功率管断路；（2）其他电阻、电容、二极管和三极管断路、短路	（1）更换；（2）更换
		继电器工作不良	（1）继电器线圈或电阻断路、短路；（2）触点接触不良	（1）更换；（2）修理

续 表

故障现象	故障部位	故障原因	故障排除方法
充电电流过小（启动性能变差，灯光变暗）	接线	接线的各连接处松动，接触不良	修理
	发电机	发电机发电不足：（1）发电机皮带过松；（2）二极管损坏（个别的）；（3）电刷接触不良，集电环有油污；（4）转子线圈局部短路，定子线圈局部短路或接头断开	（1）调整；（2）更换；（3）修理或更换；（4）修理或更换
	调节器	（1）电压调整偏低；（2）触点脏污；（3）继电器触点接触不良	（1）再调整；（2）修理；（3）修理或更换
充电电流不稳定（电流表指针不断摆动）	接线	接线的各连接处松动，接触不良	修理
	发电机	（1）发电机皮带过松；（2）转子线圈或定子线圈有故障；（3）电刷压力不足，接触不良；（4）接线柱松动，接触不良	（1）调整；（2）修理或更换；（3）修理或更换；（4）修理
	调节器	调整作用不稳定 — 触点式：（1）触点脏污、接触不良；（2）线圈、电阻有故障；（3）附加电阻断路	（1）修理或调整；（2）修理或更换；（3）修理或更换
		调整作用不稳定 — 晶体管式：（1）连接部分松动；（2）电子元件性能变差	（1）修理；（2）更换
		继电器工作不良：同完全不充电时继电器的故障原因	修理或更换

第 2 章 汽车交流发电机及电压调节器测试实验 | 033

续 表

故障现象	故障部位	故障原因	故障排除方法
充电电流过大（灯丝易断，电解液消耗过快）	调节器	调整值过高 （1）调整不当； （2）触点脏污，接触不良（高速触点）； （3）接触不良	（1）再调整； （2）修理； （3）修理
		调节器不工作 （1）线圈断路、短路，加速电阻断路； （2）低速触点烧结	（1）更换； （2）更换
发电机异响	发电机	（1）发电机安装不当； （2）发电机轴承损坏； （3）转子与定子相碰； （4）二极管短路、断路； （5）定子线圈断路，出现电磁声	（1）修理； （2）更换； （3）修理或更换； （4）更换； （5）修理或更换

在发动机运转的情况下，如果发电机接线正确且力学性能正常，但是发电机不发电，说明故障原因可能是剩磁消失。

如果硅整流发电机不发电，不要急于分解发电机，应当首先检查其有无剩磁，以判断该故障是发电机的故障还是电压调节器的故障。

判断发电机剩磁消失的步骤如下。

（1）用螺钉旋具做后端盖的磁化实验。具体方法：接通点火开关，将螺钉旋具靠近硅整流发电机后端盖的中心部位。如果没有被吸引的感觉，说明发电机没有剩磁，后端盖不被磁化，原因可能是发电机有故障，也可能是电压调节器不能向发电机提供励磁电流。

如果发电机后端盖的中心部位有被吸引的感觉，说明发电机存在剩磁，电压调节器能向发电机供给励磁电流，不发电的原因是发电机本身有故障。

①发电机的电刷磨损超限或者被卡住,抑或是电刷与转子滑环之间接触不良。

②发电机转子存在短路或断路故障。

③转子的励磁电路断路,它往往是由线路连接不良引起的,应当重插、拧紧、插紧或进行除锈处理。

(2)让发电机做电动机械实验时,如果耗电正常,响声也正常,但发电机还是发不出电,说明发电机的剩磁消失或者磁场方向改变。

(3)发电机、蓄电池经过拆卸和维修,装车后实验,如果电流表的指针在-25～0A范围内大幅度摆动(发电机发出的电流方向改变),说明发电机的剩磁磁场方向改变了。

2.7 维修后的交流发电机的性能测试

对于维修后的汽车交流发电机,性能测试主要有下列三种。

2.7.1 *磁力的测试*

磁力的测试主要是判断磁场绕组、电刷、电刷与集电环的接触、绕组与集电环的焊接、电刷弹簧等是否有故障。

方法1:用一根细导线将蓄电池的正极电压引至交流发电机的磁场接线柱,在细导线触碰磁场接线柱的瞬间产生蓝色火花,证明励磁电路正常,无火花产生则证明励磁电路存在断路故障。

方法2:未励磁前用手转动带轮应很轻松,感觉不到阻力。励磁(将正极电压引给磁场接线柱)后,用手转动带轮沿顺时针方向旋转时,会感觉到有一个阻碍旋转的力,这个力就是磁场产生的磁力。这时,将螺钉旋具或铁钉之类的铁器放在后端盖轴承的外面,有被磁力吸引的感觉,有磁力产生证明励磁电路正常,否则证明励磁电路断路。

2.7.2 电枢接线柱的测试

将万用表拨至"R×1"的量程挡位上,电枢接线柱与搭铁接线柱之间应当有一个正向电阻值固定的电阻,这个电阻值随着不同电压等级(14 V 或 28 V)及不同型号的交流发电机而有所差异。例如,小解放 CA1046L 型汽车 488 发动机上安装了 JFZ1815Z 整体式交流发电机(14 V,55 A),其电枢接线柱与搭铁接线柱之间的电阻的正向电阻值为 33 Ω,反向电阻值为∞。如果测得的正向电阻值和反向电阻值皆为 0 Ω,即为双向导通,证明元件板(正二极管所在的底板)存在搭铁故障,这种故障大多是由元件板的固定螺栓与元件板之间的绝缘管、片漏装或损坏造成的。

2.7.3 励磁量输出(直流电压)的测试

励磁量输出(直流电压)的测试是为了判断交流发电机是否发电,操作方法如下。

1. 交流发电机的固定

在有台虎钳的情况下,采用台虎钳夹固的方法固定交流发电机,即先用棉纱或破布包住交流发电机壳体,再用张开的台虎钳口轻轻地夹住被棉纱或破布包住的壳体,不要用力夹,以防铝壳变形、磨损甚至损坏。在没有台虎钳的情况下,用人力扶牢交流发电机。无论用哪种方法固定都必须将电流负极(蓄电池或其他直流电源)与交流发电机机壳连通,组成负极搭铁结构。

2. 励磁量输出的测试

在交流发电机与电压调节器分别安装在不同位置的分体式交流发电机测试中,只要给磁场接线柱一个励磁电压,用手轻轻转动或用布带拉转带轮,将万用表拨至直流电压挡 2.5 V 或 10 V 的挡位上,正表棒触电枢接线柱,负表棒触搭铁接线柱或直接搭铁,带轮正向转动时,万用表表针应随之摆动，随着带轮转速的提高，表针的摆动幅度会增大，这表示交流发电机有输出，随着转速的提高，励磁量输出（直流电压）也增加了。励磁时无回路火花产生和带轮转动时无励磁量输出（直流电压），都表示交流发电机不发电。

2.8 供电系统故障维修的禁忌

2.8.1 交流发电机

（1）发电机和调节器的规格及型号要相互匹配，电压、搭铁极性必须一致，否则供电系统不能正常工作。

（2）禁止短接调节器接线柱，防止烧毁发电机或击穿二极管。

（3）蓄电池搭铁极性必须与发电机一致，不能接错。因为国产交流发电机均为负极搭铁，故蓄电池必须为负极搭铁，否则会出现蓄电池经发电机二极管大电流放电的现象，将二极管迅速烧坏，有时还会烧坏调节器中的电子元件。在蓄电池更换或补充充电后，要格外注意。

（4）发电机运转时，不能通过短接交流发电机的"B""E"端子（用试火花的方法）来判断发电机是否发电，否则容易烧坏整流二极管。

（5）当整流器的六个整流二极管与定子绕组连接时，绝对禁止使用220 V以上交流电压或兆欧表检查发电机的绝缘情况，应采用万用表或低压试灯检查，否则会损坏二极管及调节器中的电子元件。

（6）发电机正常运行时，切不可任意拆卸各电器的连接线，以防引起电路中的瞬时过电压损坏二极管及调节器中的电子元件或其他电子设备。

（7）发电机皮带的挠度应符合规定。若挠度过大，则发电机发电不足；若挠度过小，将损坏皮带和带轮轴承。

（8）发电机不发电或充电电流很小时，应及时排除故障，不宜长时间持续运转，否则可能烧坏整流器和定子绕组。

2.8.2 调节器

（1）若调节器与发电机的搭铁形式不匹配而又急需使用时，只能改变发电机磁场绕组的搭铁形式，使发电机与调节器的搭铁形式一致。

（2）蓄电池可起到电容器的作用，即可在一定程度上吸收电路中的瞬时过电压。在发电机运行过程中不要拆下蓄电池连接导线，否则容易造成发电机二极管及调节器中电子元件的损坏。

（3）供电系统的导线连接要牢固可靠，以免在电路突然断开时产生瞬时过电压，而烧坏晶体管元件。

（4）发动机熄火后，应将点火开关或电源开关断开，以免蓄电池长时间向励磁绕组和调节器磁场绕组放电浪费电能。

（5）在更换半导体元件时，电烙铁的功率应小于45 W，焊接时操作要迅速，并应采取相应的散热措施，以免烧坏半导体元件。

第 3 章 汽车起动机性能测试实验

3.1 起动系统的性能测试及故障诊断

起动系统的故障有电气故障和机械部分的故障两类，常见的具体故障有起动机不转、起动机运转无力、起动机空转、起动机异响等。

3.1.1 起动系统的性能测试

若故障在起动系统，则首先应测试起动机上的电压，测试时可不必从汽车上拆下起动机。就车测试可以判断蓄电池电压是否正常，起动机与蓄电池连接导线是否老化、氧化，连接点是否接好和起动机是否有故障。

就车测试电压包括三个项目：蓄电池端子的电压（V1），30 端子的电压（V2）和 50 端子的电压（V3），如图 3-1 所示。

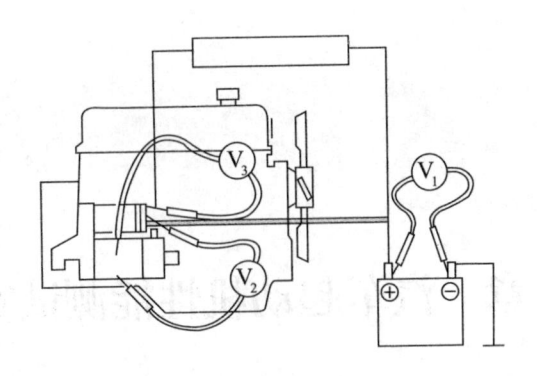

图 3-1　就车测试电压简图

1. 蓄电池端子的电压

将点火开关旋至"START"位置，测量蓄电池端子电压。标准蓄电池端子电压不低于 9.6 V。若电压低于 9.6 V，则更换蓄电池。

（1）若起动机不能旋转或旋转速度很慢，则首先应查看蓄电池是否正常。

（2）若蓄电池端子电压的测量结果正常，则应查看蓄电池端子是否被锈蚀，这是因为蓄电池端子的锈蚀也会增大接触电阻，使蓄电池施加在起动机上的实际电压下降，造成启动不良。

2. 30 端子和 50 端子的电压

（1）将点火开关旋至"START"位置，测量起动机 30 端子与起动机外壳之间的电压，这个标准电压应不低于 8 V。若电压低于 8 V，则应检查起动机端子，并根据需要进行修理或更换。

（2）测量起动机 50 端子与起动机外壳之间的电压，这个标准电压应不低于 8 V。若电压低于 8 V，则应参照电路图逐个检查熔断器、点火开关、空挡起动开关、起动继电器、离合器起动开关等零件，并根据需要修理或更换损坏的元器件。

3.1.2 起动系统常见故障的诊断与排除

起动系统的实际电路因车型而异，但可粗略将其分为两类：一类不带起动继电器，如图 3-2 所示；另一类带起动继电器，如图 3-3 所示。

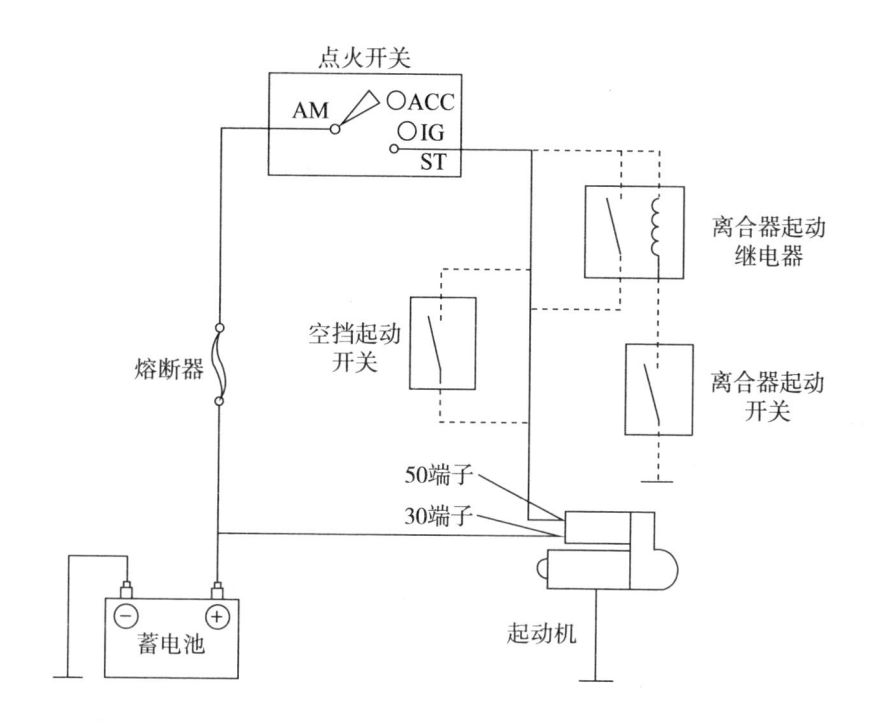

图 3-2 不带起动继电器的起动系统实际电路

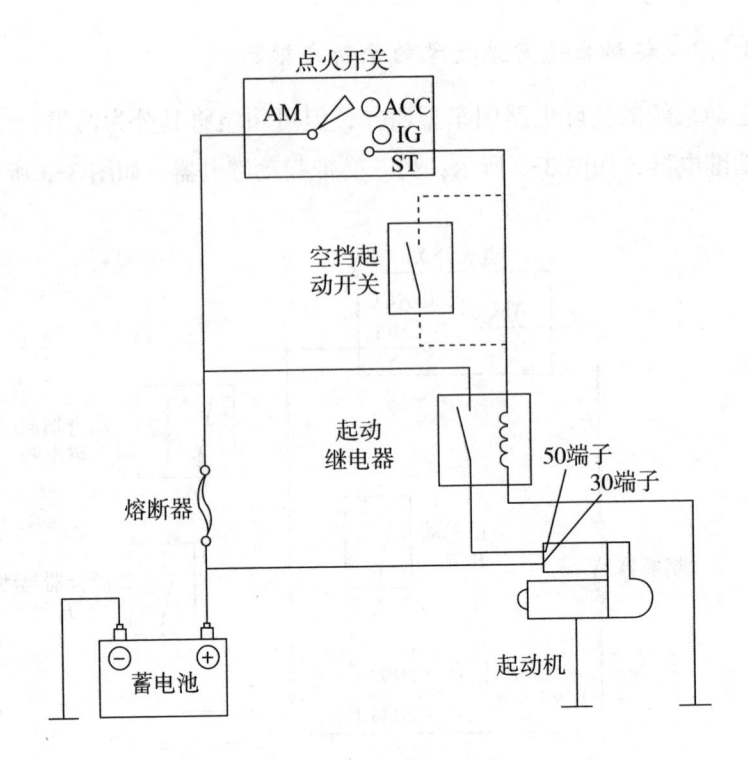

图 3-3 带起动继电器的起动系统实际电路

1. 起动机不运转

（1）故障现象。将点火开关置于"START"位置，起动机不运转。

（2）故障原因。

①蓄电池容量不足，其各导线连接松动、接触不良或断路。

②起动继电器触点烧蚀或其线圈断路。

③起动机电磁开关的触点、触盘烧蚀，吸引线圈断路或保持线圈断路。

④起动机的直流电动机磁场、电枢绕组断路或短路。

⑤起动机的电枢轴弯曲，轴与轴承间隙过紧，换向器烧蚀，电刷磨损过度，电刷在架内卡住或电刷弹簧过软等。

（3）故障诊断与排除。若接通起动开关但起动机不运转，首先应检查蓄电池和导线，特别是蓄电池搭铁电缆和相线电缆的连接情况，然后检查起动机和开关。

①接通喇叭或前照灯，若喇叭不响或前照灯不亮，说明蓄电池或电源线路有故障；若喇叭响，前照灯明亮，说明蓄电池充电充足，故障出在电动机、电磁开关、起动继电器或控制线路上。若点火开关旋至"START"位置后，电磁开关内无任何响声，一般为起动继电器触点烧蚀。

②短接起动机30端子与C端子，如图3-4所示。若起动机不转，则说明电动机有故障；若起动机空转正常，则说明电磁开关、起动继电器或控制线路出现故障。

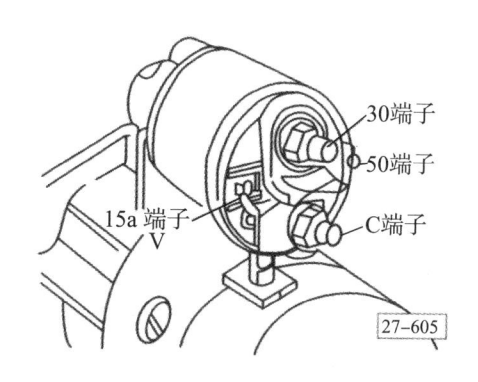

图3-4 起动机端子图

③在启动时电磁开关内有响声而起动机不运转，可短接起动继电器30端子和50端子（时间不超过5 s），若起动机仍不运转，则说明电磁开关或起动继电器、点火开关或其线路存在故障，一般为主触盘或其触点烧蚀。

2.起动机运转无力

（1）故障现象。起动机运转缓慢无力，发动机启动困难。

（2）故障原因。

①蓄电池存电不足或起动系统电路导线接头松动、接触不良。

②起动机触盘与触点烧蚀、接触不良，电刷与换向器接触不良。

③电动机的电枢或磁场绕组局部短路或搭铁。

④电枢轴轴承过紧或松旷。

（3）故障诊断与排除。

①开前照灯，按喇叭，判断蓄电池是否亏电较多，必要时加以充电或更换。

②检查起动系统电路各连接导线是否松动或搭铁，若有加以排除。

③短接起动机两个主接线柱，若电流很大、运转正常，则表明蓄电池到起动机电路良好，故障在电磁开关上，应修理或更换电磁开关；若起动机仍运转无力，则可能是起动机内部绕组短路、搭铁或换向器故障。

3. 起动机空转

（1）故障现象。接通点火开关，起动机只是空转，驱动齿轮不能与飞轮啮合带动发动机运转。

（2）故障原因。

①单向离合器打滑或损坏。

②拨叉变形，啮合弹簧折断或过软。

③起动机主开关接通时间过早，起动机固定螺钉松动等。

（3）故障诊断与排除。

①接通起动开关后，若起动机空转，说明电动机技术状况良好，但动力不能传递到飞轮，这一般是由单向离合器过度磨损后打滑所致，应重点对单向离合器进行故障诊断。

②若发动机启动时只有起动机高速旋转声，但没有啮合声，则应检查单向离合器和驱动齿轮组件能否在轴上自由滑动而进入啮合位置。否则，应检查花键与花键轴间是否发卡或弹簧是否折断。

③若发动机启动后起动机发出一阵高速旋转声，则应检查单向离合

器的单向性。若向正、反两个方向转动驱动齿轮均不滑转，则说明单向离合器咬死。

4.起动机异响

（1）故障现象。启动发动机时，起动机发出"嘎、嘎……"的齿轮撞击异常响声，发动机曲轴不能随之转动。

（2）故障原因。

①蓄电池充电不足或内部短路。

②电磁开关保持线圈短路或搭铁不良。

③电动机转子轴向间隙过大、装配过紧或转子轴弯曲等。

（3）故障诊断与排除。

①起动机驱动小齿轮周期性地撞击飞轮，发出"哒、哒……"声，一般是电磁开关的保持线圈或吸引线圈断路、短路或接触不良，蓄电池亏电。诊断步骤如下。

a.首先检查蓄电池是否亏电（按喇叭，开前照灯，检查喇叭声音和前照灯的明亮程度是否正常），若蓄电池存电良好，则故障为电磁开关工作不良。

b.用万用表检查电磁开关的保持线圈和吸引线圈是否断路、短路或接触不良。

②若发动机启动时起动机有"扫膛"现象，则故障为转子轴向间隙过大，一般为铜套磨损或损坏，应解体起动机更换铜套。

③若发动机启动时起动机有较大的响声并且转子转动无力，这一般是装配过紧或转子轴弯曲等机械故障导致的。此时必须解体起动机进行检查并按规定装配。

3.1.3 起动机性能实验

在起动机修复完毕之后，应进行性能实验，以确保起动机运行正常。

实验时，先将蓄电池充足电，每项实验应在 3～5 s 内完成，以防线圈被烧坏。

1. 起动机空载性能实验

（1）如图 3-5 所示，将起动机与蓄电池和电流表（量程为 0～100 A 或以上的直流电流表）连接。蓄电池正极与电流表正极连接，电流表负极与起动机 30 端子连接，蓄电池负极与起动机外壳连接。

（2）如图 3-6 所示，用带夹电缆将 30 端子与 50 端子连接起来，此时驱动齿轮应向外伸出，起动机应平稳运转。当蓄电池电压大于或等于 11.5 V 时，消耗电流应不超过 50 A，用转速表测量的电枢轴的转速应不低于 5 000 r/min。若电流大于 50 A 或转速低于 5 000 r/min，则说明起动机装配过紧或电枢绕组、磁场绕组有短路或搭铁故障；若电流和转速都低于标准值，则说明电动机电路接触不良，如电刷与换向器接触不良或电刷弹簧弹力不足等。

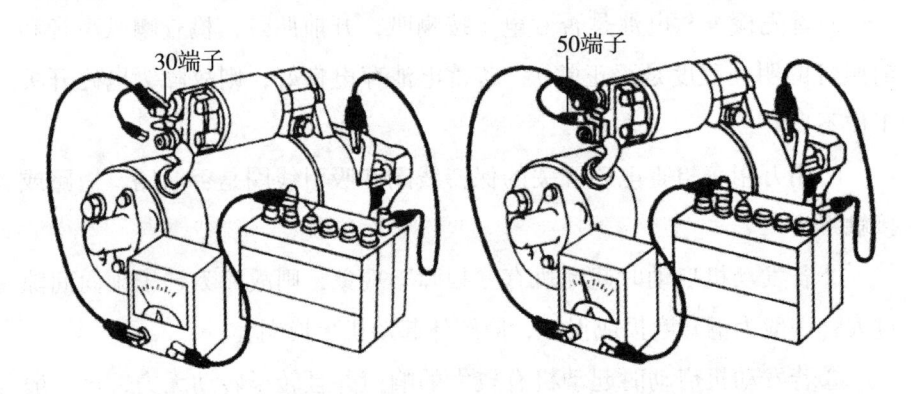

图 3-5 起动机空载性能实验线路连接（一）　图 3-6 起动机空载性能实验线路连接（二）

2. 电磁开关实验

（1）吸拉动作实验。将起动机固定到台虎钳上，拆下起动机 C 端子上的磁场绕组电缆引线端子，用带夹电缆将起动机 C 端子和电磁开关壳体与蓄电池负极连接起来，如图 3-7 所示。用带夹电缆将起动机 50 端子与蓄电池正极连接起来，此时驱动齿轮应向外伸出。若驱动齿轮不动，则说明电磁开关有故障，应予修理或更换。

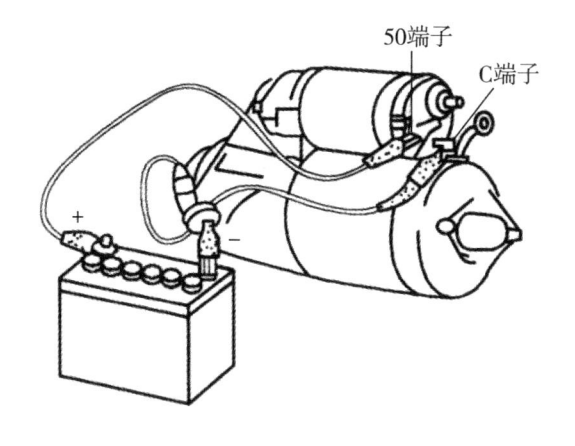

图 3-7 吸拉动作实验

（2）保持动作实验。在吸拉动作实验的基础上，当驱动齿轮保持在伸出位置时，拆下电磁开关 C 端子上的电缆夹，如图 3-8 所示，此时驱动齿轮应保持在伸出位置不动。若驱动齿轮回位，则说明保持线圈断路，应予修理。

（3）回位动作实验。在保持动作实验的基础上，拆下起动机壳体上的电缆夹，如图 3-9 所示，此时驱动齿轮应迅速回位。若驱动齿轮不能回位，则说明回位弹簧失效，应更换弹簧或电磁开关总成。

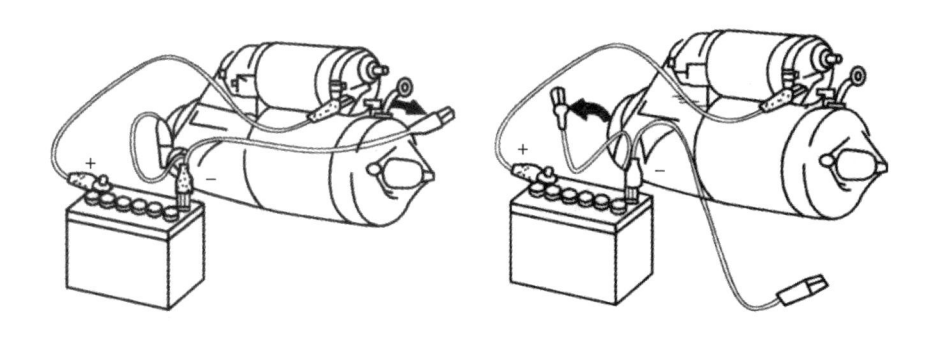

图 3-8 保持动作实验　　　图 3-9 回位动作实验

3.2 发动机启动实验

3.2.1 实验目的

掌握起动机的工作原理，学会利用汽车电器万能实验台进行起动机的空载实验和全制动实验，学会判断起动机质量好坏的方法。

3.2.2 实验原理

起动机的有效性能参数可以通过实验来得到。汽车电器万能实验台是一种专门用来检测汽车电器的仪器，它通过测量起动机的电压、电流、转速、制动扭矩来判断起动机的技术参数是否能达到要求。

3.2.3 实验性质

发动机启动实验是验证性实验。

3.2.4 主要实验仪器与设备型号和规格

（1）TQD-2 汽车电器万能实验台。

①调速范围：0～±5 000 r/min。

②抽真空度：0～0.065 MPa。

③发电机测试功率：<750 W。

④最大制动扭矩：60 N·m。

⑤电源：AC 220V；DC 6 V、12 V、24 V（蓄电池 6-Q-150）。

（2）QD1212 起动机。

（3）手持式转速表。

3.2.5 实验方法及步骤

1. 空载实验

图 3-10 为实验台架上的线路连接示意图，图 3-11 为空载实验原理

图。将被试起动机夹紧在制动夹具 2 上,将附件 F1 的一端插入插座 54,另一端与起动机接头相连。根据被试起动机的额定电压,用附件 F2 将插座 53 与插座 52、51、50 其中之一相连(52:24 V,51:12 V,50:6 V)。蓄电池应充满电,其电解液比重应在 1.28 以上。

检查安装和连接没有问题后,按开关 56,起动机开始转动。空载转动的电压、电流分别由电压表 14、电流表 15 读出,观察转动是否正常或用手持式转速表测出转速。空转时间不得大于 20 s,每次间隔时间不少于 2 min。

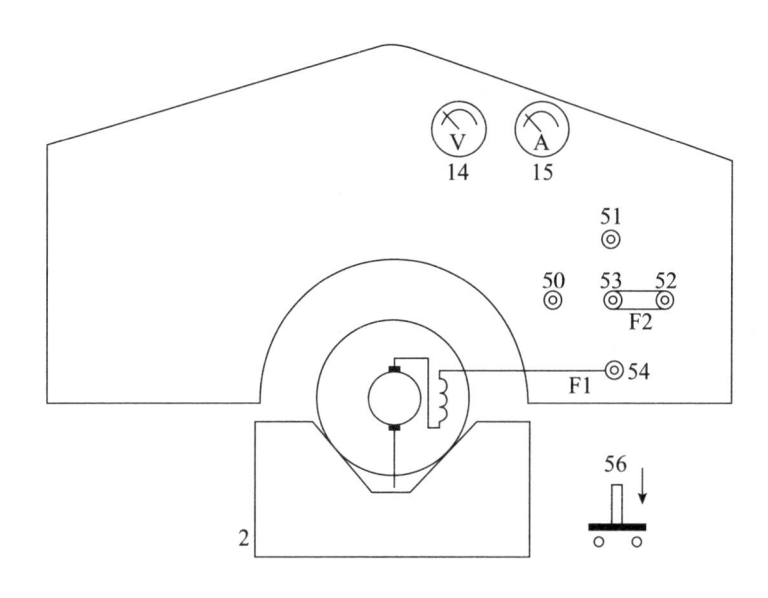

图 3-10 实验台架上的线路连接示意图

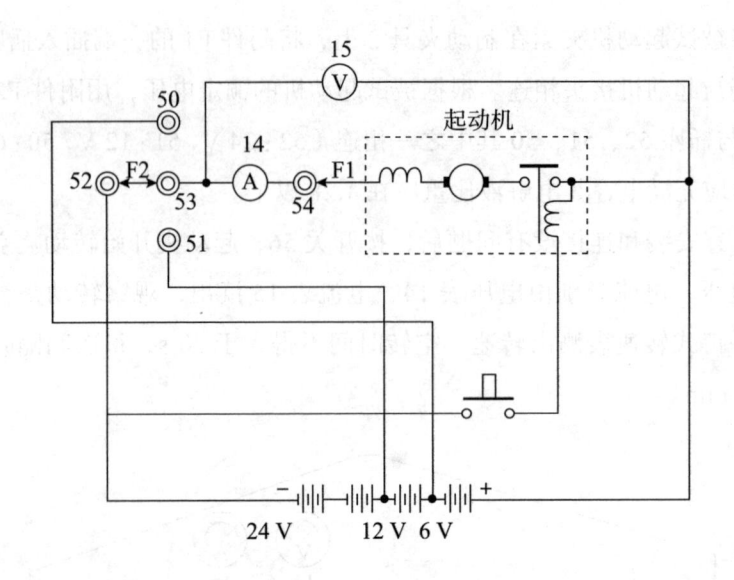

图 3-11　空载实验原理图

2. 全制动实验

将被试起动机夹紧在制动夹具上，将制动器连杆上的夹块夹紧被试起动机齿轮的三个齿（必须夹牢），对应顺时针旋转的是齿轮下部三个齿，对应逆时针旋转的是上部三个齿，如图 3-12 所示。实验时身体应避开弹簧夹具，注意安全。

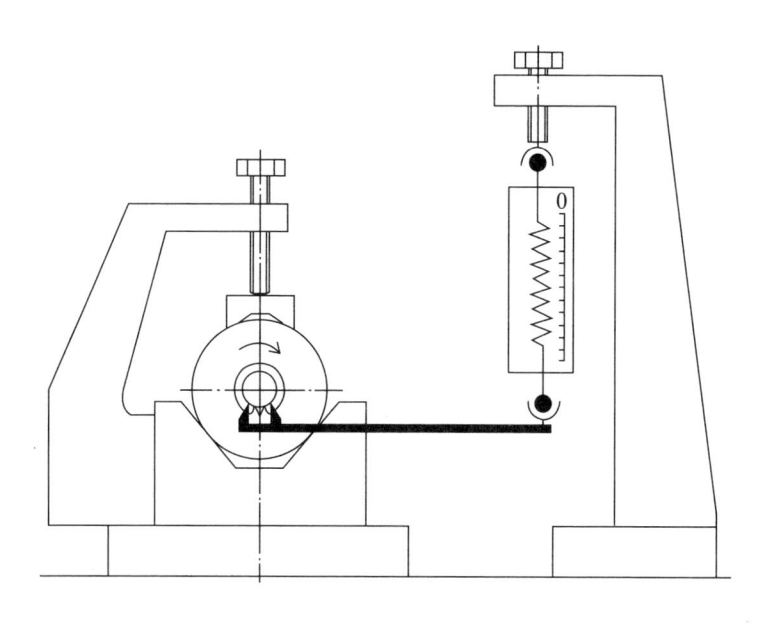

图 3-12　全制动实验

实验台架上的线路连接同图 3-10，根据被试起动机制动时的电压、电流规定，正确配以适当电压、适当容量的蓄电池。蓄电池应充满电，其电解液比重应在 1.28 以上。按下开关 S6（按紧不得松动），起动机被制动，从电压表 14、电流表 15、弹簧秤上分别读出电压、电流及制动力矩数值。起动机每次制动时间不得超过 5 s，每次间隔时间不少于 10 min，每次发动机启动前检查蓄电池电解液比重是否在 1.28 以上，若不在，则对蓄电池充电直到达到要求为止。制动测量不少于 3 次。

3.2.6　实验数据记录

在专用实验记录表（如表 3-1、表 3-2 所示）上记录起动机型号和编号、蓄电池型号和规格、大气压力、大气温度、实验单位、实验日期、实验时间、记录员、相关的实验数据等。

表 3-1 起动机空载实验记录表

起动机		蓄电池		大气压力（kPa）	大气温度（℃）	实验单位	
型号	编号	型号	规格			实验日期	
						记录员	
序号	实验时间			最小电压（V）	保持电压（V）	最大电流（A）	保持电流（A）	蓄电池电解液比重

表 3-2 起动机全制动实验记录表

起动机		蓄电池		大气压力（kPa）	大气温度（℃）	实验单位	
型号	编号	型号	规格			实验日期	
						记录员	
序号	实验时间			最小电压（V）	保持电压（V）	最大电流（A）	保持电流（A）	蓄电池电解液比重

3.2.7 实验报告编写

实验结束后,应对起动机空载和制动的工作状况、起动机的性能质量指标、整个实验的过程及结果进行评价分析,并写出实验报告。实验报告内容主要包括实验名称、实验目的、实验时间、实验地点、参加人员、实验方法、实验条件、实验仪器与设备、实验结果等。

第4章 汽车点火系统性能测试实验

电子点火系统可分为两类,即普通电子点火系统(无触点式)和微型计算机控制电子点火系统(又称电控点火系统),后者又可分为带分电器式电控点火系统和不带分电器式电控点火系统。

电子点火系统与传统点火系统比较,主要增加了点火信号传感器和电子点火器(点火模块),取消了断电器触点。点火信号传感器相当于传统点火系统中分电器的断电器凸轮,由触发轮和传感器等组成。常见的点火信号传感器有磁感应式、光电式和霍尔式三种。电子点火器的作用是接通或切断点火线圈的初级电流,其相当于传统点火系统中分电器的断电器触点。在故障诊断与检测中,电子点火系统与传统点火系统对低压电路的故障诊断方法是完全不相同的;而对高压电路的故障诊断方法基本相同。

点火系统出现故障,发动机的表观现象主要有以下几种情况。

(1)发动机无法启动。

(2)发动机启动困难。

(3)发动机动力不足。

(4)发动机运转不良。

(5)发动机冒烟和排气管"放炮"。

(6)发动机进气管回火。

（7）发动机怠速不稳。

（8）发动机加速熄火。

（9）发动机油耗过高。

（10）发动机抖动。

（11）发动机噪声很大。

电子点火系统常用的故障诊断方法有搭铁跳火法、干电池检查法、模拟信号法、示波器法和故障诊断仪法等。

4.1 普通电子点火系统的故障诊断与检测

普通电子点火系统主要由电源、点火开关、带感应式点火信号传感器（信号发生器）的分电器、电子点火器、点火线圈及火花塞等组成。图4-1为桑塔纳LX轿车发动机装配的普通电子点火系统线路连接图，采用了霍尔式点火信号传感器。

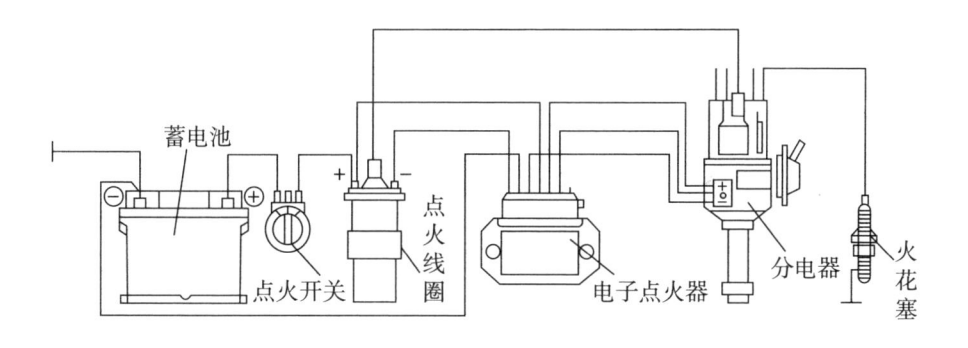

图4-1 桑塔纳LX轿车发动机装配的普通电子点火系统线路连接图

4.1.1 霍尔式点火信号传感器的故障诊断与检测

1. 霍尔信号电压的检测

打开点火开关，转动霍尔式分电器转子，用万用表测量电子点火器

3、6端子上的电压,如图4-2所示。电压表读数应在0～9 V,否则说明霍尔式点火信号传感器有故障,应更换。

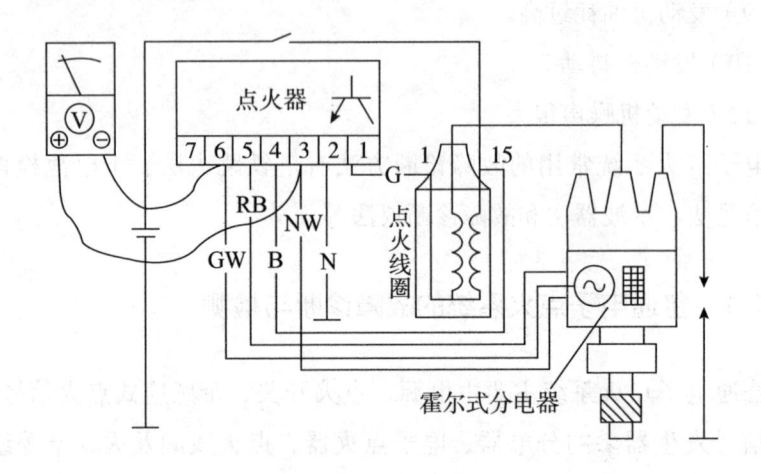

图4-2 霍尔信号电压的检测

2.模拟信号的检测

(1)在点火线圈1号端子与搭铁之间连一试灯。从霍尔式分电器上拔下插接器,如图4-3所示。

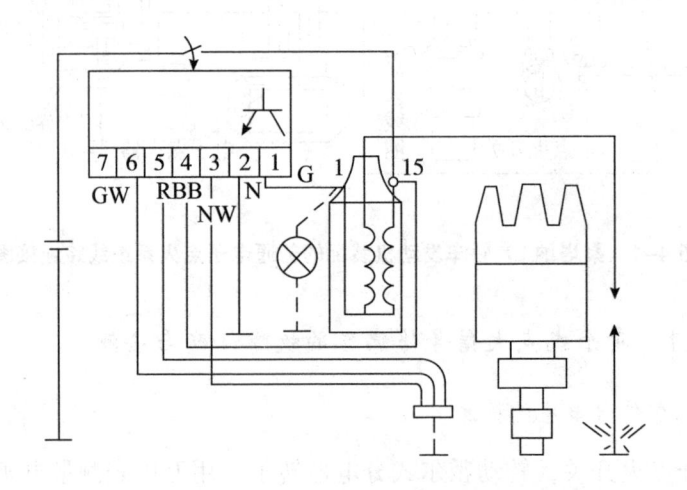

图4-3 模拟信号的检测

（2）打开点火开关，将插接器绿色线进行短路搭铁，同时取中央高压线距气缸体 3～5 mm 进行跳火检测。

（3）若试灯亮度变化、中心跳火强烈，则说明传感器正常。

（4）若试灯亮度不变，则说明电子点火器损坏或信号线断路。

4.1.2 电子点火器的故障诊断与检测

1. 信号线电压的检测

（1）打开点火开关，用万用表测量电子点火器 2、4 端子和 3、5 端子电压，2、4 端子电压应为 12 V，3、5 端子电压也应为 12 V，否则说明电子点火器损坏，应更换。

（2）测量分电器的插接器红黑线与棕白线电压，该电压应为 12 V，否则说明线路断路。

2. 点火线圈接线柱电压的检测

将万用表电压挡的正表笔接点火线圈 15 号端子，负表笔接点火线圈 1 号端子，拔出分电器上的插接器，打开点火开关，电压表读数应为 6 V，且在 1～2 s 内降至 0 V。否则说明电子点火器失效，应更换。

4.2 微型计算机控制电子点火系统的故障诊断与检测

微型计算机控制电子点火系统主要由传感器、发动机电子控制单元（electronic control unit, ECU）、电子点火器、点火线圈、配电器等组成。

4.2.1 丰田皇冠发动机点火系统的故障诊断与检测

丰田皇冠发动机（3.02JZ-GE）点火系统属于带分电器式电控点火系统，该点火系统原理图如图 4-4 所示。该点火系统由 ECU 控制电子点火器、电子点火器控制点火线圈，采用磁电式曲轴位置传感器和凸轮轴位置传感器。

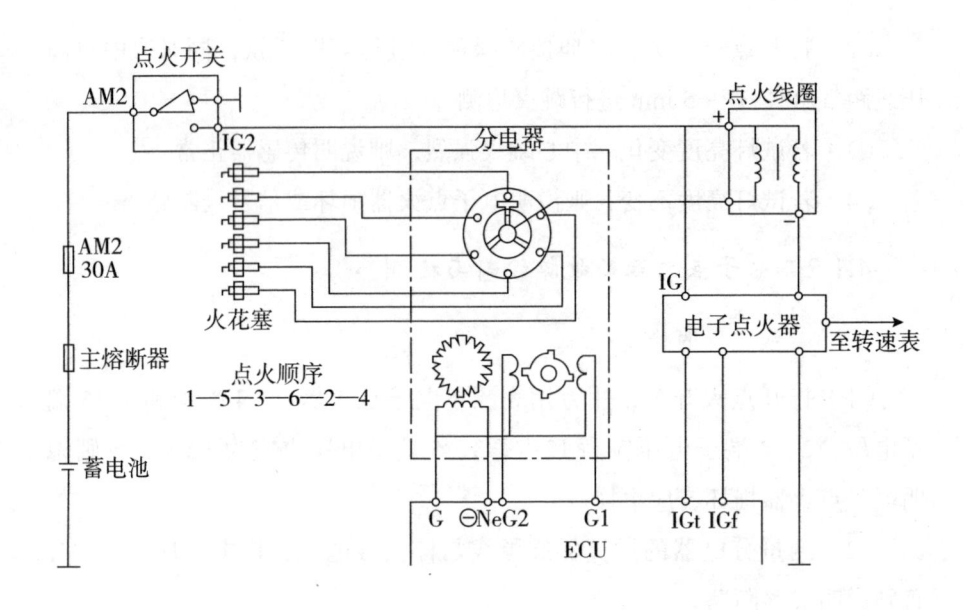

图 4-4　丰田皇冠发动机点火系统原理图

1. 曲轴位置传感器的检测

（1）传感器电阻的检测。拔下曲轴位置传感器的插接器，用万用表电阻挡测量曲轴位置传感器各端子间的电阻，其值应符合如表 4-1 所示的数值要求，否则必须更换曲轴位置传感器。

表 4-1　曲轴位置传感器的电阻值

端子	条件	电阻（Ω）	端子	条件	电阻（Ω）
G1—G	冷态	125～200	Ne—G	冷态	155～250
	热态	160～235			
G2—G	冷态	125～200		热态	190～290
	热态	160～235			

（2）传感器输出信号的检测及波形分析。拔下曲轴位置传感器插接器，用万用表或示波器检测端子 Ne—G、G1—G、G2—G，应有脉冲信

号输出。用示波器进行检测时应先启动发动机，让发动机怠速运转，观察示波器上的波形，该波形应符合如图 4-5 所示波形。曲轴位置传感器波形的幅值随转速升高而增大，且幅值、频率和形状在一定的条件下应相似，相邻两脉冲时间间隔应相等。若没有脉冲信号输出，则必须更换曲轴位置传感器。

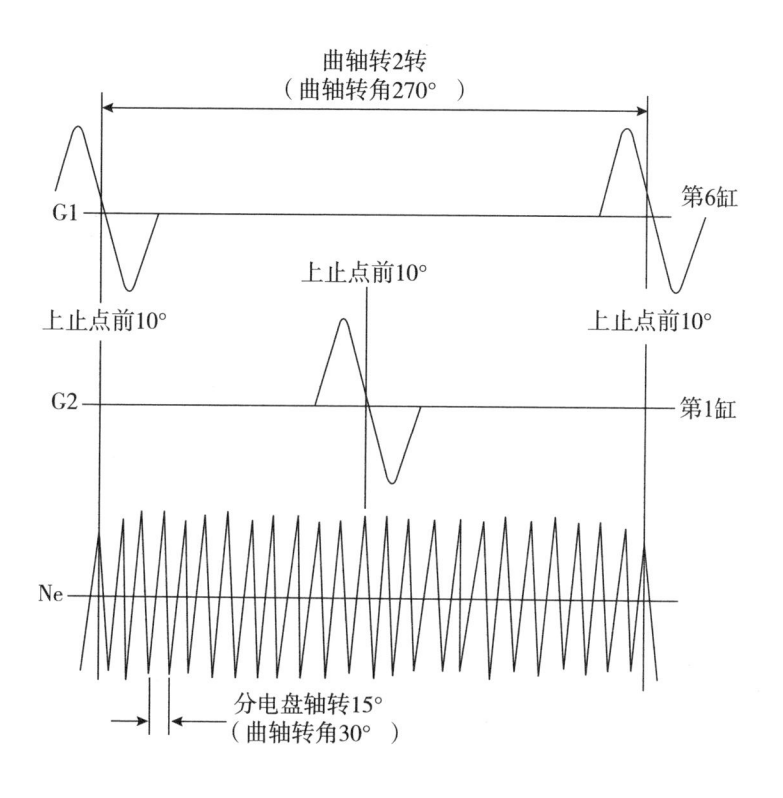

图 4-5　曲轴位置传感器波形

（3）信号转子与传感线圈的间隙检测。用塞尺测量信号转子与传感线圈凸出部分的间隙，如图 4-6 所示。其间隙应为 0.2～0.4 mm，若间隙不符合要求，则必须调整或更换分电器总成。

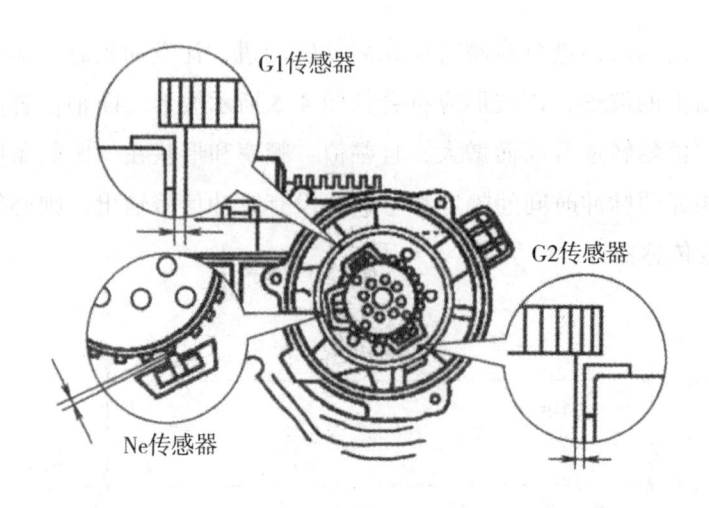

图 4-6　信号转子与传感线圈的间隙

2. 点火线圈的检测

拔下点火线圈的插接器，用万用表电阻挡测量点火线圈的电阻，其值应符合如表 4-2 所示的数值要求。若不符合，则必须更换点火线圈。

表 4-2　点火线圈的电阻值

点火线圈	条件	电阻（Ω）	点火线圈	条件	电阻（Ω）
初级绕组	冷态	0.36～0.55	次级绕组	冷态	9.0～15.4
	热态	0.45～0.65		热态	11.4～18.1

3. 电子点火器的检测

打开点火开关，用万用表分别检测电子点火器的 IG 端子和点火线圈的 + 端子与搭铁之间的电压，它们应为蓄电池电压，否则说明电源电路有故障。发动机怠速运转时，电子点火器 IGt 端子与搭铁之间应有脉冲信号（0.5～1.0 V），否则说明控制线路或 ECU 有故障。发动机怠速运转时，电子点火器 IGf 端子与搭铁之间应有脉冲信号（0.5～1.0 V），否则说明电子点火器有故障。

4. IGt 与 IGf 信号的检测

若点火系统 IGt 或 IGf 信号不良，应对电子点火器、ECU 及 ECU 与电子点火器的连接线路进行检测。

从分电器上拔下中央高压线，距离气缸体 5～7 mm 进行跳火检测，或插上跳火器，启动发动机，检查跳火情况。

若跳火检查火花正常，则进行以下操作。

（1）检查 ECU 与电子点火器之间 IGf 信号电路是否断路或短路，若有异常，修理或更换配线、插接器。

（2）若电路正常，则拔下电子点火器插接器，打开点火开关，检测线束端 IGf 与搭铁之间的电压，标准值应为 4.5～5.0 V。否则检查或更换 ECU。

（3）若上述情况都正常，则故障在电子点火器上，应更换。

若跳火检查无火花，则检测 IGt 端子与搭铁之间的电压。打开点火开关时，其标准值为 9～14 V；启动发动机，其标准值为 0.5～1.0 V。

（1）若电压符合标准值，则进行以下操作。

①打开点火开关，检测电子点火器 IG 端子的电压，其应为蓄电池电压，否则应检查点火开关、熔丝。

②检查点火线圈的连接电路。

③检测点火线圈的电阻值。

④若上述情况都正常，则故障在电子点火器上，应更换。

（2）若电压不符合标准值，则进行以下操作。

①检查 ECU 与电子点火器之间 IGt 信号电路是否断路或短路。若有异常，修理或更换配线、插接器。

②检查或更换 ECU。

4.2.2 现代索纳塔发动机点火系统的故障诊断与检测

现代索纳塔发动机点火系统属于功率晶体管外接式点火系统，将功率晶体管装在计算机外部，便于更换。图 4-7 为其电路图。

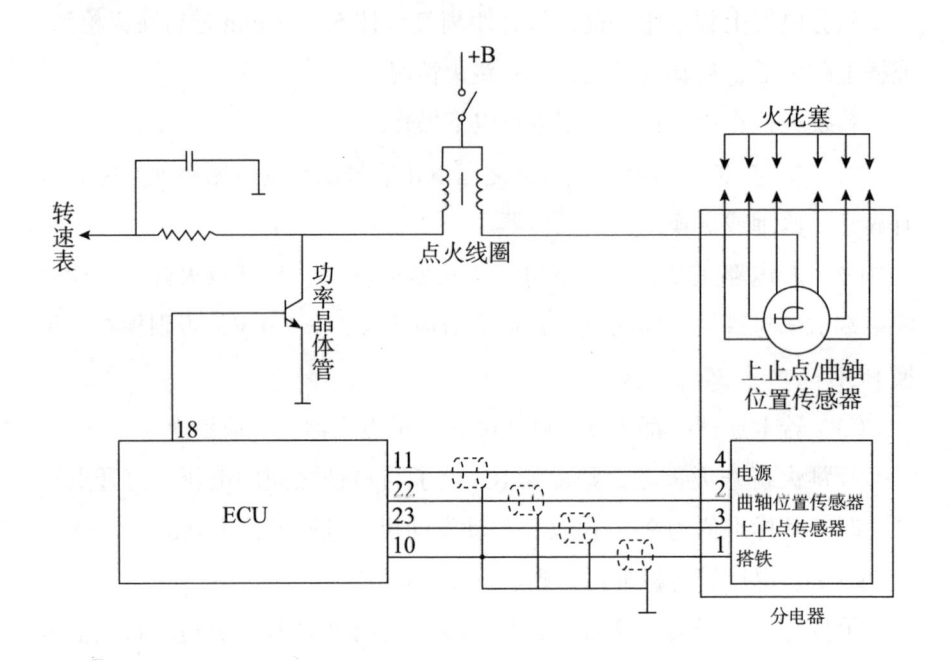

图 4-7 现代索纳塔发动机点火系统电路图

1. 上止点/曲轴位置传感器的检测

上止点/曲轴位置传感器安装在分电器内，为光电式曲轴位置传感器，其中管脚 4 是 ECU 提供的电源，管脚 1 是搭铁线，管脚 2 是曲轴位置传感器传给 ECU 的曲轴位置信号，管脚 3 是上止点传感器传给 ECU 的上止点信号。传感器插接器的端子位置如图 4-8 所示。

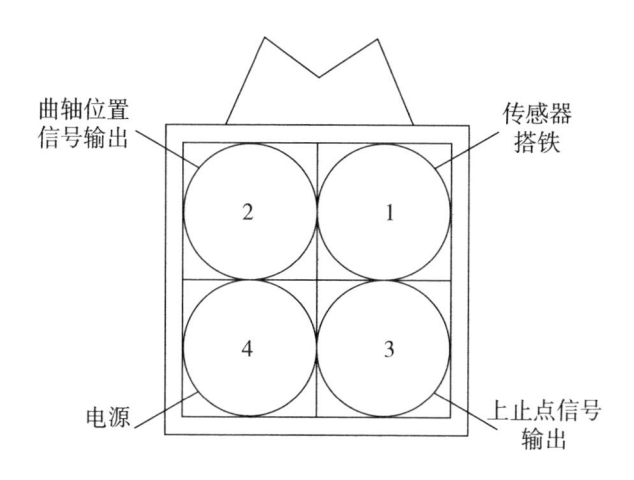

图 4-8 传感器插接器的端子位置

（1）传感器插接器电压的检测。

①拆开传感器插接器，打开点火开关，但不启动发动机。

②用万用表电压挡测量插接器端子之间的电压，端子4与端子1之间的电压应为12 V，端子2和端子3与端子1之间的电压应为4.8～5.2 V。

③若电压不在规定范围内，应检查连接线路。若连接线路正常，则应更换 ECU。

（2）传感器输出信号的检测。

①插好插接器，启动发动机。

②用万用表检测插接器端子2和端子1、端子3和端子1之间的电压，端子2和端子1之间的电压应为1.8～2.5 V，端子3和端子1之间的电压应为0.2～1.2 V。

③若电压不在规定范围内，则应更换曲轴位置传感器。

（3）传感器输出信号的波形分析。启动发动机，观察示波器的波形，该波形应与如图4-9所示波形相似。

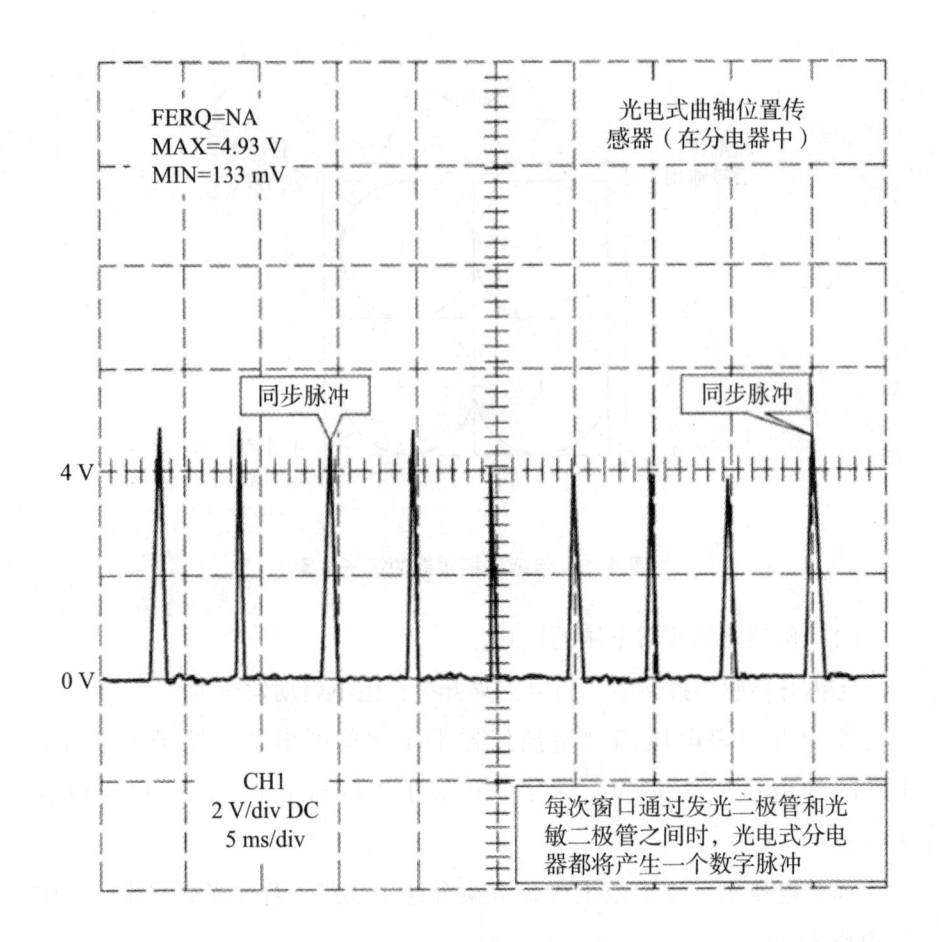

图 4-9 光电式曲轴位置传感器波形

2. ECU 输出信号的检测

（1）拔下功率晶体管的插接器。

（2）判别其三个管脚的极性，用万用表电压挡测其基极（管脚 18）的电压。

（3）发动机启动时应有 1～2 V 的电压。此时有两种情况。

①若有此电压，说明 ECU 和传感器是完好的，故障在功率晶体管和点火线圈上。

②若无此电压，说明故障在 ECU 或传感器上。

3.功率晶体管的检测

（1）检查功率晶体管的线束侧电源线、搭铁线是否良好。

（2）检查功率晶体管。

4.点火线圈及其电源的检测

（1）拔下点火线圈的电源插接器。用万用表电压挡测其端子电压，当点火开关置于"ON"时应有12 V电压，否则应检查继电器的好坏及熔丝是否烧断。

（2）用万用表电阻挡检测点火线圈的初级线圈和次级线圈电阻，分别应为0.8～12.0 Ω和10～13 kΩ。

4.2.3 桑塔纳发动机点火系统的故障诊断与检测

桑塔纳发动机（2000GSi AJR）采用的是同时点火的无分电器点火系统，主要包括点火线圈、火花塞和发动机电子控制单元（ECU），其电路图如图4-10所示。点火控制组件（N152）包括两个点火线圈（N和NI28）和电子点火器，如图4-11所示。在点火控制组件壳体上标有A、B、C、D高压插孔，分别对应1、2、3、4高压线。1、4缸共用一个点火线圈，2、3缸共用一个点火线圈，如图4-12所示。这种点火系统必须有曲轴位置传感器及上止点信号，桑塔纳发动机（2000GSi AJR）采用的是霍尔式凸轮轴位置传感器（G40）和磁电式转速传感器（G28）。

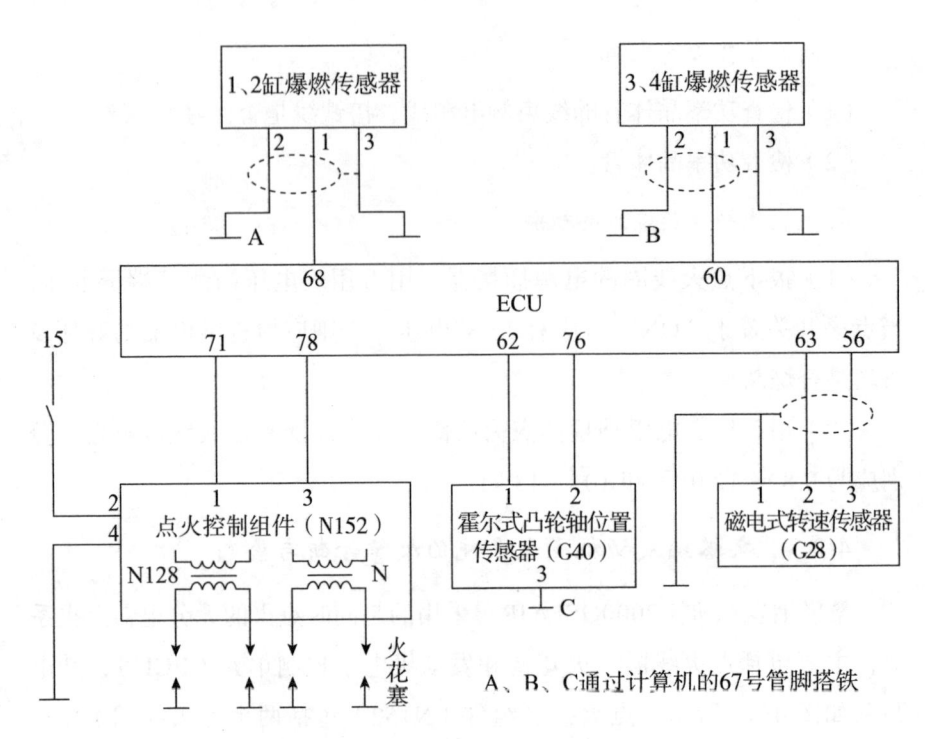

图 4-10　桑塔纳发动机点火系统电路图

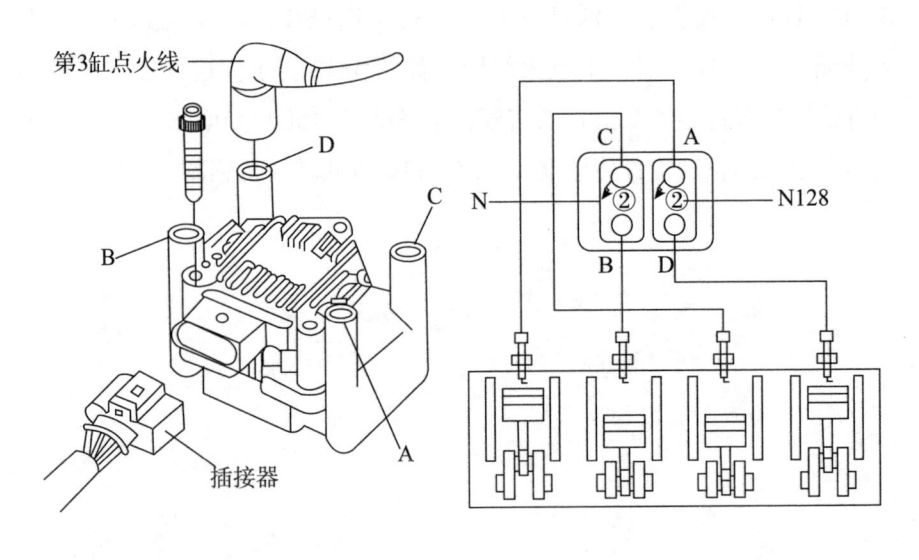

图 4-11　点火控制组件

图 4-12　点火线圈

1.霍尔式凸轮轴位置传感器（G40）的检测

（1）传感器电源电压的检测。

①断开点火开关，拔下传感器插接器。

②打开点火开关，用万用表电压挡测量传感器 1 端子与 3 端子之间的电压，该电压应为 4.5 V 以上。若电压为零，说明线束存在短路、断路或 ECU 故障。

（2）导线电阻的检测。

①用万用表的电阻挡检测传感器各端子与 ECU 的连接导线电阻，导线电阻不应超过 1.5 Ω。若电阻为∞，说明导线断路或接触不良，必须进行维修。

②用万用表电阻挡检测传感器端子 1 与 2 和 3 之间电阻，或检测 ECU 的各端子之间的电阻，电阻应为∞。否则，说明导线短路，应进行更换。

（3）传感器输出信号的波形分析。启动发动机，观察发动机怠速运转时示波器的波形，该波形应与如图 4-13 所示的波形相似。

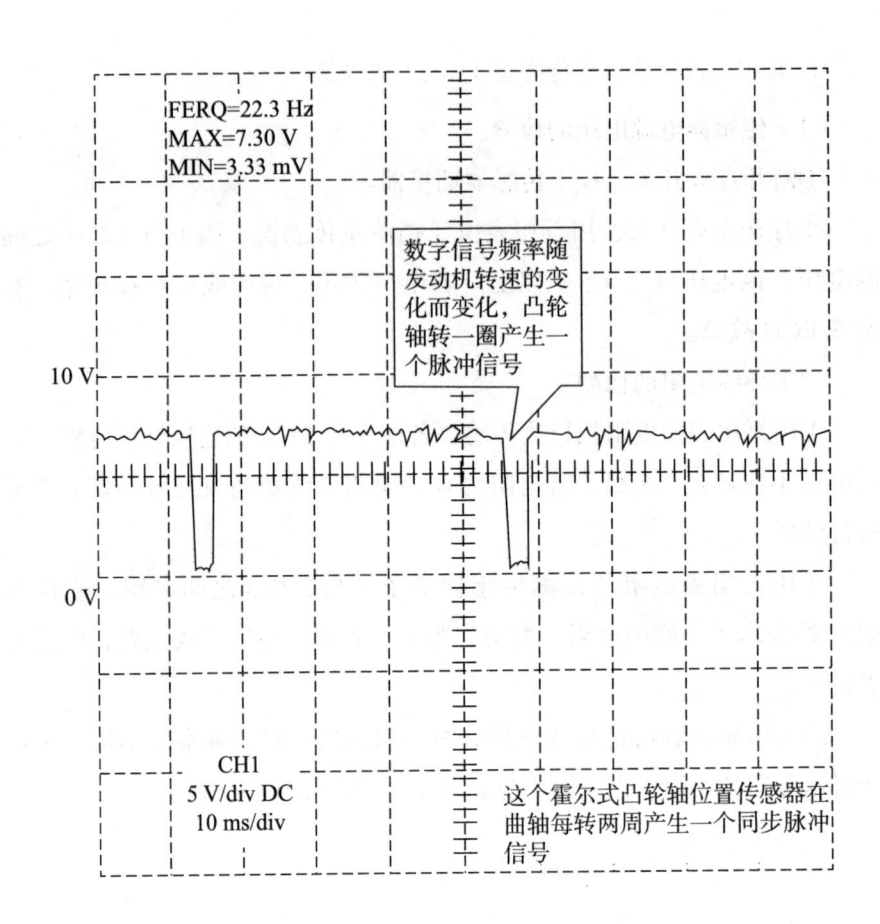

图 4-13　霍尔式凸轮轴位置传感器波形

2. 磁电式转速传感器（G28）的检测

（1）磁感应线圈电阻的检测。

①拔下传感器插接器。

②用万用表电阻挡检测传感器 2、3 端子之间的电阻，该电阻应为 480～1 000 Ω，若电阻不在规定范围内，则应更换传感器。

（2）传感器输出信号的检测。

①拔下传感器插接器。

②将万用表（交流电压挡）或示波器连接在传感器插接器的2、3端子上，启动发动机，应有交流电压信号产生。

3. 爆燃传感器的检测

（1）爆燃传感器电阻的检测。

①关闭点火开关，拔下传感器插接器。

②用万用表电阻挡检测传感器插接器上端子1与端子2及端子1与端子3之间的电阻，它们均应为∞，否则应更换爆燃传感器。

（2）爆燃传感器输出信号的检测。插上传感器插接器，启动发动机，测量端子1与端子2之间的电压，其正常值应为0.3～1.4 V。

（3）传感器输出信号的波形分析。打开点火开关，不启动发动机，用一些金属物轻轻敲击发动机（爆燃传感器附近）。敲击发动机时，示波器显示波形应有波动，敲击越重，振动幅度越大，如图4-14所示。若波形不符合要求，应更换爆燃传感器。

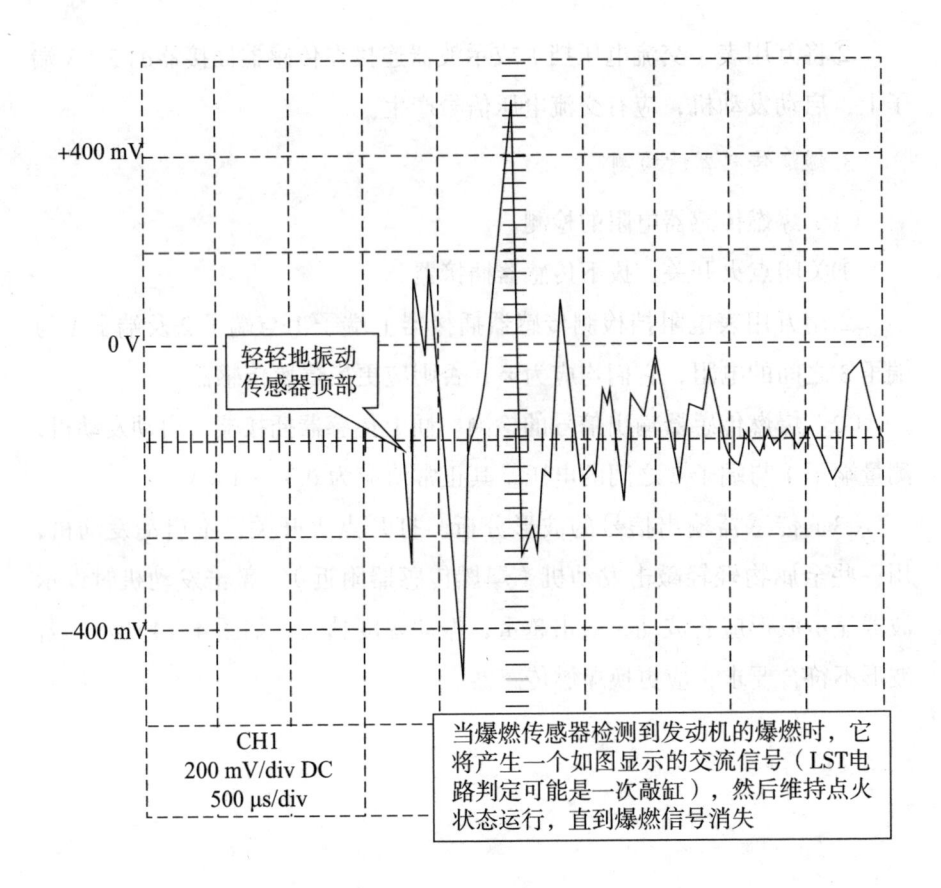

图 4-14　爆燃传感器波形

4.点火控制组件的检测

（1）点火控制组件电源电压的检测。

①拔下点火控制组件上的插接器。

②打开点火开关。

③用万用表电压挡检测插接器端子 2 与端子 4 的电压，端子排列如图 4-15 所示，该电压应为蓄电池电压。若电压不满足条件，应检查点火线圈到电源线是否有断路现象。

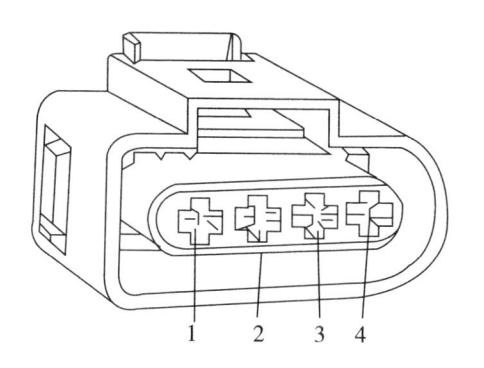

图 4-15　端子排列

（2）点火线圈的检测。用万用表电阻挡检测 A、D 端子（1、4 缸次级绕组）电阻和 B、C 端子（2、3 缸次级绕组）电阻（图 4-11），它们均应为 4～6 kΩ。若电阻不在规定范围内，则应更换点火控制组件。

5.ECU 对点火控制组件功能的检查

（1）拔下燃油泵继电器，拔下电子点火器插接器。

（2）用示波器或二极管检测灯（可自制一个二极管试灯并且串联一个 330 Ω 的电阻），检测发动机启动时电子点火器插接器端子 1 与端子 4、端子 3 与端子 4 之间是否有点火脉冲信号或二极管检测灯是否闪亮。此时有两种情况。

①若有点火脉冲信号或二极管检测灯闪亮，则说明 ECU 的点火功能正常，故障在电子点火器上，应更换电子点火器。

②若无点火脉冲信号或二极管检测灯不闪亮，则说明 ECU 至点火控制组件之间连接导线、ECU 或传感器存在故障。

4.3 故障案例分析

4.3.1 皇冠3.0轿车无高压火故障排除

1. 故障现象

一辆皇冠3.0轿车，发动机不能启动，检测无高压火。

2. 故障诊断与排除

用示波器检测电子点火器到点火线圈控制线上的电压波形时发现：启动发动机时控制线上只有一个12 V左右的直流电压，而没有变化的电压波形。由此判定故障在点火系统的低压线路部分，即分电器内的曲轴/凸轮轴位置传感器、电子点火器、点火线圈、发动机ECU等部件或线路有故障，于是对每个部件进行检测。

检测分电器内曲轴位置传感器Ne线圈和凸轮轴位置传感器G1及G2线圈的电阻，它们分别为154 Ω和160 Ω，均在正常范围内。一边启动发动机，一边用示波器检测发动机ECU和电子点火器之间的IGt（点火脉冲）和IGf（点火反馈）信号波形，此时发现无任何信号波形，而且检测表明电子点火器的电源线和搭铁线均正常。启动发动机时用示波器观察曲轴位置传感器和凸轮轴位置传感器的输出波形，它们均为类似正弦波的波形。最后用万用表检测发动机ECU电源端子与搭铁端子的搭铁情况，这些都正常。根据上述检测结果判定发动机ECU损坏。更换ECU后，故障消失，发动机启动正常。

发动机ECU的作用是，根据曲轴位置传感器和凸轮轴位置传感器的信号向电子点火器提供点火脉冲信号。如果没有这个信号，原因可能有以下三个。

（1）发动机ECU没有接收到曲轴位置传感器和凸轮轴位置传感器的信号。

（2）发动机 ECU 的电源电压或搭铁不正常。

（3）发动机 ECU 损坏。

在确认前两个原因不存在的情况下，肯定是发动机 ECU 损坏了。点火反馈信号是电子点火器向发动机 ECU 提供点火系统工作的信号，没有点火脉冲信号也就没有点火反馈信号。

4.3.2 桑塔纳时代超人轿车冷车不易启动、加速时闯车、提速困难故障排除

1. 故障现象

一辆桑塔纳时代超人轿车，行驶里程 80 000 km，早晨冷车不易启动，启动后，怠速运转不稳定，热车后加速时闯车，车速超过 120 km/h 提速困难。

2. 故障诊断与排除

该车不久前刚进行了正常保养，更换了火花塞。先进行计算机检测，拆下位于变速杆下部的防尘罩，将故障诊断仪 V.A.G1552 连接到车载诊断系统诊断座上，打开点火开关，读取发动机电控系统故障代码，显示故障代码如下。

（1）00561-015 为混合气自适应值超过调节界限下限 /SP；

（2）00516-012 为混合气自适应值超过调节界限上限 /SP。

将上述故障代码清除后，退出故障诊断，启动发动机保持怠速运转状态，输入功能码 08，进入 007 显示组，观察氧传感器反馈信号电压，该信号电压能够在 0.1～1.0 V 之间波动，但变化频率较慢。将压力测试仪 V.A.G1318 接入进油管，进行油压测试，怠速时，油压表显示为 0.25 MPa，加大节气门开度时，油压表指针在 0.28～0.30 MPa 之间摆动，关闭点火开关 10 min 后，燃油系统的保持压力为 0.16 MPa。油压值符合标准，可以判定燃油泵工作性能良好，油压调节器正常。该车行驶了 80 000 km，但未清洗过燃油系统，使用清洗机对燃油系统进行彻底清

洗后路试，故障现象有所减轻，检查火花塞、缸线，它们都很正常，此时考虑到大众车系的节气门体脏污对怠速及加速工况均有影响。因此将其清洗后进行基本设置，但仍不见成效，接着检查并清洗空气流量计，更换氧传感器，但故障依旧。第二天早晨发动机难以启动，检查时发现1、4缸火花塞点火较弱，考虑到此车1、4缸共用一个点火线圈，更换点火线圈后，故障得以排除。由此得知，该故障的根本原因是电子点火器工作不良造成1、4缸点火能量不足，从而使混合气燃烧状况变差。

4.3.3 奥迪 A6 轿车发动机怠速时抖动、加速不良故障排除

1. 故障现象

一辆奥迪 A6 轿车，发动机排量为 2.6 L。该车发动机怠速时抖动、加速不良，到维修厂进行了保养，更换了燃油滤芯、空气滤芯，检查并清洗了火花塞，故障消失。几天后，发动机又出现怠速时抖动、加速不良的现象。

2. 故障诊断与排除

当发动机工作不正常时，发现仪表板上的发动机故障指示灯不亮。用专用故障诊断仪诊断电动机电控系统，无故障代码输出，说明发动机电控系统工作正常。

用燃油压力表检查燃油系统压力，发现当发动机抖动或加速不良时，燃油系统压力无变化，这说明燃油系统正常。检查发动机上的真空管，无裂纹、无漏气现象。

最后检查点火系统的高压电路，启动发动机，当发动机工作不正常时，分别拔下各缸高压线，在距火花塞 5 mm 左右，观察发动机转速有无变化。当拔下 4 缸高压线时，发现发动机转速变化不大。将高压线再插到火花塞上，发动机工作变得平稳了。反复拔插高压线，发动机怠速时一会儿抖动，一会儿正常。插上 4 缸高压线，用手摇转 4 缸高压线，发动机有时出现抖动现象，因此故障可能出在这里。

拔下4缸高压线，经检查高压线无裂纹、无烧蚀处，测其电阻，电阻正常。拆下4缸火花塞，发现电极间隙合适，火花塞电极上也无积炭、油污等不正常工作痕迹。将火花塞绝缘体上的油污擦干净，发现上面有个细小裂纹。更换火花塞后，发动机工作平稳、加速有力。

第5章 汽车照明与信号系统性能测试实验

5.1 照明与灯光信号系统的故障诊断与排除

照明与灯光信号系统的常见故障有两类：一是灯泡损坏；二是电路中的熔丝、继电器、导线、开关或插件故障。在熟悉电路的情况下，遇到故障首先要确定诊断范围。确定故障部位的方法：按照电路的走向，用测试电器工作是否正常的方法，来确定故障在哪一段。一般来说，若熔丝熔断，则故障为短路故障，应采用短路法逐段检查；若熔丝未熔断，则应采用试灯法逐段检查。

5.1.1 照明装置的故障诊断与排除

1. 前照灯的故障诊断与排除

前照灯控制电路如图5-1所示。

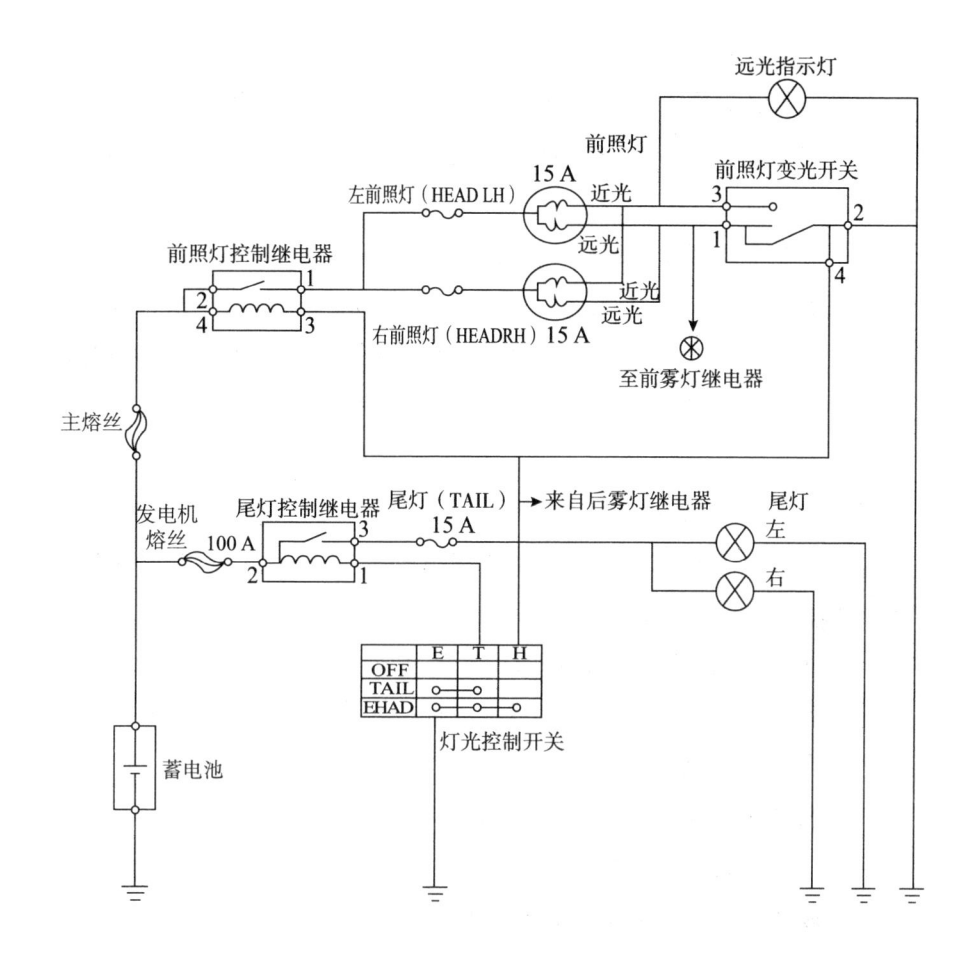

图 5-1 前照灯及尾灯控制电路

（1）前照灯不亮。

①故障原因。前照灯熔丝烧断；前照灯变光开关有故障；前照灯配线或搭铁有故障；电源线松动、脱落（断路）。

②故障诊断与排除。更换熔丝，仔细检查线路是否短路；检查前照灯变光开关，必要时进行更换；检查前照灯配线及前照灯搭铁是否良好，必要时进行修理或更换；检查电源线是否松动、脱落（断路），必要时进行紧固或更换。

（2）前照灯灯光暗淡。

①故障原因。蓄电池电量不足，端电压降低；发电机不发电或发电量不足；输出电压低；散光玻璃或反射镜上有尘埃；导线接头松动或锈蚀，使电阻增大。

②故障诊断与排除。检查蓄电池并对它进行补充充电；拆开前照灯，清洁散光玻璃及灯座的接触部位和接头部位，必要时进行更换；检查发电机的传动带松紧度，修复或更换发电机；检查电压调节器，必要时进行调整、修理或更换。

（3）灯泡烧坏。

①故障原因。电压调节器调整不当或失调，使发电机输出电压过高。

②故障诊断与排除。检查发电机输出电压是否过高，过高则重新调整电压调节器的限额电压值。

（4）前照灯变光时，远光灯或近光灯有一只不亮。

①故障原因。灯泡烧毁；接线板或插接器到灯泡的导线断路；灯泡与灯座之间接触不良。

②故障诊断与排除。更换同型号的灯泡；修理灯座、清除污垢、锈蚀，使其接触良好；检修线路并接牢。

（5）接通前照灯远光或近光时，右前照灯正常，左前照灯明显发暗，或者相反。

①故障原因。左前照灯搭铁不良；左前照灯散光玻璃或反射镜上积有灰尘；左前照灯灯泡玻璃表面发黑；导线接头松动或锈蚀，使线路电阻增大。

②故障诊断与排除。检修左前照灯搭铁部位；拆开左前照灯进行清洁；更换同一型号的灯泡；检修线路，拧紧导线接头，清除锈蚀。

（6）前照灯远、近光不全。

①故障现象。灯光开关在前照灯挡位时，只有远光亮，而近光不亮，或只有近光亮而远光不亮。

②故障原因。变光开关损坏;远、近光的一条导线断路;双丝灯泡中某灯丝烧断。

③故障诊断与排除。更换变光开关;检查前照灯线路,必要时修复或更换;更换同一型号的灯泡。

2. 雾灯的故障诊断与排除

雾灯控制电路如图 5-2 所示。故障表现为前雾灯不工作。

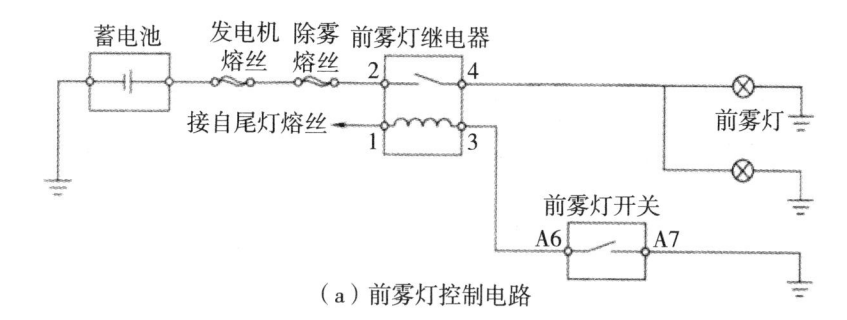

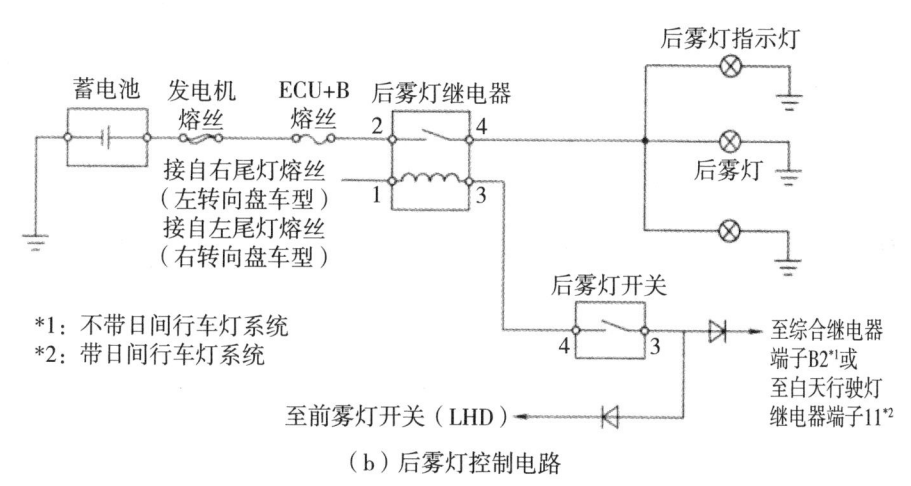

图 5-2 雾灯控制电路

（1）故障原因。雾灯熔丝烧断;雾灯继电器故障;雾灯开关故障;灯泡烧毁;搭铁故障线路断路。

（2）故障诊断与排除。检查熔丝是否烧断，若烧断进行更换；检查雾灯继电器和开关，必要时进行修复或更换；检查雾灯灯泡和线路情况。后雾灯故障的诊断与排除和前雾灯基本相同。

5.1.2 信号装置的故障诊断与排除

1. 转向信号灯的故障诊断与排除

转向信号灯控制电路如图5-3所示。

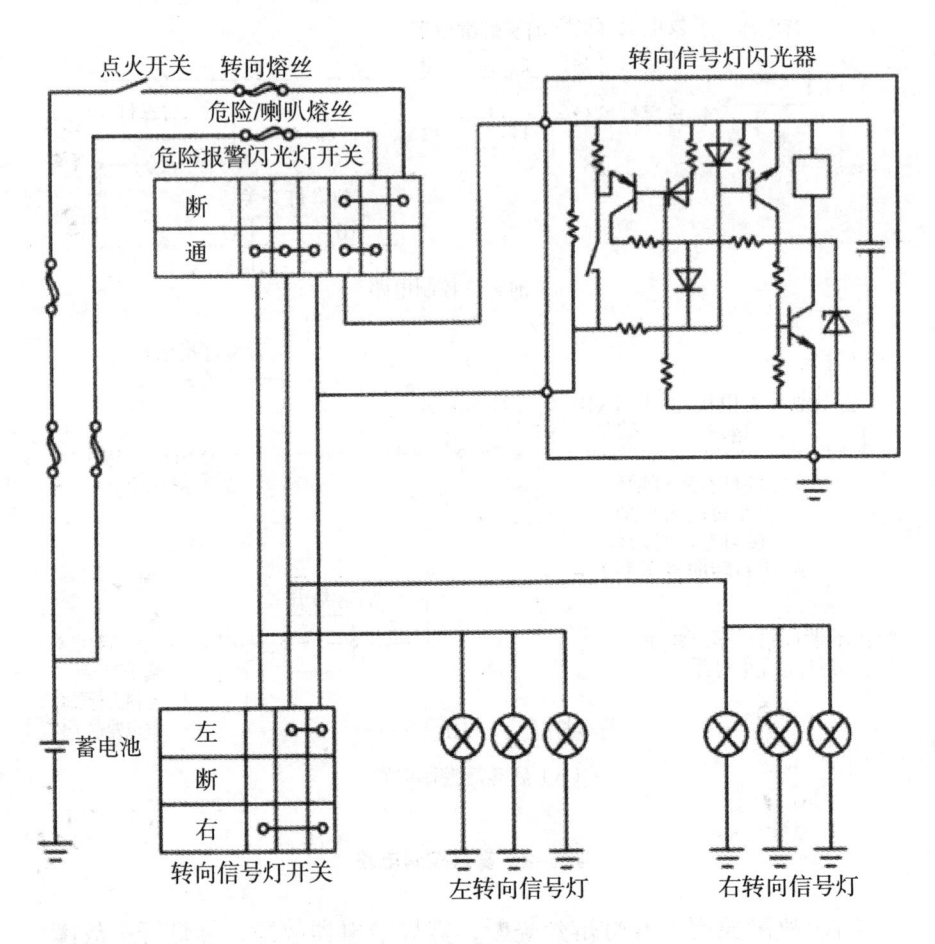

图5-3 转向信号灯控制电路

（1）转向信号灯闪光频率不正常。

①故障原因。转向信号灯线路松脱，一般为紧固线路松脱所致；左右转向信号灯功率不同。

②故障诊断与排除。

a.检查闪光器、转向开关及转向信号灯的搭铁端子，若有松脱处，进行紧固。

b.检查转向信号灯灯泡，判断其功率是否符合要求，若功率不符合要求，则进行更换。

c.若无上述问题，则检查闪光器是否调整不当，其闪光频率一般为65～120次/min。若闪光频率不在规定范围内，则应调整闪光器。

（2）转向信号灯不工作。

①故障原因。熔丝熔断；闪光器工作不良；转向信号灯开关工作不良；转向信号灯灯泡损坏。

②故障诊断与排除。

a.检查熔丝盒里的转向信号灯熔丝是否烧毁，若烧毁则进行更换。

b.拔下闪光器，用跨接线连接电源与闪光器插座L端子，若转向信号灯在转向开关的两个位置都亮，则闪光器失效，应进行更换。

c.若无上述问题，则检查转向开关，检查方法：分别操作左右转向，用万用表的导通挡测闪光器L端子与左右转向信号灯线路的导通情况。若不导通则开关损坏，应进行修复或更换。

d.若转向开关工作正常，则检查转向信号灯灯泡是否烧毁，若烧毁则进行更换。

2.制动灯的故障诊断与排除

制动灯控制电路如图5-4所示。

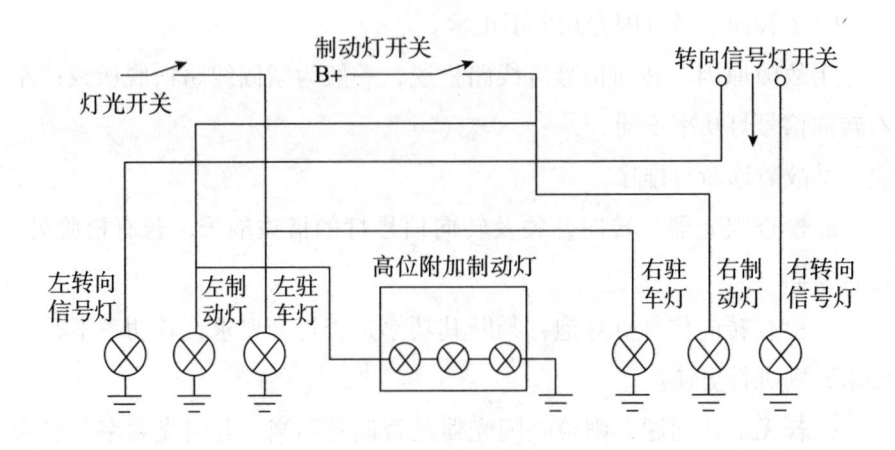

图 5-4 制动灯控制电路

（1）制动灯不亮。

①故障原因。灯泡烧毁；熔丝熔断；制动灯开关失效；线路或搭铁问题。

②故障诊断与排除。

a. 检查灯泡和熔丝是否烧毁，若烧毁则进行更换。

b. 踩下制动踏板，用万用表导通挡检查制动开关是否导通。若不导通，则应更换制动开关。

c. 检查线路是否有断路，采用逐点搭铁法可以判断断路故障（用万用表电压挡逐点检查线路是否在踩下制动踏板时有蓄电池电压）。

d. 检查搭铁线路是否良好，若接触不良，则应紧固搭铁端子。

（2）制动灯常亮。

①故障原因。一般为制动开关调整不当或制动开关损坏，导致制动开关常闭合，使制动信号灯常亮。

②故障诊断与排除。在不踩制动踏板的情况下，测量制动开关是否导通，若导通，则应对制动开关进行调整或更换。

（3）制动灯只亮一个。

①故障原因。不亮的制动灯灯泡烧毁，线路断路，或者搭铁端子松脱。

②故障诊断与排除。检查灯泡是否烧毁，线路是否断路，搭铁端子是否牢固。

3.倒车灯的故障诊断与排除

倒车灯在挂入倒挡后不亮。

（1）故障原因。灯泡烧毁；线路断路；倒挡开关损坏；搭铁不良。

（2）故障诊断与排除。

①检查灯泡是否烧毁，若烧毁则进行更换。

②检查熔丝和线路是否断路，若断路则进行修复。

③检查倒挡开关是否损坏。检查方法：挂入倒挡，用万用表导通挡检查倒挡开关是否导通，若不导通，则倒挡开关损坏，应进行更换。

④检查搭铁端子是否搭铁牢固，若不牢固，则进行紧固。

4.尾灯的故障诊断与排除

尾灯控制电路如图 5-1 所示。

（1）尾灯不亮。

①故障原因。尾灯熔丝烧断；尾灯灯泡故障；搭铁松动；尾灯继电器故障；线路断路；尾灯开关故障。

②故障诊断与排除。检查熔丝，若烧断，进行更换；检查尾灯继电器，必要时进行更换；检查尾灯开关，若有故障，进行修理或更换；检查灯泡和线路是否良好。

（2）左（右）尾灯不亮。

①故障原因。灯泡烧毁；搭铁松动；线路断路。

②故障诊断与排除。检查灯泡是否烧毁，若烧毁则进行更换；检查搭铁和线路是否有松动和断路现象，若有则进行修复。

5.2 电喇叭的故障诊断与排除

电喇叭有带继电器与不带继电器两类。目前单线制、带继电器的蜗牛形电喇叭应用较为广泛，其控制电路如图 5-5 所示。电喇叭的常见故障有喇叭不响、喇叭声音不正常、喇叭长鸣及一只喇叭不响或喇叭声音小等。

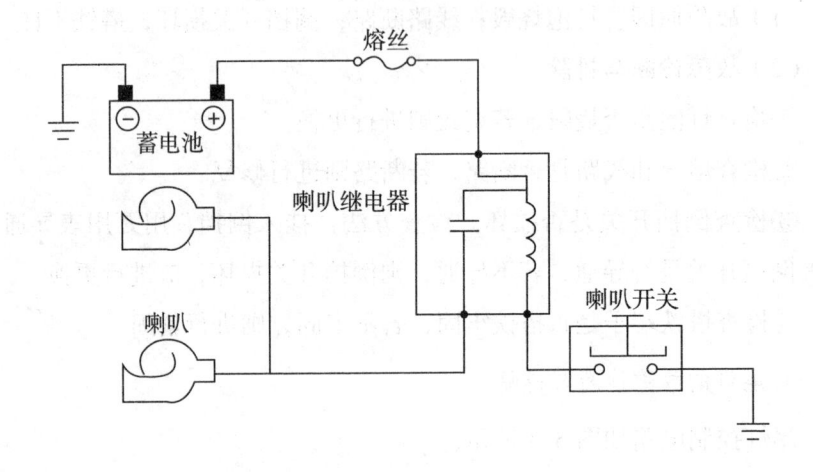

图 5-5 电喇叭控制电路

5.2.1 喇叭不响

1. 故障原因

喇叭损坏；喇叭继电器故障；线路断路；喇叭按钮损坏；电源或搭铁故障。

2. 故障诊断与排除

（1）检查相线是否有电，用螺钉旋具在喇叭继电器的蓄电池接线柱上划火。若无火，说明相线断路，应检查蓄电池—熔断器—喇叭继电器的蓄电池接线柱之间线路是否断路。

（2）若相线有电，再用螺钉旋具将喇叭继电器的蓄电池与喇叭两接线柱短接。若喇叭响，说明喇叭继电器或按钮有故障，否则，说明喇叭本身或连接线有故障。

（3）按下喇叭按钮，倾听继电器内有无声响或打开盒盖观看，若有"咔嗒"声或触点闭合，但喇叭不响，说明触点氧化或烧蚀。若无"咔嗒"声，再用螺钉旋具将继电器按钮接线柱搭铁。若喇叭响，说明按钮或连接线有故障；若喇叭不响，但能听到继电器中有"咔嗒"声，说明触点接触不良。若听不到"咔嗒"声，搭铁时又无火花说明线圈断路；火花强烈说明线圈短路。

（4）按下喇叭按钮，喇叭只发出"嗒"的一声就不响了，说明故障在喇叭内部。拆下喇叭盖，再按下喇叭按钮，观察喇叭触点是否能打开。若不能打开，则应重新调整；若能打开，则应检查触点间隙以及电容器或灭弧电阻是否短路。

（5）若按下按钮，喇叭不响，检查电路发现熔丝盒跳开或熔丝熔断，则线路中有搭铁之处，应分段检查。

5.2.2 喇叭声音不正常

当按下喇叭按钮时，喇叭声音沙哑、发闷或刺耳。

1. 故障原因

蓄电池电量不足；线路紧固端子松动；喇叭故障。

2. 故障诊断与排除

若喇叭声音不正常，首先应检查蓄电池存电是否充足。接通前照灯开关，如果灯光暗弱，或者在发动机未启动前喇叭声音沙哑，但发动机启动并加速到中速以上运转时，喇叭声音恢复正常，则说明蓄电池亏电。若蓄电池技术状况正常或发动机中速以上运转时喇叭声音仍沙哑，则应检查安装情况。若有松动，应紧固；若无松动，应检查各部件紧固情况，必要时检查喇叭膜片和调整音调与音量。若喇叭膜片破裂,更换时应使用同型号、同音调的喇叭膜片。

5.2.3 喇叭长鸣

行车中,喇叭突然长鸣不停或按了喇叭按钮并松开后,喇叭依然鸣叫。

1. 故障原因

喇叭继电器故障;喇叭按钮故障;按钮前控制线路有搭铁。

2. 故障诊断与排除

遇到这种情况,应迅速将接在喇叭继电器的蓄电池接线柱上的相线头拆下悬空,使喇叭停止鸣叫。拆除喇叭继电器的按钮接线柱上的连接头,然后用前面拆下的相线碰划蓄电池接线柱实验。若喇叭响,可能是喇叭继电器触点烧结,弹簧弹力过弱或喇叭继电器的喇叭接线柱与蓄电池接线柱短路。若喇叭不响,可能是喇叭继电器的按钮接线柱至按钮之间的连线破损搭铁、线头搭铁或按钮复位弹簧折断或弹力过弱等。

5.2.4 一只喇叭不响或喇叭声音小

按下喇叭按钮,一只喇叭不响或喇叭声音小。

1. 故障原因

线路断路或接触不良;喇叭故障。

2. 故障诊断与排除

首先用万用表、试灯或对调两喇叭连接线,检查导线是否断路。若导线良好,应检查喇叭的调整是否变动,喇叭线圈是否断开,喇叭搭铁是否良好等。

第6章　汽车雨刮装置电机性能测试实验

6.1 刮水器的检测、故障诊断及修理

6.1.1 刮水器的检测

（1）将刮水器拉起来，用手指在清洁后的刮水器橡胶条上摸一摸，检查橡胶条是否损坏，及橡胶条的弹性状况是否良好。若橡胶条老化、硬化、出现裂纹，则此刮水器不合格，需要及时更换。

（2）将刮水器开关置于各种速度位置处，检查不同速度下刮水器是否保持一定速度。特别是在间断工作状态下，要留意刮水器在运动时是否保持一定速度。

（3）刮水器在刮水状态时，如果摆幅不顺，不正常跳动，有噪声，那么刮水器不合格；如果橡胶条的接触面与玻璃面无法完全贴合，而产生擦拭残留，那么刮水器不合格；如果擦拭后玻璃面呈现水膜状态，玻璃上产生细小条纹、雾及线状残留，那么刮水器不合格。

（4）听声音也可以辨别刮水器的好坏，当刮水器电动机"嗡嗡"作响而不能转动时，说明刮水器机械传动部分有锈死或卡住的地方，即该刮水器不合格，这时应立即关闭刮水器开关，以防烧毁电机。

6.1.2 刮水器的故障诊断及修理

1. 刮水器常见故障及故障大概部位诊断

刮水器的常见故障有刮水器不工作或间断性工作、刮水器不能复位、刮水器速度不够、刮水器的速度转换不正常等。

（1）在对刮水器的故障进行维修之前，需要确定是电气故障还是机械故障。要确定这一点，最简单的方法就是从电动机上拆下连接刮水片的机械臂，接通刮水器系统，观察电动机的运行。若电动机工作正常，则说明这是机械故障，否则是电气故障。

（2）大多数导致刮水器动作慢的电路故障是由接触电阻大而引起的。如果故障表现为所有的速度挡都慢，应检查电源到刮水器开关之间的电路，主要是检查中间继电器、熔断器和刮水器开关连接线端子插接是否牢固可靠。

（3）如果刮水器只是在间歇挡位工作不正常，首先应检查间歇刮水器继电器的搭铁是否良好。如果搭铁正常，利用电阻表检查间歇刮水器继电器到刮水器开关之间的连接线路；如果连接线路是良好的，应更换间歇刮水器继电器。

（4）造成刮水器不能复位的故障可能是复位开关的原因，也可能是刮水器开关内接触片变化的原因。

2. 判断故障是否为连杆不良引起的

先检查刮水器电动机的工作情况，若经检查刮水器电动机已经转动，而摆臂不摆，说明故障在连杆部分，原因可能是连杆固定螺钉松动或滑脱，应对其进行修理。

3. 判断故障是在刮水器开关还是电动机上

（1）如果打开刮水器开关后，电动机不转，就从检查电动机入手对其部件进行检查。不管是何种车型，不管开关控制的是火线还是搭铁线，在刮水器开关打开后，电动机插头上都应至少有一根火线（正极线）和一根搭铁线，这是刮水器电动机转动的必备条件。

（2）如果在打开刮水器开关后，测电动机插头，其无火线，说明开关或线路上存在故障，下一步查找的重点就应是刮水器开关和电源线路。

4. 判断刮水器电动机的好坏

若通过检测，插头上的火线和搭铁线均正常，说明故障在刮水器电动机上。为了准确判断，采取送电法对电动机单独进行检查，具体方法如下。

去掉电动机与导线连接插头，去掉连杆，取一根电源线连通刮水器电动机的正电刷，另取一根线使另外两电刷分别搭铁。

（1）如果刮水器电动机转动，说明电动机良好，故障在开关或线路上。

（2）如果刮水器电动机不转，刮碰时无火花，说明电刷接触不良；刮碰时有较大的火花，说明刮水器电动机线圈烧毁短路。

5. 判断故障是不是电动机机械噪声故障

刮水系统的机械驱动系统松动或过紧都会产生噪声。拉杆系统的运动部件触及其他部件时，如洗涤器的金属管道等，也会产生噪声。若经过检查，不能确定噪声部位，应逐件进行细致检查。

6. 刮水器电动机故障的修理

（1）电刷磨损的处理。电动机故障通常是不能启动或转速过低。电动机故障多是由长期工作后电刷磨损、换向器积污引起的。当主电刷长度磨到小于 5 mm 或第三电刷的台阶部分磨掉后，应更换电刷。

（2）换向器积污的处理。对于电动机内换向器的积污，可用浸过煤油的软布擦拭。若表面已严重烧黑，可用玻璃砂纸条清洁。有的电动机有一个调整螺钉，该螺钉可用来调整电枢轴向间隙，该间隙通常为 0.2 mm。

6.2 电动刮水系统常见故障与排除

在刮水系统中，较易发生故障的部位大多在刮水器电动机、刮水器开关、间歇刮水器继电器、电压继电器的线路或熔丝上。当刮水系统出现故障时，应先判断发生故障的大概部位，然后根据故障车型刮水线路的设计特点，逐步查找，便可找到故障部位。例如刮水器不工作，在打开刮水器开关后，应首先通过看、听、摸等方法检查刮水器电动机是否转动。

电动刮水系统出现故障时，既有机械原因，又有电气线路原因。电动刮水系统及电动机常见故障与排除方法如表 6-1 所示。

表 6-1 电动刮水系统及电动机常见故障与排除方法

故障现象	故障原因		故障排除方法
刮水器不工作	电动机	电动机的转子断线	电流不能流过电动机	更换电动机或转子
		电动机的炭刷磨损		更换炭刷
		电动机轴烧坏	通电 4～5 min 电动机过热	更换电动机
		电动机内部短路或暂时短路及烧损	刮水器电路的熔丝立刻熔断	更换电动机或修理短路处

续 表

故障现象	故障原因		故障排除方法
刮水器不工作	电源和电路接线	由于刮水器电路的其他元件损坏而熔丝熔断	检查其他元件的工作状况	更换损坏的元件
		接线连接处松动、脱出或断线	检查电动机附近的接线，检查接线柱的装配状态	修理
		错误接线	对照各连接软线的颜色	修理
		接地不良	检查地线	修理
	开关	开关接触不良	电动机不通电	更换开关
	连杆	连杆的其他元件和配线挂住，连杆脱落	检查连杆部分	修理
		摇臂烧坏、锈死	摇臂是否能向前、向后移动	加润滑油或更换
刮水器速度不够	电动机	电动机的转子局部短路	使摇臂立起来后电流增加（3～5 A）	更换电动机或转子
		电动机的炭刷磨损	用手轻轻推摇臂，摇臂则停止	更换炭刷
		电动机有烧焦气味	使摇臂立起来后电流增加（3～5 A）	更换电动机或给轴承加机油
	电源和电路接线	电源电压降低	测量电压或检查其他零件（灯光亮度等）	检查电源

续 表

故障现象	故障原因			故障排除方法
刮水器速度不够	开关	开关接触不良	使开关工作4～5次,电压仍降低	更换开关
	连杆	有烧焦气味	电动机在摇臂工作周期内有响声并有气味	加润滑油或更换
	刮水片	刮水片粘在玻璃上	使摇臂立起来,在无负荷状态下工作正常	将刮水片、玻璃表面擦干净或更换刮水片
	电动机	低速或高速的一方炭刷磨损	与规定的低、高速的速度比(1:1.4)远不相同,或速度相同,但在某一速度下电动机不工作	更换炭刷
刮水器的速度转换不正常	停在某处	电源和电路接线、开关	开关的1段、2段间接触不良	拆开开关检查,若"OFF"位置不在1位、2位间连接	更换开关
		电动机	自动停止装置继电器的触点污损或有异物,使触点接触不良	拆开自动停止装置盖,检查触点	清理触点,注意不要使继电器的弹簧片变形
	不停止	电动机	自动停止装置动作不灵活(触点不能开闭)	拆开自动停止装置盖,检查工作状况	矫正继电器的弹簧片

续 表

故障现象	故障原因		故障排除方法
间歇刮水不正常	间歇刮水器继电器损坏或线路有故障	利用短路实验检查线路	检查间歇刮水器继电器和线路

6.3 电子智能式间歇刮水器常见故障维修

电子智能式间歇刮水器电路采用雨量自感应方式，根据雨量的大小自动控制刮水器的运行速度。它是在传统刮水器和洗涤器的基础上，增加了雨量传感器及其控制电路后发展起来的，如果去除雨量传感器及其控制电路后，电子智能式间歇刮水器和洗涤器的工作情况与传统刮水器和洗涤器没有什么区别，故传统刮水器和洗涤器的某些维修方法同样适用于电子智能式间歇刮水器和洗涤器。

电子智能式间歇刮水器的雨量控制失灵故障维修方法如下。

6.3.1 雨量控制是否确实失灵的判断

采用模拟雨量的方法对挡风玻璃洒水，看雨量控制是否进入高速刮水状态。

6.3.2 故障是在刮水电动机模块还是在雨量传感器控制装置上的判断

采用模拟雨量的方法对挡风玻璃洒水，也就是一人洒水，另一人用万用表检测雨量传感器控制装置①与②引脚是否同时等效接地，若②引脚仍然处于高电位（12 V），则问题出在雨量传感器控制装置上；否则问题出在刮水电动机模块上。

6.3.3 刮水电动机模块的检测

对刮水电动机模块进行检测时，可先检测其供电电压是否正常，搭铁端连接是否可靠。若经检查没有发现问题，在断开供电电源的情况下，检测其内两个继电器线圈输出引脚是否短路或断路（检测⑥与⑧、⑤与⑦引脚之间电阻）。若经检查也无问题，则重换一个刮水电动机模块试试。

6.3.4 雨量传感器控制装置的检测

对雨量传感器控制装置进行检测时，可先检测其供电电压是否正常，搭铁端连接是否可靠。若经检查没有发现问题，则重换一个雨量传感器控制装置试试。

6.3.5 雨量传感器的检测

雨量传感器属于红外光散射方式，其内部集成了红外发光二极管与光敏三极管，对它的检测类似于光电耦合器，也可直接更换一个雨量传感器试试。

第7章　汽车前照灯灯光调整测试实验

前照灯俗称前大灯或头灯，主要用于夜间行车时道路照明，灯光为白色。为了确保夜间行车的安全，前照灯应保证车前有明亮而均匀的照明，使驾驶人能够看清楚车前100 m或更远道路上的障碍物；前照灯应具有防眩目的装置，以免夜间会车时，使对方驾驶人目眩而发生事故。前照灯包括远光灯和近光灯，远光灯用于保证车前道路100 m以上明亮而均匀的照明，功率一般为50～60 W；近光灯在会车时和市区内等场合使用，可以避免迎面来车驾驶人眩目，也可以保证车前50 m内的路面照明，功率一般为30～55 W。前照灯有两灯制和四灯制两种配置方法。

7.1　前照灯光学系统的结构

前照灯光学系统一般由灯泡（光源）、反射镜、配光镜三部分组成。

7.1.1　灯泡

目前前照灯所用的灯泡主要为白炽灯泡（普通灯泡）和卤素灯泡。

1. 白炽灯泡

1913年带螺旋灯丝的充气白炽灯泡问世，白炽灯泡由灯丝和玻璃罩组成，白炽灯泡结构如图7-1所示。使用钨作为灯丝，并制成紧密的螺旋状，可以缩小灯丝的尺寸，有利于光束的聚合。将玻璃罩中的空气抽出，充入体积分数为 86% 的氩气和 14% 的氮气的混合惰性气体，惰性气体在受热时会产生较大的压力，可以减少钨受热蒸发，从而可以延长灯泡的使用寿命。但这并不能阻止钨的蒸发，灯泡在长期使用后仍然会发黑。

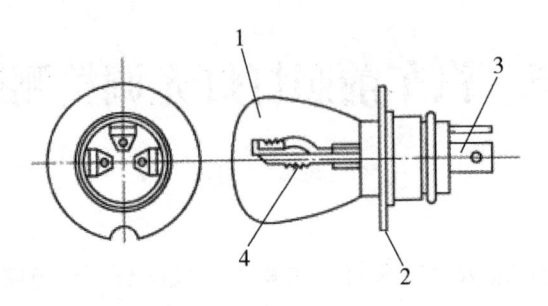

1—玻璃罩；2—插头凸缘；3—插片；4—灯丝

图 7-1　白炽灯泡结构

2. 卤素灯泡

为了更有效地防止钨的蒸发，在冲入灯泡的惰性气体中加入了一定量的卤族元素（如氟、溴、碘），这种灯泡称为卤素灯泡，卤素灯泡结构如图 7-2 所示。在相同功率下，卤素灯泡的亮度为白炽灯泡的 1.5 倍，卤素灯泡的寿命比白炽灯泡寿命长 2～3 倍。原因是从灯丝上蒸发出来的气态钨与卤族元素反应生成了一种挥发性的卤化钨，卤化钨在扩散到灯丝附近的高温区域后又受热分解，使钨重新回到灯丝上，这种卤钨再生循环反应有效地防止了钨的蒸发和灯泡黑化的现象。由于卤素灯泡体积小、耐高温、发光强度高、使用寿命长，故而得到广泛的应用。

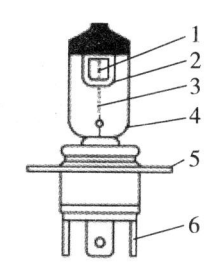

1—近光灯丝；2—远光灯丝；3—定焦盘；4—配光屏；5—凸缘；6—插片

图 7-2　卤素灯泡结构

3. 氙灯

氙灯简称 HID（high intensity discharge）灯，HID 灯的基本结构如图 7-3 所示，它的最大魅力就是安全性。这主要是因为 HID 灯带来的多重光束比卤素灯泡更远、更宽、强度更大，且近光设置更有效。在黑夜里，特别是车辆行驶在照明差的道路上时 HID 灯能大幅提高车前方的照明强度，照亮路边的标志，对行车安全的重要性是毋庸置疑的。同样瓦数的 HID 灯的亮度大约是卤素灯泡的 2~3 倍。在能量的使用方面，一般车辆上卤素灯泡每小时需要耗电 60 W 左右，而一些 HID 灯在安定器的稳定运作下，平均每小时只需要耗电 35 W，这大大低于通常的卤素灯泡的耗电量。HID 灯可以明显减轻车辆电力系统的负担，达到节能的要求。HID 灯利用电流刺激气体发光，基本上不会产生过高的温度，所以只要其中氙气没用完就可以正常发光，不易损坏。据一项研究显示，品质再高的卤素灯泡，寿命最多是 400 h，而一般的 HID 灯，寿命最少也有 3 000 h。HID 灯不易损坏且寿命长，满足了对汽车照明节能的要求。

第 7 章　汽车前照灯灯光调整测试实验　097

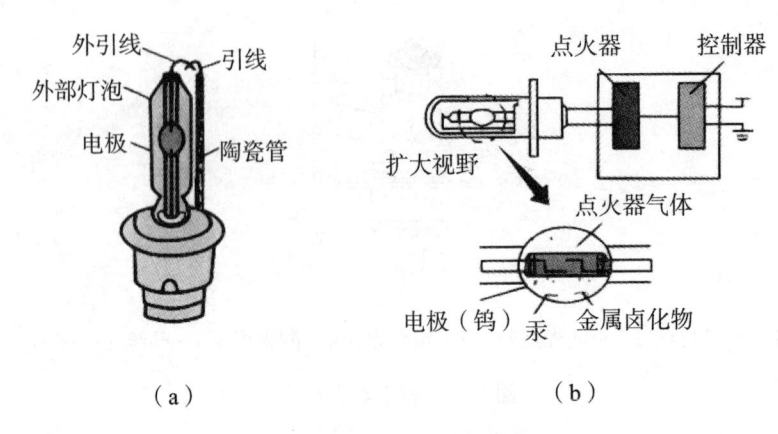

图 7-3　HID 灯的基本结构

4. LED 灯

发光二极管（light emitting diode, LED）是一种利用电子发光原理制成的半导体器件，它可直接将电能转化为可见光，具有发光效率高、寿命长、耗电少、体积小等特点，被称为21世纪的"汽车绿色照明光源"，LED 灯的基本结构如图 7-4 所示。从制造工艺上看，生产 LED 灯所使用的材料不含重金属，LED 灯与其他灯相比发光效率可以提高 20% 以上。LED 灯的寿命很长，平均无故障工作时间为 100 000 h，并且 LED 灯属于实心封装的固体灯，其抗振动性也是其他灯无法比拟的。从这些优势来看，LED 灯无疑是节能环保的首选，正是由于具备以上优点，LED 灯在汽车内饰照明中得到了广泛应用。奥迪研发的一种 LED 远光灯能在夜间行车时，不会因为灯光过亮而使迎面而来的车辆的驾驶人眩目造成暂时暴盲。

(a) (b)

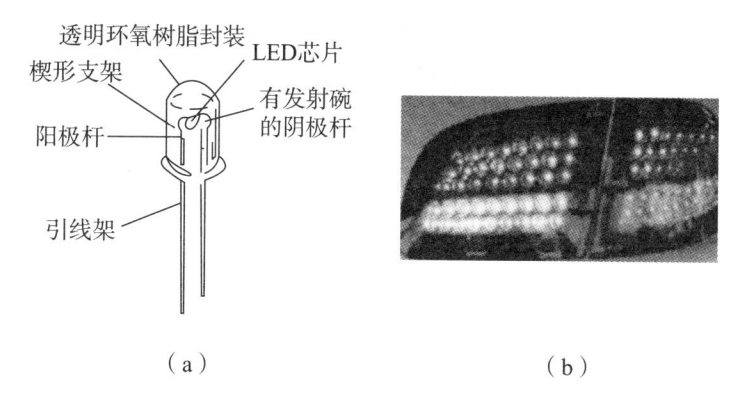

图 7-4 LED 灯的基本结构

7.1.2 反射镜

反射镜的表面形状呈旋转抛物面，如图 7-5（a）所示。反射镜一般由 0.6～0.8 mm 的薄钢板冲压而成或由玻璃、塑料制成，其内表面镀银、铝或铬，然后进行抛光处理。由于镀铝的机械强度大，反射系数高，目前反射镜内表面采用真空镀铝的较多。

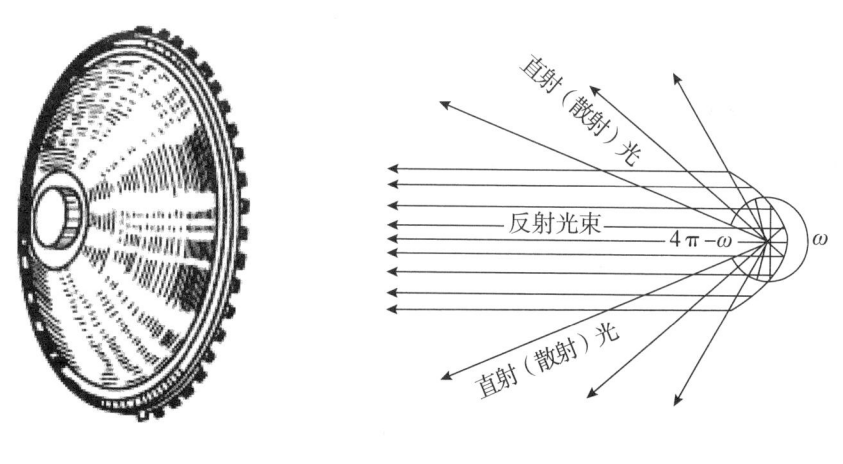

（a）表面形状　　　　　　（b）反射图

图 7-5 反射镜的表面形状和反射图

第 7 章 汽车前照灯灯光调整测试实验 | 099

反射镜的作用是将灯泡的直射（散射）光反射成平行光束，使光度大大增强（增强几百乃至上千倍），以保证汽车前方 150～400 m 范围内照明足够。

未使用反射镜的灯泡只能照亮前方 6 m 左右，使用反射镜后可照亮前方 150～400 m。

7.1.3 配光镜

配光镜又称为散光玻璃，由透光玻璃压制而成，是多块特殊棱镜和透镜的组合，外形一般为圆形和矩形，配光镜的结构如图 7-6 所示。配光镜的作用是对反射镜反射出的平行光束进行折射，使汽车前方的路面有良好而均匀的照明，配光镜的作用效果如图 7-7 所示。

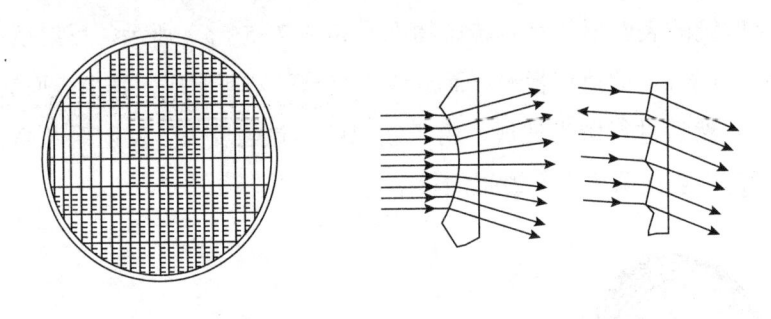

图 7-6　配光镜的结构　　图 7-7　配光镜的作用效果

7.2　前照灯的防眩目措施

前照灯射出的强光会使迎面来车驾驶人眩目，这时很容易发生交通事故。汽车会车时的眩目问题，是汽车照明技术中较难解决的问题。

7.2.1　采用双丝灯泡

为了避免前照灯的眩目作用，保证汽车夜间行车安全，一般汽车都采用双丝灯泡的前照灯。灯泡的一根灯丝为远光灯丝，另一根为近光灯丝。

远光灯丝功率较大，一般为 50～60 W，位于反射镜的焦点处；近光灯丝功率较小，一般为 30～55 W，位于焦点上方或前方。当夜间行驶无迎面来车时，用远光灯丝，使前照灯光束射向远方，便于提高车速。当两车相遇时，用近光灯丝，使光束倾向路面，从而避免了迎面来车驾驶人的眩目，并使车前 50 m 内的路面照得十分清晰。当用远光灯丝时，灯丝发出的光线经反射镜反射后，沿与光学轴线平行方向射向远方，如图 7-8（a）所示；当用近光灯丝时，倾向路面的光线占大部分，如图 7-8（b）所示，从而减弱了对迎面来车的驾驶人的眩目作用。

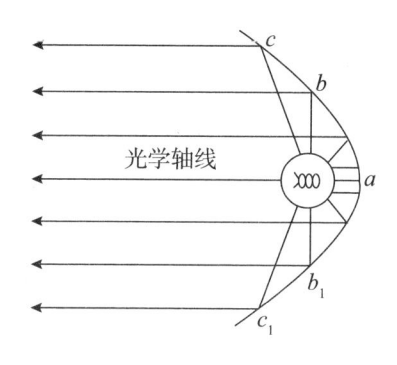

（a）远灯光

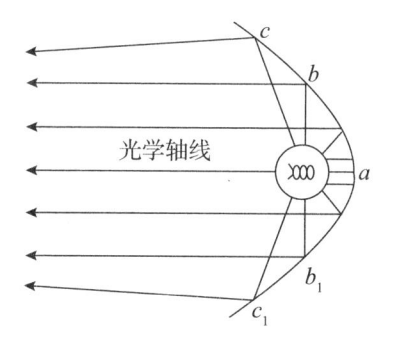

（b）近灯光

图 7-8 远近灯光的光学轴线

7.2.2 采用带遮光罩的双丝灯泡

带遮光罩的双丝灯泡用金属配光屏挡住近光灯丝射向反射镜下半部的光线,从而消除了近光灯光束向斜上方照射的部分。其工作情况如图7-9所示,由近光灯丝射向反射镜上部的光线,反射后倾向路面,而配光屏挡住了近光灯丝射向反射镜下半部的光线,故反射镜没有向上反射能引起眩目的光线,使防眩目效果得到进一步改善。

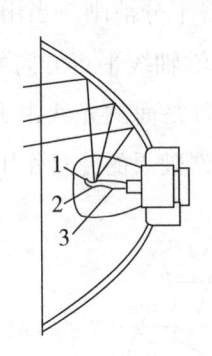

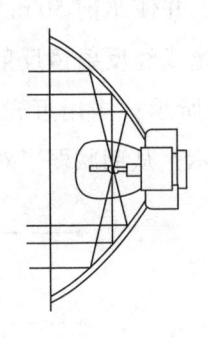

(a)近光灯接通　　　　(b)远光灯接通

1—近光灯丝;2—配光屏;3—远光灯丝

图7-9　带遮光罩的双丝灯泡工作情况

7.2.3 采用非对称光形

这种非对称光形的配光,称为欧洲式配光,符合联合国欧洲经济委员会(the United Nations Economic Commission for Europe, ECE)制定的ECE标准。它是比较理想的配光,已被世界公认,已被我国采用。

该配光安装配光屏时偏转一定的角度,左侧边缘倾斜15°,使近光的光线分布不对称,近光的光线有一条明显的明暗截止线,如图7-10所示。这种配光不仅可以防止驾驶人眩目,还可以防止迎面而来的行人眩目,并且照亮了同方向的人行道路,更加保证了汽车行驶的安全。

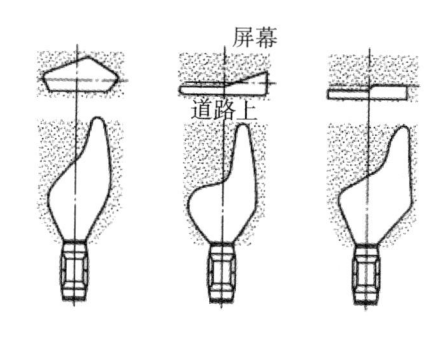

（a）标准型 （b）非对称型 （c）Z型

图 7-10 前照灯配光光形

7.3 前照灯的类型

按前照灯光学组件的结构不同，可将其分为以下几种。

7.3.1 可拆式前照灯

这种前照灯因为配光镜和反射镜可以自由拆卸，所以气密性较差，反射镜易受湿气和尘埃污染而降低反射能力，这严重降低了照明效果，目前已很少采用。

7.3.2 半封闭式前照灯

这种前照灯采用半封闭式灯光组。其配光镜与反射镜用黏结剂等黏合，灯泡可以从反射镜后端装入，半封闭式前照灯的结构如图 7-11 所示。因为其维修方便，气密性好，所以得到了广泛的应用。

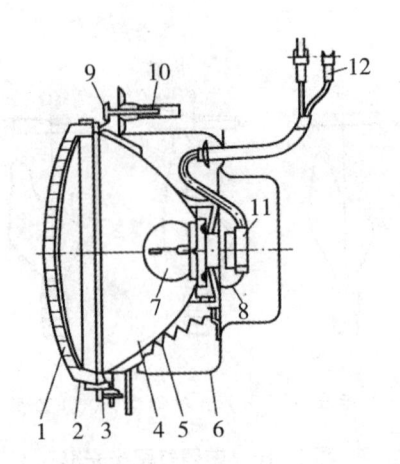

1—配光镜；2—固定圈；3—调整圈；4—反射镜；5—拉紧弹簧；6—灯壳；7—灯泡；
8—防尘罩；9—调节螺丝；10—调节螺母；11—胶木插座；12—接线片

图 7-11　半封闭式前照灯的结构

7.3.3　封闭式前照灯

这种前照灯的反射镜和配光镜熔焊为一个整体，形成灯泡，灯丝焊在反射镜底座上，封闭式前照灯的结构如图 7-12 所示。反射镜的反射面经真空镀铝，灯内充以惰性气体与卤素，因此这种前照灯又称为真空灯。这种结构的优点是密封性能好，反射镜不会受到大气的污染，反射效率高，使用寿命长。但灯丝烧坏后，需更换整个灯光组，成本较高。

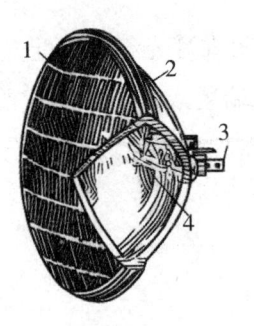

1—配光镜；2—反射镜；3—插头；4—灯丝

图 7-12　封闭式前照灯的结构

按照配光镜形状不同可分为圆形前照灯、矩形前照灯和异形前照灯三类。

按照发射的光束类型不同可分为远光前照灯、近光前照灯和远近光前照灯三类。

按照灯的安装数量的不同可分为两灯制前照灯和四灯制前照灯。前者每个灯具有远、近光双光束；后者外侧一对灯具有远近双光束，内侧一对灯只有远光单光束。

按照安装方式的不同可分为外装式前照灯和内装式前照灯。前者整个灯在汽车上外露安装；后者灯壳嵌装于汽车车身内，装饰圈、配光镜裸露在外。

7.4 其他形式的前照灯

7.4.1 高亮度弧光灯

高亮度弧光灯的灯泡里没有灯丝，高亮度弧光灯的结构如图7-13所示，它由弧光灯组件、电子控制器和升压器三大部分组成。高亮度弧光灯在石英管内装有两个电极，管内充有氙气及微量金属或金属卤化物。在电极上加5 000～12 000 V电压后，气体开始电离而导电。由气体原子激发到电极间少量汞蒸气弧光放电，最后转入卤化物弧光灯工作，采用多种气体是为了加快启动。高亮度弧光灯灯泡的光色和荧光灯相似，亮度是目前卤素灯泡的2.5倍，寿命是卤素灯泡的5倍，灯泡的功率为35 W，可节能40%。

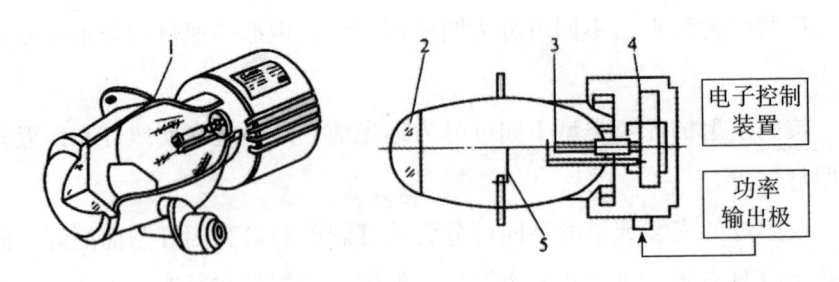

1—总成；2—透镜；3—弧光灯；4—引燃及稳弧部件；5—遮光板

图 7-13 高亮度弧光灯的结构

7.4.2 投射式前照灯

投射式前照灯的外形特点是采用很厚的无刻纹的凸形配光镜，反射镜是椭圆形的，因此外径很小，如图 7-14 所示。反射镜有两个焦点。第一焦点处放置灯泡，第二焦点在灯光中形成。凸形配光镜的焦点与第二焦点重合。来自灯泡的光利用反射镜聚成第二焦点，再利用配光镜将聚集的光投射到前方。投射式前照灯采用的灯泡为卤素灯泡。在第二焦点附近设有遮光板，它可遮挡上半部分光，形成明暗分明的配光。它由于这种配光特性可用于前照灯近、远光灯，也可用作雾灯。

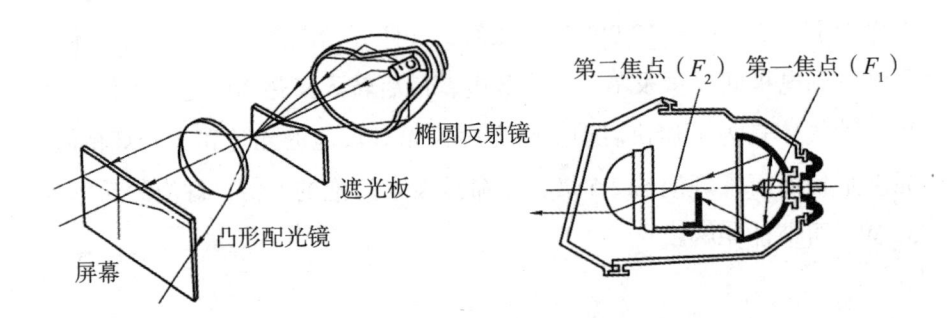

图 7-14 投射式前照灯的结构

7.5 前照灯的控制电路分析

前照灯是汽车夜间行驶必不可少的照明设备，为了提高汽车夜间行驶的速度，确保行车安全，不少汽车采用了前照灯电子控制装置，以对前照灯进行自动控制。常用的控制装置有前照灯自动变光器、前照灯状态控制装置、前照灯昏暗自动发光器、前照灯关闭自动延时器等。

7.5.1 前照灯的控制电路

前照灯随汽车车型不同，控制方式也有差异。当灯的功率较小时，灯的电流直接受灯光开关控制。当灯的数量多、功率大时，为减少开关热负荷，减少线路压降，采用继电器控制，同时增加分路熔断器的个数。因车型不同，继电器控制线路也有控制相线式和控制搭铁线式之分，如图 7-15 所示。

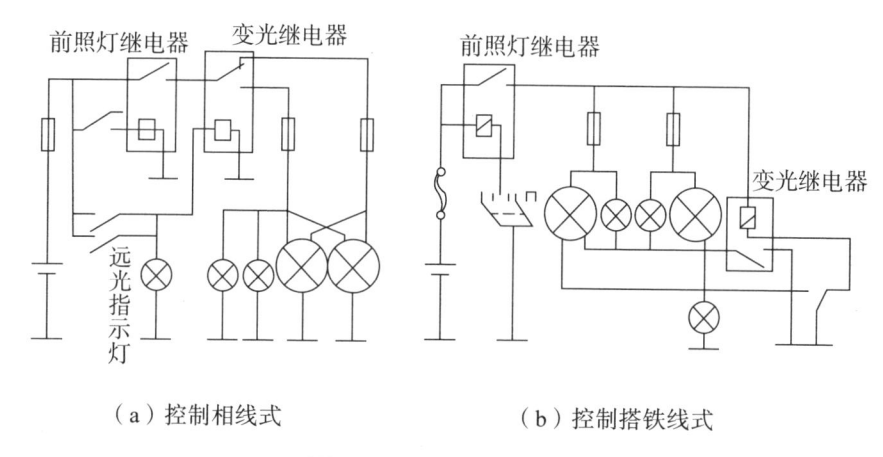

（a）控制相线式　　　　（b）控制搭铁线式

图 7-15　继电器控制电路

7.5.2 前照灯自动变光器的控制电路

在夜间行驶时，为了防止迎面来车驾驶人眩目，驾驶人必须频繁使用变光开关，这样会分散驾驶人的注意力，影响行车安全。前照灯自动变光器可以根据迎面来车的灯光强度调节前照灯的远光或近光。图 7-16 为前照灯自动变光电路原理图。

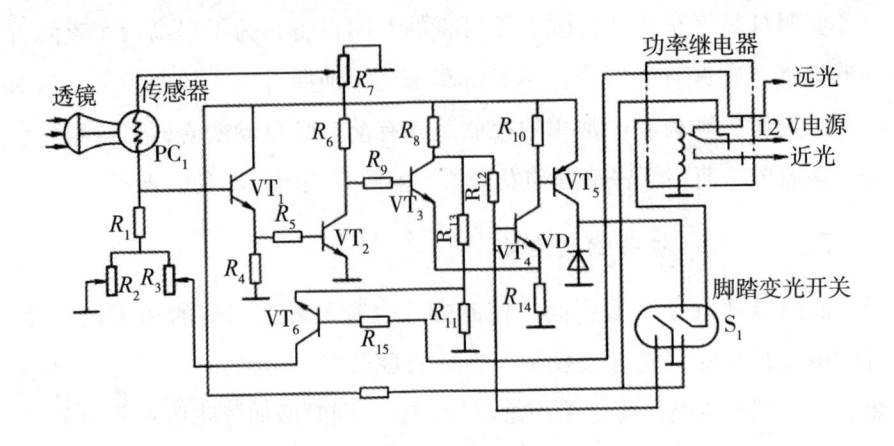

图 7-16 前照灯自动变光电路原理图

前照灯自动变光电路的工作原理如下。

当迎面来车的前照灯光线照射到传感器时,利用透镜将光线聚焦到光敏元件上,利用放大器输出信号触发功率继电器,功率继电器将前照灯自动从远光变为近光。当迎面来车驶过后,传感器不再有灯光照射,于是放大器不再向功率继电器输送信号,功率继电器触点又恢复到远光照明。

光敏电阻 PC_1 用来传感光照情况,其电阻值与灯光强度成反比。在受到光线照射前,其电阻值较高,但在受到光线照射后,其电阻值迅速下降,PC_1 和 R_1、R_2、R_3、R_7 以及 VT_6 组成 VT_1 的偏压电路。当远光接通时,VT_6 导通,PC_1 受到光线照射作用,电阻减小到一定值,VT_1 基极上偏压刚好能产生光束转换,即从远光变为近光。近光接通后,VT_6 截止,这时偏压电路中只有 R_7、PC_1、R_1 和 R_2,因而灵敏度提高了,当迎面来车驶过后,PC_1 电阻增大,VT_1 截止,前照灯立即由近光变为远光。

射极输出器 VT_1 的输出由 VT_2 放大并反相,VT_2 的输出加在施密特触发器 VT₃ 和 VT₄ 上，VT₄ 的集电极控制继电器激励级 VT₅。当 VT₂ 集电极电压超过施密特触发器的阈值时，VT₃ 导通，VT₄ 截止，VT₅ 加偏压截止，继电器的触点接通远光灯。当 PC₁ 受到迎面来车的光线照射时，其电阻下降，放大器 VT₁ 和 VT₂ 的输出电压低于施密特触发器的阈值，VT₃ 截止，VT₄、VT₅ 导通，继电器线圈有电流通过，从而接通近光灯丝，直到迎面来车驶过后继电器接通远光灯丝。当脚踏变光开关 S₁ 踏下时，继电器断电，VT₄ 基极搭铁，前照灯始终使用远光灯丝。

7.5.3 前照灯昏暗自动发光器的控制电路

前照灯昏暗自动发光器的功用：汽车在行驶中，当车前的自然光的强度降低到一定程度时，前照灯昏暗自动发光器自动将前照灯的电路接通，以确保行车安全，它还有延时关灯的作用。

7.5.4 前照灯关闭自动延时器的控制电路

前照灯关闭自动延时器的主要功能：当汽车夜间停入车库后，为驾驶人下车离开车库提供一段时间的照明，以免驾驶人摸黑走出车库时造成事故。

图 7-17 为前照灯关闭自动延时器的控制电路，其工作原理如下。

当汽车停驶并切断点火开关时，晶体管 VT₁ 处于截止状态，此时电容器 C₁ 立即经 R_3、R_4 开始充电，当 C₁ 上的电压达到单结晶体管 VT₂ 的导通电压时，C₁ 通过其发射极、基极和电阻 R_7 放电，于是在 R_7 上产生一个电压脉冲，使晶体管 VT₃ 瞬时导通，这消除了加于晶闸管 VT 上的正向电压，使 VT 关断。随后，VT₃ 很快恢复截止，VT 还来不及导通，前照灯继电器 K 失电而使其触点 K′ 打开（如图 7-17 所示位置），将前照灯电路切断，实现了自动延时关灯的功能。

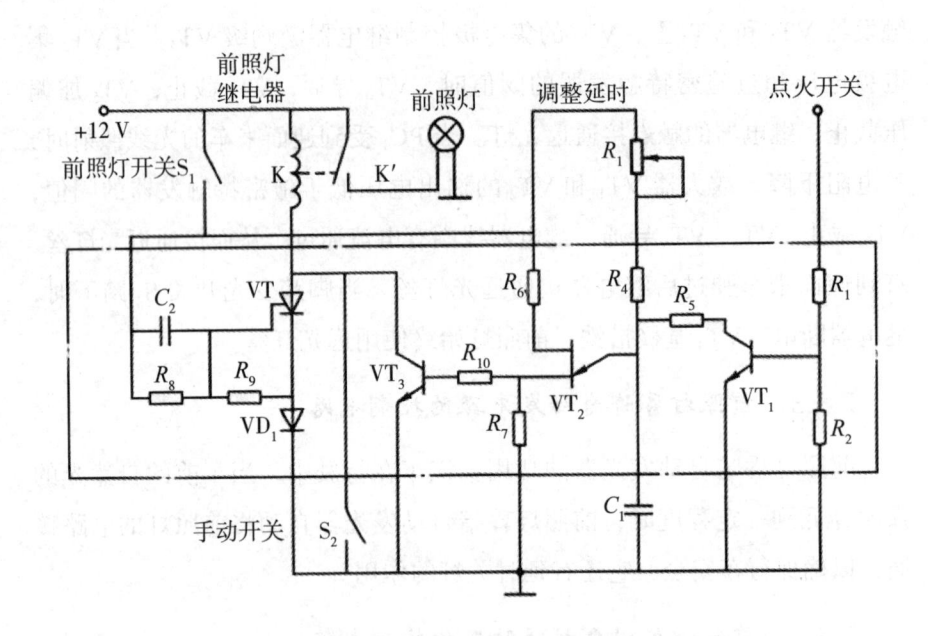

图 7-17 前照灯关闭自动延时器的控制电路

图 7-18 为一种由晶体管控制继电器的前照灯关闭自动延时器的控制电路。发动机熄火后，机油压力开关触点处于闭合状态，驾驶人在离开汽车驾驶室前，按下仪表板上的前照灯延时按钮，电源就开始对电容 C 充电。在电容 C 充电过程中，晶体管 VT 基极的电位升高，使晶体管导通，延时控制继电器线圈通电而使其触点闭合，接通了前照灯电路。松开前照灯延时按钮后，由电容的放电维持晶体管的导通，前照灯保持通电照明，一直到电容电压下降至不能维持晶体管导通时，晶体管截止，延时控制继电器线圈断电，前照灯熄灭。调整前照灯关闭自动延时器的控制电路中的电容、电阻参数，就可改变前照灯延时关闭的时间。

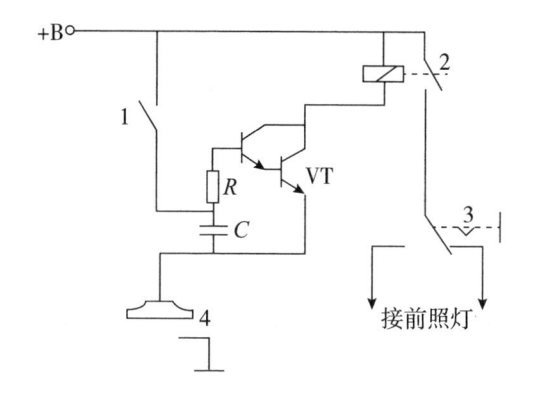

1—前照灯延时按钮；2—延时控制继电器；3—变光开关；4—机油压力开关

图 7-18　由晶体管控制继电器的前照灯关闭自动延时器的控制电路

7.6　前照灯及其控制电路的检测与调整

7.6.1　前照灯不亮

若喇叭响，除了前照灯，其他车灯都正常亮，则可能是前照灯熔丝烧断；电源线松动或脱落；搭铁线搭铁不良或接插件接触不良；车灯开关或变光开关有故障。

1. 一个灯丝不亮

如果只有一个灯丝不亮，不论是远光灯丝还是近光灯丝，一般是灯丝或其熔丝烧断了。若经检查灯丝和熔丝均正常，则故障应为该灯线路断路或接触不良，检查排除即可。

2. 远光灯或近光灯不亮

如果远光灯或近光灯不亮，通常是因为变光开关有故障、变光开关上的远光灯或近光灯接线脱落或熔丝烧断，先检查变光开关及其接线和熔丝，若均正常，则再检查灯丝和线路。

3. 远光灯和近光灯都不亮

如果远光灯和近光灯都不亮，应用导线短接法查出短路部分，并进行重接或更换。

7.6.2 前照灯灯光暗淡

如果两个前照灯的亮度不同，不论是远光还是近光，均只有一侧的灯光较亮，另一侧灯光暗淡。这类故障的原因通常是线路接触不良或锈蚀，接触电阻变大；也有可能是灯光暗淡一侧的反射镜内表面有灰尘或发生了氧化。

7.6.3 前照灯灯丝经常烧断

交流发电机电压调节器有故障致使发电机输出电压过高，检查供电系统，使发电机输出电压不超过规定值。

7.6.4 前照灯的检查与调整

1. 前照灯的检查

前照灯明亮均匀的照明和良好的防眩目效果是夜间行车安全的重要保障，因此，前照灯检查是汽车安全检查的必检项目之一。在安全检测站中是用专用的前照灯检测仪对前照灯进行检查的，在安全检测站以外，可以用屏幕法来检验前照灯的光束是否有偏差。检查方法如下：

（1）检查汽车轮胎的气压是否正常。

（2）将汽车停放在平坦的场地，使前照灯配光镜表面距屏幕10 m。屏幕可以用幕布，也可以用平整的墙壁。

（3）在汽车前座坐一人或配重70 kg。

（4）打开前照灯的近光灯，其灯光的明暗截止线应符合如图7-19所示的要求。

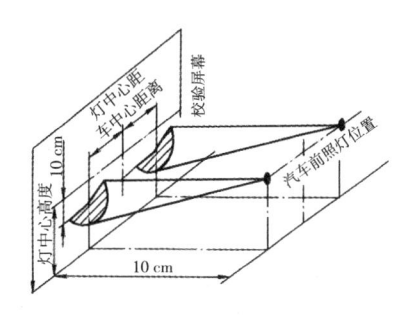

图 7-19　前照灯灯光检查

（5）如果检查结果不符合要求，应对其进行调整。

2. 前照灯的调整

前照灯设有前后、左右调节装置，当检查前照灯的灯光不符合要求时，需通过其调节装置进行调整。前照灯灯光调节装置如图 7-20 所示。

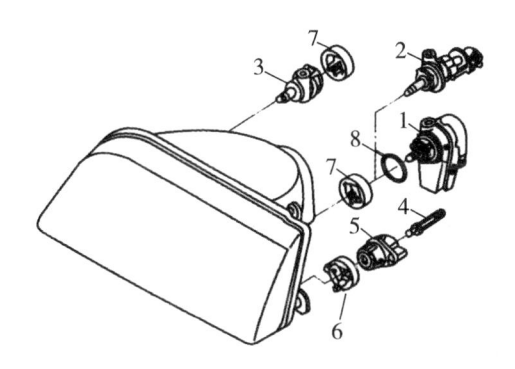

1、2—上下调节装置；3—左右调节装置；4—调节螺杆；5-调节螺母；
6、7—固定圈；8—密封圈

图 7-20　前照灯灯光调节装置

在检查和调整一边的前照灯时，应将另一边的前照灯遮盖住。

第 7 章　汽车前照灯灯光调整测试实验 | 113

第8章 汽车空调系统测试实验

8.1 空调系统故障的感官判断

用感官来判断空调系统的状态,即采取"一看、二听、三摸"的步骤进行诊断。

8.1.1 看

1. 查看制冷系统部件外观

仔细观察管路有无破损、冷凝器及蒸发器的表面有无裂纹或油渍。若管路或冷凝器、蒸发器某处有油渍,则可能是此处有制冷剂渗漏。确认有无渗漏可用皂泡法,重点检查渗漏的部位如下。

(1)各管路的接头处和阀的连接处。

(2)软管及软管接头处。

(3)压缩机油封、前后盖板、密封垫、加油塞等处。

(4)冷凝器、蒸发器等表面有刮伤变形处。

2. 观察检视窗

通过观察干燥罐的检视窗 A 和检视窗 B 可检查干燥罐的温度和制冷剂的情况。

（1）观察检视窗A。若呈蓝色，则说明正常；若呈红色，则说明干燥剂的水分含量已达饱和状态，应缓慢排尽系统中的制冷剂，更换干燥罐后再加注制冷剂。

（2）观察检视窗B。观察前先启动发动机，打开空调系统，并使发动机以快怠速（1 500～2 000 r/min）运行5 min；然后通过检视窗B查看制冷剂的循环流动情况。

①液体正常流动，偶尔出现一个气泡，视制冷剂正常。

②清晰，无气泡，有制冷剂充满或无制冷剂两种可能。若出风口冷，则说明制冷剂正常；若出风口不冷，则可能是制冷剂已漏光。

③有较多的气泡，说明制冷剂不足。

（3）查看电气线路。仔细检查有关的线路连接有无断脱之处。

8.1.2　听

1.听运转中的空调系统有无异常声音

若有噪声，则可能是电磁线圈老化，吸力不足，通电后打滑造成的，也可能是离合器片磨损导致间隙过大，使离合器打滑造成的。

2.听压缩机是否有液击声

如果有液击声，可能是制冷剂过多或膨胀阀开度过大，应释放制冷剂或调整膨胀阀。除此之外，故障就是压缩机内部损坏了。

8.1.3　摸

（1）用手摸高、低压管路。高压管路比较热，如果某处特别热或进、出口有明显温差，说明该处堵塞。

（2）用手摸压缩机的进气管和排气管，正常情况下，应该有明显的温差，且进气管较凉，排气管较热，否则，说明空调系统工作不正常。

（3）用手感觉比较冷凝器进气管和排气管的温度。正常情况下，进气管应较热，排气管应较凉，冷凝器上部温度比下部温度要高。

（4）用手摸储液干燥器，前后温度应一致。

（5）冷凝器输出管到膨胀阀输入管之间是制冷剂高压、高温区，温度应该均匀一致。

在正常情况下，空调高压管路呈现高温状态，部件表面温度为50～65℃，用手依次触摸高压区各部件（特别是金属件），应当从暖到热，直至烫手，手掌可以撑住零件30 s左右，时间再长就坚持不住了。如果中间某处特别热，说明散热不良；如果这些部件发凉，说明制冷系统可能阻塞、无制冷剂或压缩机工作不良。用手触摸冷凝器出口至膨胀阀入口之间的管道，温度应该是一样的，如果出现温差，说明有堵塞现象。

在正常情况下，空调低压管路（通常管径比较粗，且表面覆盖隔热材料）呈现低温状态，部件表面温度为5～6℃，用手依次触摸低压区各部件，应该感觉到由凉到冷。手感不凉或者某处出现了霜冻，都属于异常现象。

低压管路比较凉，用手摸膨胀阀前后要有明显的温差，即前热后凉。膨胀阀出口到压缩机之间的软管应该凉而不结霜，正常情况应为结霜后立即融化，用肉眼看到的是霜融化后结成的水珠。

如果高压管路、低压管路没有明显温差，说明制冷系统不工作或系统泄漏，制冷剂严重不足。

（6）将手放在车内出风口处应有凉的感觉，车内保持适应人体的正常温度。

（7）用手试探蒸发器冷气栅格处吹出的冷风的凉度和风量大小，蒸发器出风口的温度为4～5℃。在不结霜的前提下，蒸发器表面的温度越低越好。

需要说明的是，汽车空调系统的高压回路与低压回路的分界线是压缩机和膨胀阀。高压回路是"压缩机的出口→冷凝器→储液干燥器→膨胀阀的进口"，低压回路是"膨胀阀的出口→蒸发器→压缩机的进口"。

看、听、摸这些检验方法，只能发现不正常的现象，要得出最后的结论，还要借助相关仪器、仪表来进行测试，然后对各种现象进行认真分析，找出故障所在。

（1）用检漏仪检漏。用检漏仪检查整个系统各接头处是否泄漏。

（2）用万用表检查。用万用表可以检查空调电路故障，判断电路是断路还是短路。

（3）用温度计检查。用温度计可以判断蒸发器、冷凝器或储液干燥器故障。

①蒸发器正常工作时，蒸发器表面温度在不结霜的前提下越低越好。

②冷凝器正常工作时，冷凝器入口管温度为70℃，出口管温度为50℃左右。

③储液干燥器正常情况下应为50℃左右，若储液筒上下温度不一致，说明储液干燥器有堵塞。

（4）用压力表检查。将歧管压力计的高、低压表分别接在压缩机的排气、吸气口的维修阀上。在空气温度为30～35℃，发动机转速为2 000 r/min时检查。风机风速调至高挡，温度调至最冷挡，其正常状况：高压端压力应为1.421～1.470 MPa，低压端压力应为0.147～0.196 MPa，若压力不在此范围内，则说明系统有故障。

8.2　空调制冷系统主要部件的就车检测

在下列条件下对空调系统部件的性能进行测试：启动发动机，转速保持在1 250～1 500 r/min，使压缩机运转15 min左右，然后将歧管压力计接入制冷系统中；接通空调A/C开关，调节空调面板上各按键，使其处于最高转速、最大制冷、正面直吹、空气内循环等位置；支起发动机室盖（可以看到空调系统各管路），确认空调压缩机和冷凝器电子风扇正在运转。

8.2.1 压缩机的检测

（1）用双手交替触摸压缩机的进气管和出气管，如果进气管手感冰凉，出气管烫手，两者之间有较明显的温差，说明压缩机工作正常（压缩机正常运转时，会发出清脆而均匀的阀片跳动声）。

（2）如果压缩机高压侧与低压侧的温差不大，再看歧管压力计，若压力都过低，说明空调系统内的制冷剂太少；如果没有温差，说明制冷剂泄漏过多，应当进行检漏，查明泄漏的部位和原因。

（3）用手触摸压缩机，如果压缩机外壳较热，再看歧管压力计。若显示低压侧的压力太高，高压侧的压力太低，说明压缩机内部密封不良，应当更换压缩机。

8.2.2 储液干燥器的检测

在正常情况下，储液干燥器表面是热的，温度在 50℃ 以上。用手触摸储液干燥器前、后管道的温度，若发现温度不一致，进口处很热，出口处是冷的，甚至表面出现水露，说明其内部堵塞。堵塞的原因是干燥剂破碎、制冷系统中有杂物和油污，使制冷剂流动不畅，即发生了"脏堵"。这时需要马上排除堵塞，或者更换储液干燥器。如果储液干燥器内水分饱和，可以取出储液干燥器，烘干后重新装入。

8.2.3 冷凝器的检测

用手触摸冷凝器的输入管和输出管，比较两者的温度。在正常情况下，输入管应当较热，温度为 65℃ 左右；输出管应当较冷，温度为 50℃ 左右。如果两者的温度相差不大，甚至是相同的，说明冷凝器未能将制冷剂冷却，其主要原因可能是风扇不转动、冷凝器散热片被尘垢堵塞等。

8.2.4 膨胀阀的检测

膨胀阀是一种节流装置，它是汽车空调系统中的高灵敏度部件，其手感温度比较特殊（与压缩机的情况相反）。在正常情况下，其进口处是高温区，手感较热，出口处是低温区，手感冰凉，有水露。

如果发现膨胀阀进口处有结霜现象，又听到断断续续的气流声，用小扳手轻敲膨胀阀体，气流声有所改变，同时膨胀阀节流孔前的霜层融化，可以判定膨胀阀进口滤网堵塞，此时应当拆下膨胀阀，清洗滤网，吹干后重新装上；如果发现膨胀阀出口处有霜冻现象，说明膨胀阀的阀口已经堵塞，其原因可能是"脏堵"，也可能是"冰堵"。

若膨胀阀进口处和出口处几乎没有温差，空调不制冷，出风口出热风，这种情况一般是由于膨胀阀上的感温包磨破，使制冷剂全部泄漏。此时应当更换感温包，然后检漏、抽真空，再充注制冷剂。

另外，如果膨胀阀的阀孔关闭，无法实现制冷剂循环，会产生异响。

8.2.5　各接头的检测

用手轻轻旋转和摇动各接头，检查各个管路接头是否已经松动，电路插接器的连接是否可靠。如果用手摸感觉插接器表面的温度较高（发热），说明插接器接触不良，这会对空调系统的工作产生不良影响。

8.2.6　压缩机与风扇电动机带松紧度的检测

对于压缩机和风扇电动机，应经常检查其带的松紧度和质量。若传动带有裂纹、过度磨损，应更换。带的张力应符合要求，否则，应进行调整。带松紧度的简易检查方法如下。

（1）压下带中点方法。用拇指全力压下带中点，如果能压下10～20 mm，则说明带松紧度适当，否则应对带进行调整。

（2）用手翻动带方法。在带中间位置用手翻动带，以带能转90°为宜，若转动角度过大，则为带松弛，应加以张紧；若翻转不动，则说明带过紧，应稍微松一点。

若进行上述调整时带张紧无效，或带已经有裂纹、老化等损伤，应及时更换一条新的同规格的带。

用手触摸和检查汽车空调系统的工作状态时，务必注意安全，防止被高温烫伤或者被风扇、V带等高速运动件轧伤。

8.3 空调制冷系统的故障检测方法

空调制冷系统的故障检测方法主要有制冷剂量的检测和制冷系统工作压力的检测等。

8.3.1 制冷剂量的检测

首先启动发动机，将发动机转速稳定在 1 500～2 000 r/min，把空调功能键置于最大制冷位置，使风机（包括冷凝器风机和蒸发器风机）处于最高转速，启动空调系统 5 min 后擦净视液镜，人们通过它来观察制冷剂的流动状态，从而判断系统内制冷剂量的多少。图 8-1 为视液镜中制冷剂的流动状态。

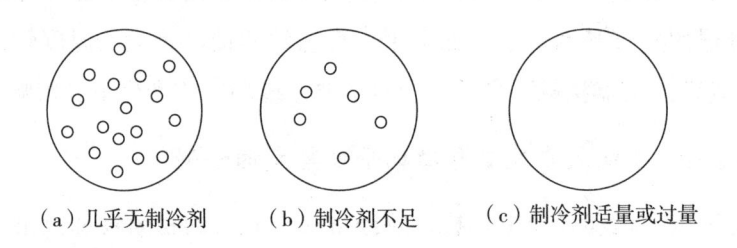

(a) 几乎无制冷剂　(b) 制冷剂不足　(c) 制冷剂适量或过量

图 8-1　视液镜中制冷剂的流动状态

观察流动液体的颜色：均匀透明的液体为正常的。如果液体颜色发黄或发灰，说明空调系统管路内不清洁，应进行空调管路清洗，并更换储液干燥器。

（1）图 8-1（a）表示几乎无制冷剂，高、低压侧温度基本相同，高压侧压力很低，从视液镜中可以观察到连续不断的气泡出现，当制冷剂全部漏完时，气泡会消失，从而出现雾状的油沫流动。

（2）图 8-1（b）表示制冷剂不足，高压侧较热而低压侧较凉，高、低压侧压力均偏低，从视液镜中可以观察到每隔 1～2 s 就会有气泡出现。

（3）图 8-1（c）表示制冷剂适量或过量两种情况下都会出现的视液镜面。若制冷剂适量，高压侧热，低压侧凉，且高、低压侧压力均正常，镜面几乎是透明的，但发动机转速提高或降低时，视液镜中可能会出现气泡；若制冷剂过量，高压侧过热，高、低压侧压力均过高，从视液镜中看不到气泡。用交替开、关空调的方法检查。若开、关空调的瞬间制冷剂起泡沫，接着就变澄清，说明制冷剂适量；若出风口不够凉，且关闭压缩机后无气泡、无流动，说明制冷剂过量。

（4）若视液镜上有条纹状的油渍，说明冷冻机油量过多，应从系统内释放一些冷冻机油，再加入适量的制冷剂。若视液镜上留下的油渍是黑色的或有其他杂物，说明系统内的冷冻机油变质、污浊，必须清洗制冷系统。

8.3.2 制冷系统工作压力的检测

测量制冷系统工作时高压侧和低压侧的压力，可以了解空调制冷系统工作循环进行的情况。其检测方法如下。

（1）将歧管压力计正确连接到制冷系统相应的维修阀上，如果是手动维修阀，应使阀处于"中位"。同时，连接好发动机转速表，并关闭歧管压力计上的两个手动截止阀。

（2）用手拧松歧管压力计上高、低压注入软管的连接螺母，让系统内的制冷剂将高、低压注入软管内的空气排出，然后将连接螺母拧紧。

（3）启动发动机并使发动机转速保持在 1 000～1 500 r/min，然后接通空调开关和鼓风机开关，设置到空调最大制冷状态，使鼓风机高速运转，调节温度为最冷。

（4）关闭车门、车窗和舱盖，预热发动机。把温度计插进中间出风口并观察空气温度，在外界温度为27℃时，运行5 min后出风口温度应接近7℃。

（5）观察高、低压侧压力。蒸发器的吸气压力应为0.207～24.000 kPa，压缩机的排气压力应为1 103～1 633 kPa。应当注意，外界高温、高湿将形成高温、高压的条件。若离合器工作，则在离合器分离之前记录下数值。

（6）如果制冷系统的压力异常，原因及维修方法如下。

①低压侧压力低，高压侧压力高。故障原因和故障排除方法如下。

a. 膨胀阀损坏，更换膨胀阀；

b. 制冷剂软管堵塞，检查软管有无死弯，必要时更换；

c. 储液干燥器堵塞，更换新件；

d. 冷凝器堵塞，更换新件。

②高、低压侧压力正常，但制冷剂不足。故障原因和故障排除方法如下。

a. 系统中有空气，抽真空、检漏并充灌系统；

b. 系统中冷冻机油过量，排放并抽油，以恢复正常油位，抽真空、检漏并充灌系统。

③低压侧压力低，高压侧压力也低。故障原因和故障排除方法如下。

a. 系统制冷剂不足，抽真空、检漏并充灌系统；

b. 膨胀阀堵塞，更换膨胀阀。

④低压侧压力高，高压侧压力低。故障原因和故障排除方法如下。

a. 压缩机内部磨损泄漏，拆下压缩机缸盖，检查压缩机，必要时更换阀板总成，若压缩机堵塞或缸体磨损、损伤，则更换压缩机；

b. 缸盖密封垫泄漏，更换缸盖密封垫；

c. 压缩机传动带打滑，调整传动带张力。

⑤低压侧压力高，高压侧压力也高。故障原因和故障排除方法如下。

a. 冷凝器叶片堵塞，清扫冷凝器叶片；

b. 系统中有空气，抽真空、检漏并充罐系统；

c. 膨胀阀损坏，更换膨胀阀。

8.4 空调暖风系统的故障及排除方法

8.4.1 不供暖或暖气不足的故障及排除方法

（1）通常为鼓风机或其控制电路故障。用万用表电阻挡检查鼓风机电动机电阻，若鼓风机电动机电阻过大或过小，则应更换。

（2）鼓风机继电器、节温器故障。用万用表电阻挡测鼓风机继电器线圈电阻和节温器电阻，若电阻为 0Ω 或 ∞，则应更换。

（3）热风管道堵塞故障。清除堵塞物。

（4）温度门真空驱动器故障。检查真空驱动管路是否漏气，检查相关真空部件是否正常。若都正常，更换真空驱动器。

（5）加热器漏风故障，应更换加热器壳。

（6）加热器芯内部有空气，应排出其内部空气。

（7）加热器翅片变形造成通风不良故障，对翅片进行校正或更换。

（8）加热器管道积垢堵塞故障，应除垢使管道疏通。

（9）冷却液流动不畅，应维修或更换。

（10）热水开关或真空驱动器失效故障，应维修或更换。

（11）发动机冷却液石蜡节温器失效故障，应更换节温器。

（12）冷却液不足，应首先补足冷却液，并检查散热器盖是否漏气。

8.4.2 不送风的故障及排除方法

（1）鼓风机电路或其控制电路熔丝熔断或开关接触不良，更换熔丝或开关。

（2）鼓风机电动机绕组短路或断路，维修或更换鼓风机电动机。

（3）鼓风机调速电阻断路、鼓风机继电器故障、鼓风机电路导线连接故障等，应维修或更换。

8.4.3 管路泄漏的故障及排除方法

（1）管路老化故障，更换软管。

（2）接头不牢、密封不严故障，维修紧固接头。

（3）热水开关不能闭合故障，修复热水开关。

8.4.4 供暖过热的故障及排除方法

（1）调风门调节不当，应重新调整。

（2）发动机节温器损坏，应更换节温器。

（3）风扇调速电阻损坏，应更换调速电阻。

8.4.5 除霜热风不足的故障及排除方法

（1）除霜门调整不当，应重新调整。

（2）出风口堵塞，应清洗。

8.4.6 操作不灵敏的故障及排除方法

（1）操作机构卡死故障，应重新调定。

（2）风门过紧，应修理。

（3）真空器失灵，应检查真空系统是否漏气，若真空系统正常，则更换真空驱动器。

空调暖风系统的常见故障及排除方法如表8-1所示。

表 8-1 空调暖风系统的常见故障及排除方法

故障现象	故障原因	故障排除方法
鼓风机不转	（1）熔丝烧断； （2）搭铁不良； （3）鼓风机开关有故障； （4）鼓风机调速模块有故障	（1）更换； （2）修复； （3）更换； （4）更换
鼓风机转但无风	（1）进风口堵塞； （2）鼓风机扇叶与轴脱开； （3）出风口打不开	（1）清洗； （2）固定； （3）修复
热交换器不热	（1）发动机冷却液温度低； （2）热交换器内部堵塞； （3）热交换器内有空气； （4）温度门开的位置不对	（1）检查节温器； （2）冲洗； （3）排出空气； （4）调整
除霜不好	（1）除霜风门开启不对； （2）风门执行电动机有故障； （3）除霜风道漏风	（1）调整； （2）更换； （3）修复

8.5 空调系统的常见故障及排除方法

空调系统出现故障时，需先检查冷却系统、压缩机与发动机风扇传动带、风扇离合器、冷凝器、空调真空管以及真空电动机等工作情况。对于冷却系统的工作状况，可以使用歧管压力计测量其高、低压侧的压力进行检测。

空调系统故障包括电气故障、功能部件的机械故障、制冷剂和冷冻机油引起的故障等，集中表现为完全不制冷、制冷不足、间断性制冷、制冷系统有噪声、空调系统噪声大、空调系统过冷等。

空调系统的常见故障及排除方法如表 8-2 所示。

表 8-2 空调系统的常见故障及排除方法

故障现象		故障原因	故障排除方法
完全不制冷	制冷系统故障	（1）制冷系统内无制冷剂（完全泄漏）； （2）储液干燥器完全脏堵； （3）膨胀阀进口滤网完全脏堵； （4）膨胀阀阀门打不开； （5）压缩机进、排气阀片损坏，进、排气失效	（1）检查并找出泄漏处，修复并补充制冷剂； （2）更换储液干燥器； （3）清洁或更换进口滤网； （4）更换膨胀阀； （5）维修压缩机进、排气阀片组件或更换相同规格压缩机
	电路及控制系统故障	（1）电磁离合器线圈搭铁不牢或脱焊断路； （2）电磁离合器接合不好； （3）电路熔断器烧断； （4）控制开关失效； （5）鼓风机不转； （6）电路导线脱落或断开	（1）旋紧搭铁端部，检查线圈电路是否断路； （2）修理或更换电磁离合器； （3）检查、更换同规格的熔断器； （4）更换控制开关； （5）维修鼓风机及其电路； （6）修理电路导线线束
	机械系统故障	（1）压缩机传动带松弛或折断； （2）压缩机机件损坏，卡死不能转动； （3）鼓风机机件损坏，卡死不能转动	（1）调整传动带或更换新件； （2）检查、更换； （3）检查、更换
完全不制冷	风道及调控系统故障	（1）热水阀不能关闭； （2）空气混合门位置不对； （3）空调系统管道损坏	（1）检查、维修或更换热水阀控制器件； （2）调整空气混合门使其到制冷位置； （3）对损坏的管道进行修理

续 表

故障现象		故障原因	故障排除方法
制冷不足	制冷系统故障	（1）制冷剂充注量不足或制冷剂泄漏，低压管路压力低于 78 kPa，高压管路压力低于 883 kPa； （2）制冷剂过量，低压管路压力高于 245 kPa，高压管路压力高于 1 962 kPa； （3）冷凝器散热不良； （4）膨胀阀阀门开启量过大或过小； （5）膨胀阀进口滤网部分脏堵； （6）制冷系统内有水或空气； （7）制冷管路部分堵塞	（1）补充制冷剂或检漏修复并充注制冷剂； （2）从低压端缓慢放出多余的制冷剂； （3）检查散热风扇传动带及控制转速高压开关，改善散热效果； （4）调整或更换膨胀阀； （5）清洗或更换膨胀阀进口滤网； （6）放出制冷剂，抽真空后，重新加注制冷剂； （7）更换或疏通堵塞管路
	电路及控制系统故障	（1）鼓风机转速过低； （2）电磁离合器打滑； （3）温控器失调或温度调整过高； （4）冷凝器冷却风扇不转或转速过低	（1）检查鼓风机及控制电路； （2）维修或更换新的同规格电磁离合器； （3）检查温控器并对其温度重新进行调整； （4）检查冷却风扇及有关控制电路
	机械系统故障	（1）压缩机传动带过松、打滑； （2）冷凝器冷风不流畅，高压侧压力过高	（1）紧定传动带或更换传动带； （2）维修冷却风扇
制冷不足	风道及调控系统故障	（1）蒸发器空气进口滤网脏堵； （2）风道连接处或风道外壳漏气； （3）热水阀开度过大； （4）出风通道堵塞； （5）蒸发器管道堵塞或散热片有污垢； （6）各种辅助开关发生故障	（1）清除滤网杂质； （2）紧定风道连接处，修复风道外壳破裂处； （3）检查、调整热水阀开度； （4）清洗或更换空气滤清器； （5）清洗蒸发器管道或散热片； （6）调整或更换新的同规格的辅助开关

续表

故障现象		故障原因	故障排除方法
间断性制冷	制冷压缩机运转时	（1）制冷系统中有冰堵； （2）温控开关中的热敏电阻或感温包失灵； （3）鼓风机损坏或控制开关损坏	（1）放出制冷剂，抽真空后，重新充注制冷剂； （2）检查、调整或更换温控开关； （3）检查、修复或更换鼓风机及控制开关
	制冷压缩机有时转有时不转	（1）电磁离合器打滑； （2）电磁离合器线圈松脱或搭铁不良； （3）空调继电器失控； （4）压缩机传动带严重打滑	（1）检查、调整电磁离合器； （2）检查、紧定电磁离合器线圈； （3）检查、调整或更换空调继电器； （4）调整压缩机传动带张力或更换传动带
制冷系统有噪声	制冷系统外部有噪声	（1）压缩机传动带过松或过度磨损； （2）压缩机安装支架固定螺钉松动； （3）压缩机进、排气阀片破损或轴承损坏； （4）鼓风机风扇叶片振动或安装松动； （5）电磁离合器间隙调整不当； （6）电磁离合器轴承缺油或损坏	（1）紧定或更换压缩机传动带； （2）紧定压缩机安装支架固定螺钉； （3）拆修或更换压缩机； （4）维修、固定鼓风机； （5）调整电磁离合器间隙； （6）给轴承加油或更换轴承
	制冷系统内部有噪声	（1）制冷系统制冷剂过多； （2）制冷系统制冷剂过少； （3）制冷系统有水使膨胀阀产生噪声； （4）制冷系统高压管路压力过高，引起压缩机振动	（1）放出多余的制冷剂；（2）充注制冷剂； （3）放出制冷剂，抽真空后，重新充注制冷剂； （4）检查高压限压阀，视情况调整或更换

续 表

故障现象	故障原因	故障排除方法
空调系统噪声大	（1）压缩机传动带松动或过度磨损； （2）压缩机零件磨损或安装支架松动； （3）电磁离合器打滑； （4）鼓风机电动机松动； （5）压缩机润滑油不足，引起干摩擦； （6）制冷剂过量； （7）制冷剂不足； （8）制冷系统中有水使膨胀阀产生噪声； （9）高压保护开关故障，高压侧压力过高，引起压缩机振动	（1）调整压缩机传动带松紧度或更换新的同规格的传动带； （2）维修压缩机，紧固支架螺栓； （3）修理或更换电磁离合器； （4）重新安装鼓风机电动机； （5）按规定加注润滑油； （6）放出多余的制冷剂； （7）维修泄漏处,补加制冷剂； （8）清理制冷系统，更换接收干燥器，抽真空后，重新加注制冷剂； （9）维修或更换新的同规格的高压保护开关
空调系统过冷	（1）空气分配不当； （2）热量控制不当； （3）环境温度太低	（1）重新调整控制钮，使空气比例适宜； （2）更换热控制部件； （3）暂停空调系统的运行

8.6 电动汽车空调系统及其常见故障与排除方法

8.6.1 电动汽车空调系统结构

1. 电动汽车空调制冷系统

除了使用电动压缩机外，电动汽车空调制冷系统的原理和部件与传统燃油汽车基本一致，它主要由空调风管总成、空调管路总成、电动压缩机、冷凝器、空调控制面板及其相关传感器、空调驱动器等组成，如图 8-2 所示。

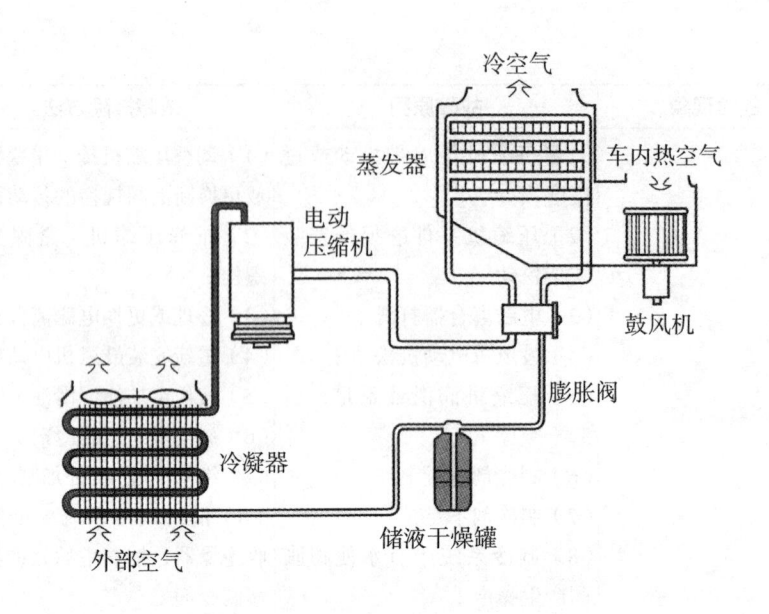

图 8-2 电动汽车空调制冷系统结构

2.电动汽车空调暖风系统

传统燃油汽车通过发动机冷却水温的热量来制热,其局限是在发动机启动、暖机阶段制热效果不好。电动汽车空调暖风系统将发动机或 PTC(positive temperature coefficient)加热器(最大功率为 5 000 kW)作为供热原件。根据车辆的使用工况及用户需求,自动选择发动机或者 PTC 加热器供暖。PTC 加热器通过发热元件将水加热,将电能转化为热能。

冷却液在 PTC 加热器中加热后,由暖风水管流入空调暖风水箱中,鼓风机使车厢内冷空气与暖风水箱进行热交换,之后热风从风道进入乘客舱,从而起到采暖、除霜、除雾的作用。PTC 系统有发动机和 PTC 两个循环回路,这两个循环回路根据系统的需求进行切换,保证满足了用户需求,同时考虑了最佳效率。PTC 加热器工作原理如图 8-3 所示。

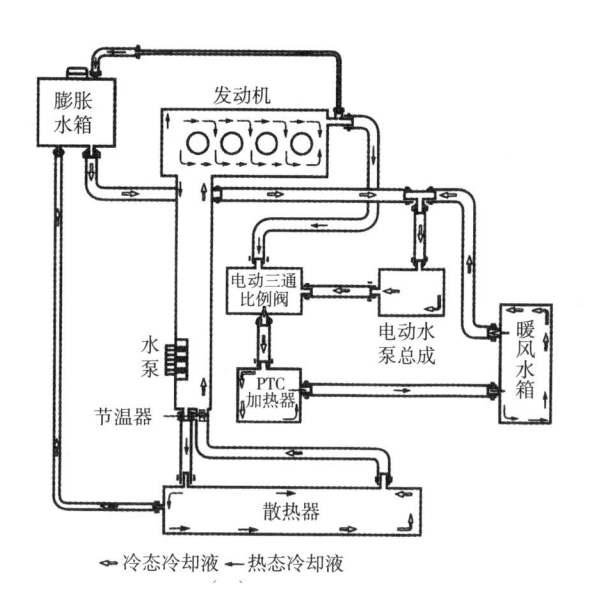

图 8-3　PTC 加热器工作原理

PTC 加热器、电动压缩机为电动汽车的耗电部件，会消耗动力电池电能，长期开启时会影响纯电行驶里程。建议使用时适度开启，避免动力电池电量消耗过快。

8.6.2　电动汽车空调系统的常见故障与排除方法

电动汽车空调系统故障分制冷系统故障和暖风系统故障两种，其常见故障现象及原因如图 8-4 所示。

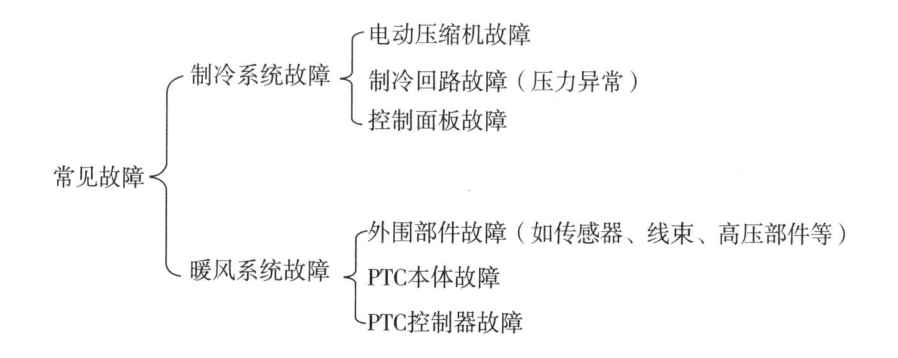

常见故障
- 制冷系统故障
  - 电动压缩机故障
  - 制冷回路故障（压力异常）
  - 控制面板故障
- 暖风系统故障
  - 外围部件故障（如传感器、线束、高压部件等）
  - PTC 本体故障
  - PTC 控制器故障

图 8-4　空调系统常见故障现象及原因

1. 电动压缩机的常见故障与排除方法

电动压缩机的常见故障与排除方法如表 8-3 所示。

表 8-3 电动压缩机的常见故障与排除方法

故障现象	故障原因	故障排除方法
压缩机无启动声音，电源电流无变化	（1）DC 12 V 控制电源未通入驱动控制器； （2）控制电源电压不足或超压； （3）接插件端子接触不良或松脱	（1）检查驱动控制器控制电源插头端子是否松脱； （2）检查控制电源到驱动控制器之间的导线是否断路； （3）测量控制电源电压，检查电压是否达到要求（对 DC 12 V 控制电源驱动控制器，控制电源至少大于 DC 9 V，不得大于 DC 15 V）
压缩机发出异常声音	（1）电动机缺相； （2）冷凝器风机未正常工作，系统压差过大，电动机负载过大	（1）检查驱动控制器与电动机连接的三相插头及相关导线，保证其接触良好及导通； （2）保证冷凝器风机正常工作，待系统压力平衡后再次启动
压缩机无启动声音，电源电流无变化，各端口电压正常	驱动控制器未接收到空调系统的 A/C 开关信号	检查 A/C 开关是否有故障；检查与 A/C 开关相连的导线是否断路；检查 A/C 开关连接方式是否正确
压缩机无启动声音，电源电流无变化，高压端口电压不足或无供电	欠电压保护启动	关闭整车主电源；检查驱动控制器主电源输入接口处的接插件端子是否有松脱；检查主电源到驱动控制器之间的导线是否断路；检查控制主电源输入的继电器是否正常工作

续 表

故障现象	故障原因	故障排除方法
压缩机启动时有轻微抖动,电源电流有变化,随后降为0 A	(1)冷凝器风机未正常工作,系统压差过大,电动机负载过大导致过电流保护启动;(2)电动机缺相导致过电流保护启动	(1)保证冷凝器风机正常工作,待系统压力平衡后再次启动;(2)检查驱动控制器与电动机连接的三相插头与相关导线,保证其接触良好及导通
空调内部电压故障	内部电路故障,AD采集电压小于1.58 V或大于1.17 V	更换压缩机
空调内部功率管故障	部分或全部功率管出现短路,功率管故障时,控制器输出电流很大,会使硬件触发过流保护,硬件自动封锁输出	更换压缩机
空调过压故障	当软件检测到电源输入端电压大于420 V时,输出该故障信号	可恢复
空调欠压故障	当软件检测到电源输入端电压小于220 V时,输出该故障信号	可恢复;更换高压熔断器;插好高压接插件;更换高压线束
空调过电流保护	输出电流大于硬件设定值时,硬件封锁输出并拉低相应输出信号	产生过电流后立即停机保护,30 s后再次启动,连续5次过电流后,停机保护,重新上电后故障代码清除,重新检测

2. PTC控制器的常见故障与排除方法

PTC控制器的常见故障与排除方法如表8-4所示。

表 8-4 PTC 控制器的常见故障与排除方法

故障现象	故障原因	故障排除方法
启动功能设置后，风仍为凉风，PTC控制器不工作	（1）冷暖模式设置不正确；（2）PTC控制器本体断路；（3）PTC控制器控制回路断路；（4）内部短路烧毁高压熔丝	（1）检查冷暖设置是否选择较暖方向；（2）断开高压插件后，测量高压正负电阻是否正常；（3）断开低压插件后，测量两极间是否导通；（4）更换PTC控制器及高压熔丝
出风温度异常升高或从空调出风口嗅到塑料焦煳气味，PTC控制器过热	PTC控制器电控单元损坏、粘连不能正常断开	关闭制热功能，断电检查PTC控制器加热器及PTC控制器电控单元

8.7 空调系统故障检修的禁忌

8.7.1 空调系统故障维修的禁忌

（1）如果在车上修理并拆卸制冷系统零部件，操作时必须戴手套及防护眼镜，以免制冷剂冻伤人体暴露部位。

（2）由于制冷剂是无色无味的气体，且比空气密度大，会在通风条件差的场所造成窒息危险。因此，应将制冷剂排放到远离工作场所的地方，最好收集到密封的容器中。

（3）制冷剂排放前，切勿锡焊、气焊制冷系统零部件，以免制冷剂遇热分解成对人体健康不利的物质。正式装配前，系统各部件的密封塞不得拆除，以免水汽或异物进入而影响系统正常工作。

（4）若制冷剂接触皮肤，要用大量冷水冲洗，给皮肤涂上凡士林，然后迅速请医生治疗。

（5）更换空调零部件后，安装新件时应更换接口O形圈密封圈。

（6）安装空调管路时应在O形圈和接口表面涂上足够的压缩机油。

（7）按要求使用压缩机润滑油，不良油品会造成压缩机的损坏。

（8）为了防止灰尘、异物等外部杂质进入内部，拆卸下来的管路和管接头部位应用柱塞密封好，注意要完全封住各软管，否则压缩机润滑油及储液干燥器将吸收水蒸气。

（9）若制冷剂过量，则会导致制冷不足，使能效降低。因此要避免制冷剂过量。

8.7.2 空调系统泄漏检测的禁忌

（1）使用荧光检漏染料检测制冷剂是否泄漏时，切勿直视紫外线灯。

（2）如果温度低于16℃，空调制冷剂压力为345 MPa或以下，可能检测不到泄漏。

①当发现一处泄漏时，继续检查。务必继续沿着所有管道连接处和空调系统部件检测有无其他泄漏。

②当检测到一处泄漏时，用压缩空气清洁泄漏区域并再次检测。

③当检测制冷单元内部的泄漏时，务必清洁排放软管内部以防止探头表面暴露在水或灰尘中。

④务必从高压侧开始往低压侧检测泄漏。

⑤当检测制冷单元内部的泄漏时，停止发动机工作并以最大风扇转速使鼓风机风扇电动机运行15 min或以上，然后将检漏仪探头插入排放软管并保持10 min或以上。

⑥当断开连接在空调维修阀上的截止阀时，务必排空残余的制冷剂，以免错误识别。

8.7.3 电动汽车空调系统故障维修的禁忌

（1）高压系统可能危及生命。工作开始之前务必将高压系统切换至无电压状态。处在高压下的制冷循环回路应避免接触制冷剂和冷冻机油。

（2）拆解后及时密封各管路开口，以防止水或湿空气进入系统。

（3）电动汽车的冷冻机油（压缩机润滑油）为POE68，与传统燃油汽车的PAG冷冻机油不同，不要混用。

（4）在连接安装各管路接口时应注意管口清洁，在O形圈上涂抹冷冻机油。

（5）在制冷剂喷出时应注意个人防护，避免接触冻伤、吸入及误入眼睛。

第9章　汽车仪表显示系统测试实验

汽车仪表是用来监测汽车各个系统工作状况的装置。目前汽车装用的仪表主要有车速里程表、转速表、冷却液温度表、燃油表、机油压力表、各种警告灯和指示灯，以及维护提示器。现代汽车仪表一般由一台微处理器进行控制，并且具有一个内容丰富的自诊断系统。如果受监控的传感器或部件出现故障，那么这些带有故障类别说明的故障就以故障代码的形式存储在存储器中。在故障查询开始时，必须进行故障自诊断。汽车仪表主要故障如下。

（1）传感器故障。

（2）仪表本身故障。

（3）多路传输系统故障。

9.1　仪表外部故障诊断与排除

以大众车系和大众专用故障诊断仪 V.A.G1551 为例介绍仪表故障诊断与排除。

9.1.1　自诊断

自诊断应在系统电路正常、电源电压不低于 9.0 V 的条件下进行。

（1）取出诊断转接器上面的罩盖（位置在驻车制动手柄附近）。

（2）把V.A.G1551/3电源线的插头插到诊断转接器上。

（3）故障诊断仪显示器上的显示如图9-1所示。

```
快速数据传输 帮助


输入地址字××
```

图9-1 显示器内容

（4）按下1键和7键，输入组合仪表地址码。

（5）按Q键确认输入。

（6）一直按→键，直到显示器上显示"查询故障存储器"。

（7）按下0键和2键，选择"查询故障存储单元"按Q键确认。

（8）显示器显示存储（存入）的故障数量。

（9）依次（先后）显示和打印输出存储的故障。表9-1为组合仪表故障代码的故障原因与故障排除方法。

表9-1 组合仪表故障代码

V.A.G1551打印信息	故障原因	故障排除方法
00562-机油油面/机油温度传感器G266： （1）断路/对正极短路； （2）对搭铁短路； （3）不可靠信号	（1）机油油面/机油温度传感器G226与组合仪表板间导线断路或短路； （2）机油油面/机油温度传感器G266损坏； （3）传感器内电子元器件损坏	（1）按电路图查找故障； （2）排除导线断路； （3）更换机油油面/机油温度传感器G266

续 表

V.A.G1551打印信息	故障原因	故障排除方法
00667-外部温度信号： （1）断路/对正极短路； （2）对搭铁短路； （3）不可靠信号（显示错误，不予考虑）	（1）组合仪表与空调控制和显示单元E87之间断路或短路； （2）空调控制和显示单元E87损坏	（1）按电路图查找故障； （2）排除导线断路； （3）进行空调自诊断
00668-车上30号接线电压： 电压过低	（1）蓄电池接线已拆下； （2）控制单元或传感器导线断路或短路	（1）按电路图查找故障，排除导线断路或短路； （2）清除故障代码并继续观察车辆
00771-燃油表传感器G： （1）断路/对正极短路； （2）对搭铁短路	（1）燃油表传感器G或燃油表传感器2（G169）与组合仪表板间导线断路或短路； （2）燃油表传感器G或G169与组合仪表之间导线断路或短路； （3）燃油表传感器G或燃油表传感器G169损坏	（1）按电路图查找故障； （2）排除导线断路； （3）更换燃油表传感器G或燃油表传感器G169
00779-外部温度传感器G17： （1）断路/对正极短路； （2）对搭铁短路	（1）导线断路或短路； （2）外部温度传感器G17损坏	（1）按电路图查找故障并排除导线断路或短路； （2）更换外部温度传感器G17
01039-冷却液温度传感器G2： （1）断路/对正极短路； （2）对搭铁短路	（1）冷却液温度传感器G2与组合仪表间导线断路或短路； （2）冷却液温度传感器G2损坏	（1）按电路图查找故障，排除导线断路或短路； （2）更换冷却液温度传感器G2

第9章 汽车仪表显示系统测试实验

9.1.2 车速信号的检查

如果确定了车速里程表上的车速显示有故障,应检查车速里程表是否接收到信号。连接故障诊断仪 V.A.G1551,读取测量数据块,选择显示组号 001 并进行试车。如果故障诊断仪 V.A.G1551 显示屏上显示车速值,但它不等于组合仪表上显示的车速值,说明组合仪表损坏,必须更换。如果故障诊断仪 V.A.G1551 显示屏上未显示车速值,应检查组合仪表上多脚插头信号。

拆卸组合仪表,将测试盒 V.A.G1598 用 V.A.G1598/25 接到 32 脚蓝色插头上,如图 9-2 所示,将万用表 V.A.G1526 接到触点 28 和汽车搭铁间,靠听觉来检查导线是否导通,在汽车被前后推动时(约 1 m),故障诊断仪上的振鸣信号应多次接通和断开。若检查不正常,需检查连接车速传感器的导线。按电路图检查导线连接,若导线正常,应更换车速传感器。

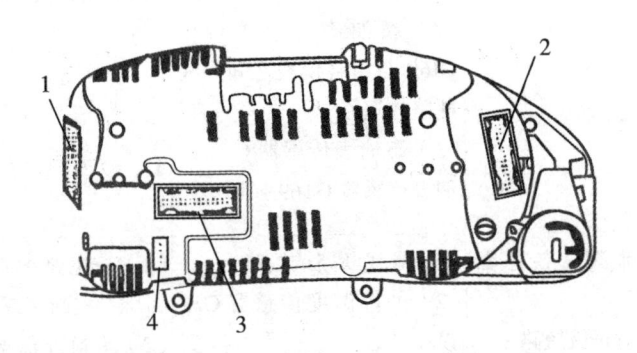

1—多孔插头(32 脚,绿色);2—多孔插头(32 脚,蓝色);3—多孔插头(32 脚,灰色);
4—遥控时钟多孔插头(4 脚,黑色)

图 9-2 组合仪表的插头连接

9.1.3 燃油表传感器 G 的信号的检查

如果组合仪表上的燃油量指示有故障,应检查组合仪表是否接收到信号。连接故障诊断仪 V.A.G1551，读取测量数据块，选择显示组号 002。如果故障诊断仪 V.A.G1551 显示屏上显示燃油量，但它不等于组合仪表上显示的燃油量，说明组合仪表损坏，必须更换。如果 V.A.G1551 显示屏上未显示燃油量，应检查组合仪表上的多脚插头信号。

拆卸组合仪表，将测试盒 V.A.G1598 用 V.A.G1598/25 接到 32 脚蓝色插头上，将万用表 V.A.G1526 接到触点 5 和触点 7（传感器搭铁）之间测量电阻，油箱全满时电阻应约为 270 Ω；油箱全空时电阻应约为 70 Ω。如果未达到规定值，按电路图检查组合仪表和燃油表传感器间导线连接；如果测得值为 0 Ω 或 2 Ω，说明油箱内有断路或短路处；如果既无短路也无断路，检查燃油表传感器 G。

9.1.4 燃油表传感器 G 的检查

拧下行李箱装饰板下面的连接法兰护板。松开并拔下燃油表传感器 G 的 4 孔插头（箭头），如图 9-3 所示；用万用表 V.A.G1526 电阻挡测量燃油表传感器 G 触点 2 和 3 之间的电阻，如图 9-4 所示。

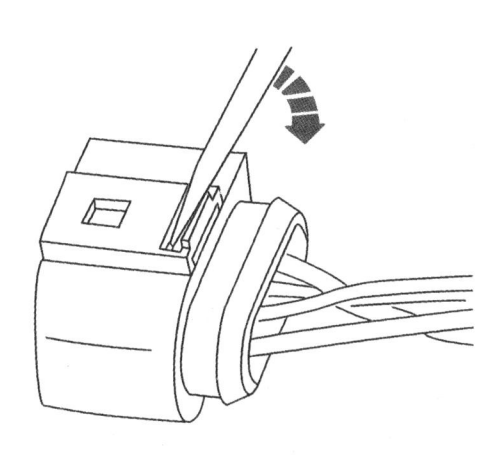

图 9-3 燃油表传感器 G 的 4 孔插头

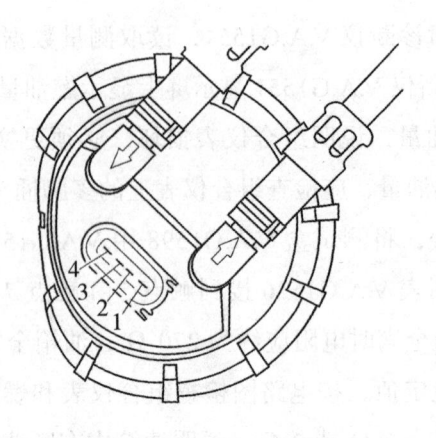

图 9-4 测量燃油表传感器 G 触点 2 和 3 之间的电阻

需要说明的是，要想测量油箱全满或油箱全空时的燃油表传感器 G 触点 2 和 3 之间的电阻，应拆下燃油表传感器 G，并将其浮子置于上止点或下止点处。油箱全空时触点 2 和 3 之间的电阻应约为 559 Ω（在下止点处）；油箱全满时触点 2 和 3 之间的电阻应约为 270 Ω（在上止点处）。如果达到规定值，说明组合仪表有故障，应更换组合仪表；如果未达到规定值，应更换燃油表传感器 G。

9.1.5 燃油消耗信号的检查

启动发动机，注意组合仪表上的燃油消耗显示（也可试车）。燃油消耗显示可能有下面三种可能。

（1）一直显示 0.0 L/100 km，这可能是信号线对蓄电池负极短路。关闭点火开关，将测试盒 V.A.G1598 接到发动机控制单元上，拆下组合仪表。将测试盒 V.A.G1598 用 V.A.G1598/25 接到 32 脚蓝色插头上，将万用表 V.A.G1526 的正极检测线接到 V.A.G1598/25 的触点 25 上，将负极检测线接到发动机控制单元测试盒上和其附属的燃油消耗信号触点上，测量其电阻，电阻应小于 2 Ω。将万用表 V.A.G1526 的正极检测线接到发动机控制单元测试盒上和其附属的燃油消耗信号触点上，将负极检测线接到蓄电池负极，测量其电阻，电阻应大于 9 MΩ。如果达到规定值，说明导线连接正常。

（2）一直显示 51 L/100 km，这可能是信号线断路。关闭点火开关，将测试盒 V.A.G1598 接到发动机控制单元上。拆下组合仪表，将测试盒 V.A.G1598 用 V.A.G1598/25 接到 32 脚蓝色插头上，将万用表 V.A.G1526 正极检测线接到 V.A.G1598/25 触点 25 上，将负极检测线接到发动机控制单元测试盒上和其附属的燃油消耗信号触点上，测量其电阻，电阻应小于 2 Ω。将万用表 V.A.G1526 正极检测线接到发动机控制单元测试盒上和其附属的燃油消耗信号触点上，将负极检测线接到蓄电池负极上，测量其电阻，电阻应大于 9 MΩ。如果达到规定值，说明导线连接正常。

（3）显示的燃油消耗无意义或不断变化。此时应进行燃油消耗显示自适应。

9.1.6　冷却液温度传感器 G2 的信号的检查

如果组合仪表上的冷却液温度显示有故障，应检查组合仪表是否接收到信号。连接故障诊断仪 V.A.G1551，读取测量数据块，选择显示组号 003。如果故障诊断仪 V.A.GI551 显示屏上显示的冷却液温度，但它不等于组合仪表上显示的冷却液温度，说明组合仪表损坏，必须更换。如果 V.A.G1551 显示屏上未显示冷却液温度，应检查组合仪表上的多脚插头信号。拆下组合仪表，将测试盒 V.A.G1598 用 V.A.G1598/25 接到 32 脚蓝色插头上，将万用表 V.A.G1526 接到触点 8 和触点 7（传感器搭铁）之间测量电阻。电阻在冷却液温度为 60 ℃时应约为 259 Ω；在冷却液温度为 90 ℃时应约为 107 Ω；在冷却液温度为 120 ℃时应约为 40 Ω。如果未达到规定值，检查连接冷却液温度传感器 G2 的导线。如果导线正常，必须更换冷却液温度传感器 G2。

9.2 仪表内部故障诊断与排除

以帕萨特 B5 为例。

9.2.1 执行部件故障诊断与排除

（1）接通故障诊断仪 V.A.G1551，选择"快速数据传输"操作状态 1，接通点火开关，并且输入组合仪表地址码"17"。

（2）按 0 键和 3 键（使用 03 选择"执行机构诊断"功能）。

（3）使用 Q 键确认输入。

（4）在按下 Q 键之后，同时有如下现象。

①冷却液温度指示器指针的运转经过整个指示范围（读数范围）。

②转速表指针的运转经过整个指示范围。

③车速里程表指针的运转经过整个指示范围。

④汽油液位指示器指针的运转经过整个指示范围。

（5）在指示范围内运转之后显示如下固定值。

冷却液温度指示器显示"90℃"；转速表显示"3 000 r/min"；车速里程表显示"100 km/h"；汽油液位指示器显示"1/2"。如果仪表未完成以上动作，那么应更换仪表。

注意：①在发动机运转或车辆运动的情况下不可以进行组合仪表的诊断。② C 键可以在任何时候退出测试功能流程。

9.2.2 更换组合仪表后故障诊断与排除

更换组合仪表后，必须进行仪表控制单元匹配。完整的匹配过程包含控制单元编码和功能匹配。对于各个不同配置的车型，控制单元必须编码才能发挥其功能。功能匹配的目的是把旧的仪表的数据输入新的仪表。

1.仪表控制单元的编码

（1）按 0 键和 7 键，使用 Q 键确认输入。

（2）输入仪表控制单元编码。

（3）按下→键。

（4）按 0 键和 6 键（使用 06 选择"结束输出"功能）。

（5）使用→键结束输出编码。

2.仪表控制单元的功能匹配

适用匹配功能通过通道号来调用各自的功能，通道号与匹配功能表如表 9-2 所示，仪表控制单元存储如下各种修改。

（1）维护周期显示的匹配。

（2）在更换仪表板时里程计数器的匹配。

（3）复位维护周期的匹配。

（4）汽油储存量的匹配。

（5）燃油消耗指示的校正。

（6）适用于导航显示设备的语言种类的编码（仅适用于高档组合仪表）。

表 9-2 通道号与匹配功能表

通道号	匹配功能	通道号	匹配功能
03	燃油消耗指示的校正	11	适用于里程检验 – 里程计数器的维护 – 间隔数据
04	适用于导航显示设备的语言种类的编码（仅适用于高档组合仪表）		
09	里程计数器的匹配	12	适用于时间检验里程计数器的维护周期数据
10	适用于更换机油维护 – 里程计数器的维护 – 间隔数据	30	汽油储存量的匹配

第10章 汽车电子控制系统传感器测试实验

当汽车电子控制系统产生故障时，利用自诊断，指明某传感器有故障或怀疑某传感器有故障，只是提供了故障的性质和范围，要想最终确定是传感器故障还是执行器故障，还是相应的配线故障，需要进一步检查配线、插头、ECU 和相关部件。

10.1 传感器分类

汽车发动机、底盘、车身系统等应用着多种传感器，按被测量、能量关系、功能、输出信号、信号转换关系、工作原理，对汽车传感器进行分类，如图 10-1 所示。

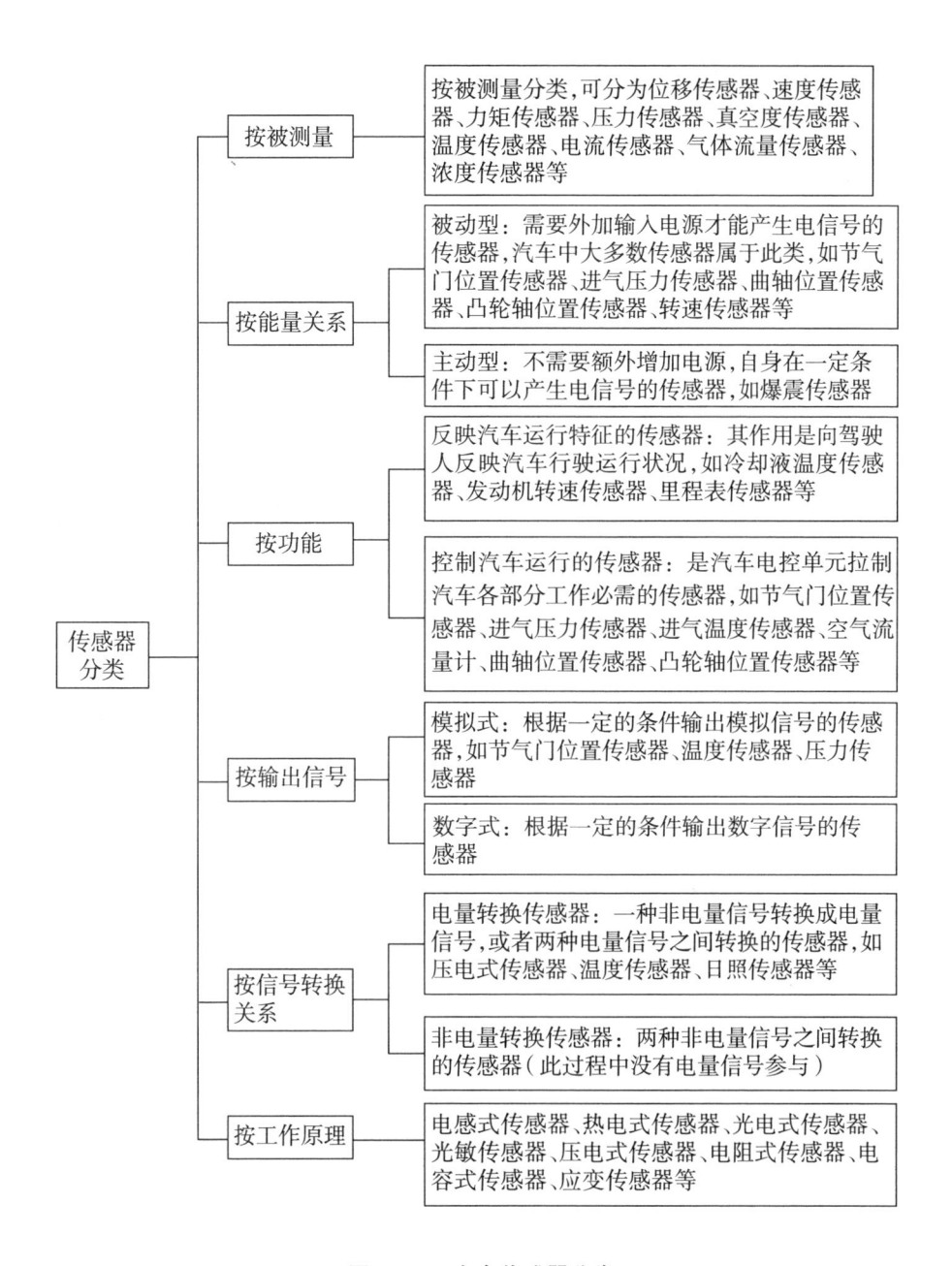

```
                              ┌─ 按被测量 ─── 按被测量分类,可分为位移传感器、速度传感
                              │              器、力矩传感器、压力传感器、真空度传感器、
                              │              温度传感器、电流传感器、气体流量传感器、
                              │              浓度传感器等
                              │
                              │              ┌─ 被动型:需要外加输入电源才能产生电信号的
                              │              │   传感器,汽车中大多数传感器属于此类,如节气
                              ├─ 按能量关系 ──┤   门位置传感器、进气压力传感器、曲轴位置传感
                              │              │   器、凸轮轴位置传感器、转速传感器等
                              │              │
                              │              └─ 主动型:不需要额外增加电源,自身在一定条
                              │                  件下可以产生电信号的传感器,如爆震传感器
                              │
                              │              ┌─ 反映汽车运行特征的传感器:其作用是向驾驶
                              │              │   人反映汽车行驶运行状况,如冷却液温度传感
                              │              │   器、发动机转速传感器、里程表传感器等
                              │              │
          ┌─ 传感器分类 ──────┤─ 按功能 ─────┤
                              │              │   控制汽车运行的传感器:是汽车电控单元控制
                              │              └─  汽车各部分工作必需的传感器,如节气门位置传
                              │                  感器、进气压力传感器、进气温度传感器、空气流
                              │                  量计、曲轴位置传感器、凸轮轴位置传感器等
                              │
                              │              ┌─ 模拟式:根据一定的条件输出模拟信号的传感
                              │              │   器,如节气门位置传感器、温度传感器、压力传
                              ├─ 按输出信号 ─┤   感器
                              │              │
                              │              └─ 数字式:根据一定的条件输出数字信号的传
                              │                  感器
                              │
                              │              ┌─ 电量转换传感器:一种非电量信号转换成电量
                              │              │   信号,或者两种电量信号之间转换的传感器,如
                              ├─ 按信号转换 ─┤   压电式传感器、温度传感器、日照传感器等
                              │   关系        │
                              │              └─ 非电量转换传感器:两种非电量信号之间转换
                              │                  的传感器(此过程中没有电量信号参与)
                              │
                              └─ 按工作原理 ── 电感式传感器、热电式传感器、光电式传感器、
                                               光敏传感器、压电式传感器、电阻式传感器、电
                                               容式传感器、应变传感器等
```

图 10-1 汽车传感器分类

第 10 章 汽车电子控制系统传感器测试实验 | 147

10.2 传感器检测方法

10.2.1 外部检查

为防止不是因为传感器本身故障而导致的故障误判，首先对被怀疑的传感器部位进行外部检查，查看传感器的导线和连接的管路是否脱开，传感器是否有脏污、水泡、腐蚀、氧化、接触不良、变形等情况。

10.2.2 单导线型传感器检测方法

（1）断开传感器导线插接器，打开点火开关，测量导线与搭铁之间的电压，并判断该电压值是否为参考电压值。若测量结果不正确，则应检查导线和ECU。

（2）测量传感器搭铁端子与搭铁之间的电阻，并判断该电阻值是否为零。

（3）接好传感器导线插接器，启动发动机，测量传感器信号端子电压，并判断该电压是否随发动机工况的变化而变化。

10.2.3 双导线型传感器检测方法

双导线型传感器有2根导线，一根为信号线，另一根为搭铁线，其检测步骤如下。

（1）关闭点火开关，断开传感器导线插接器，用万用表电阻挡测量插接器上各接线与搭铁之间的电阻，找出搭铁线。

（2）打开点火开关，用万用表电压挡测量另一根导线与搭铁之间的电压，并判断该电压值是否为参考电压值。若不是，则检查导线和ECU。

（3）接好传感器导线插接器，启动发动机，测量传感器信号端子的电压，并判断该电压是否随发动机工况的变化而变化。

10.2.4 三导线型传感器检测方法

三导线型传感器有 3 根导线，一根为 ECU 电源线，一根为信号线，另一根为搭铁线，其检测步骤如下。

（1）将点火开关旋到 OFF 位置，断开传感器导线插接器，用万用表电阻挡测量插接器上各接线与搭铁之间的电阻，确定搭铁线。

（2）将点火开关置于 ON 位置，用万用表电压挡测量其他两根导线与搭铁之间的电压，电压为参考电压的导线为电源线，剩下的一根导线即为信号线。

（3）接好传感器导线插接器，启动发动机，测量传感器信号端子和搭铁端子之间的电压，并判断该电压是否随发动机工况的变化而变化。

对传感器进行以上检测后，可以基本确定其好坏。更换传感器时，要严格按照规程进行操作。操作时不关闭（OFF）点火开关，且不可带电操作，否则容易损坏其他电子部件。安装时要轻拿轻放。

维修与更换传感器后，要切记用故障诊断仪消除故障代码并重新试车，模拟故障出现状况，如果在试车过程中故障现象没有重复出现，检查故障代码也没有重新出现，说明判断准确，安装正确，传感器维修操作完成。

10.3 发动机用传感器常见的故障及原因

10.3.1 空气流量计

若空气流量计或其电路发生故障，如信号电压过高或过低、信号电压在测量范围内不正确，如果 ECU 并没有判断出有故障，将会引起发动机失速。但是如果 ECU 将其与凸轮轴位置传感器信号和节气门位置传感器信号计算出的值相比较，它们相差较大，ECU 将判定其有故障，失效保护系统使 ECU 根据启动信号和节气门位置传感器信号按固定的喷射时间控制发动机工作。此时发动机的性能大大下降,ECU在控制点火提前角时会忽略空气流量信号。

10.3.2 进气歧管绝对压力传感器

进气歧管绝对压力传感器信号不正常或无信号输出会使喷油控制失常,将造成发动机不能启动、启动困难、怠速运转不柔和、加速时发抖、发动机失速、燃油消耗过大等故障。

进气歧管绝对压力传感器常见的故障原因:连接进气歧管绝对压力传感器的真空管路接头处或传感器内部有泄漏,使信号不正常或无信号输出;进气歧管绝对压力传感器插接器端子或其内部电路接触不良或断路,使传感器信号不正常或无信号输出;进气歧管绝对压力传感器压敏元件或相关部件失常而使信号不正常或无信号输出。

10.3.3 转速与曲轴位置传感器

发动机转速与曲轴位置传感器有故障时,会造成发动机不能工作或发动机启动后立即熄火。发动机转速与曲轴位置传感器的常见故障原因:传感器插接器或内部线路接触不良或断路而使传感器信号弱或无信号输出;传感器感应线圈短路或搭铁而使传感器信号弱或无信号输出;传感器安装松动或间隙不当而使传感器信号弱或无信号输出。

10.3.4 节气门位置传感器

节气门位置传感器信号不正常或无信号输出,可能会造成发动机无怠速或怠速不稳、加速困难或不能加速、油耗和排气污染增加等故障。

节气门位置传感器常见的故障原因如下。

(1)传感器滑片与电阻接触不良而使信号中断或时有时无。

(2)传感器电阻或内部电路断路或短路,使其信号不正常或无信号输出。

(3)传感器滑片和电阻及相关零件松动和变形,使信号电压不准确。

当节气门位置传感器或其电路发生故障时，ECU将始终接收节气门处于全开或全关状态信号，无法对喷油量进行精确控制。此时，失效保护系统通常按节气门开度为0°或25°设定标准的节气门位置传感器。

10.3.5 冷却液温度传感器

冷却液温度传感器出现故障会使发动机启动困难，性能失常，怠速不稳，油耗增大，加速时回火、爆燃等。

冷却液温度传感器常见的故障原因：冷却液温度传感器故障（电阻值不符合标准）；冷却液温度传感器插接器接触不良，传感器断路或短路；冷却液温度传感器表面有水垢。

10.3.6 进气温度传感器

当进气温度传感器出现故障时，发动机ECU能够检测到故障信息，并能使发动机进入故障应急状态运行。此时发动机可能会出现热车难启动、排放超标等故障。

进气温度传感器常见的故障原因：进气温度传感器感受温度部分脏污，使传感器热敏元件感受进气温度变化的灵敏度下降，从而导致其电阻值不能反映实际的进气温度；进气温度传感器内部线路接触不良而使传感器信号不正常或无信号输出；进气温度传感器热敏元件性能不良而使信号不正常；进气温度传感器线束插头接触不良、断路或短路。

10.3.7 氧传感器

氧传感器一旦出现故障，将使电子燃油喷射系统不能得到排气管中氧浓度的信息，因而不能对空燃比进行反馈控制，这会使发动机油耗和排气污染增加，使发动机出现怠速不稳、缺火、喘振等故障现象。因此，必须及时排除故障或更换氧传感器。氧传感器常见的故障原因主要有下列几种。

（1）铅中毒。氧传感器铅中毒是由于使用了含铅汽油，在高温下，铅附着在氧传感器的表面，使之不能产生正常的信号。

（2）积炭。氧传感器铂片表面积炭后，不能产生正常的电压信号。积炭的主要表现为油耗上升，排放浓度明显增加。此时，若将沉积物清除，就会恢复正常工作。

（3）氧传感器内部线路接触不良或断路而使传感器无信号输出。

（4）氧传感器陶瓷元件破损而使传感器不能产生正常的电压信号。氧传感器的陶瓷元件硬而脆，用硬物敲击或用强烈气流吹洗，都可能使其碎裂而失效。因此，处理时要特别小心，发现问题及时更换。

（5）氧传感器加热器电阻丝烧断或其电路断路，使氧传感器不能迅速达到正常工作温度。

10.3.8 爆震传感器

爆震传感器常见的故障现象：加速时产生爆震，为防止爆震的发生，ECU将点火提前角推迟；发动机功率有所下降；油耗升高；发动机运转不稳；不能达到最高车速；点火正时不准。

爆震传感器常见的故障原因：线束、接插件（此传感器电路断路或短路）或爆震传感器失效。

第 11 章　汽车制动防抱死装置性能测试实验

汽车制动系统的功能是使汽车减速或在最短的距离内停车，保证汽车的行驶安全，并能使汽车靠在坡道上。汽车制动系统一般可分为液压制动系统和气压制动系统两种，如图 11-1 所示为液压制动系统的组成。汽车制动系统技术状况的变化直接影响汽车行驶、停车的安全性，因此制动系统的检测与故障诊断尤为重要。

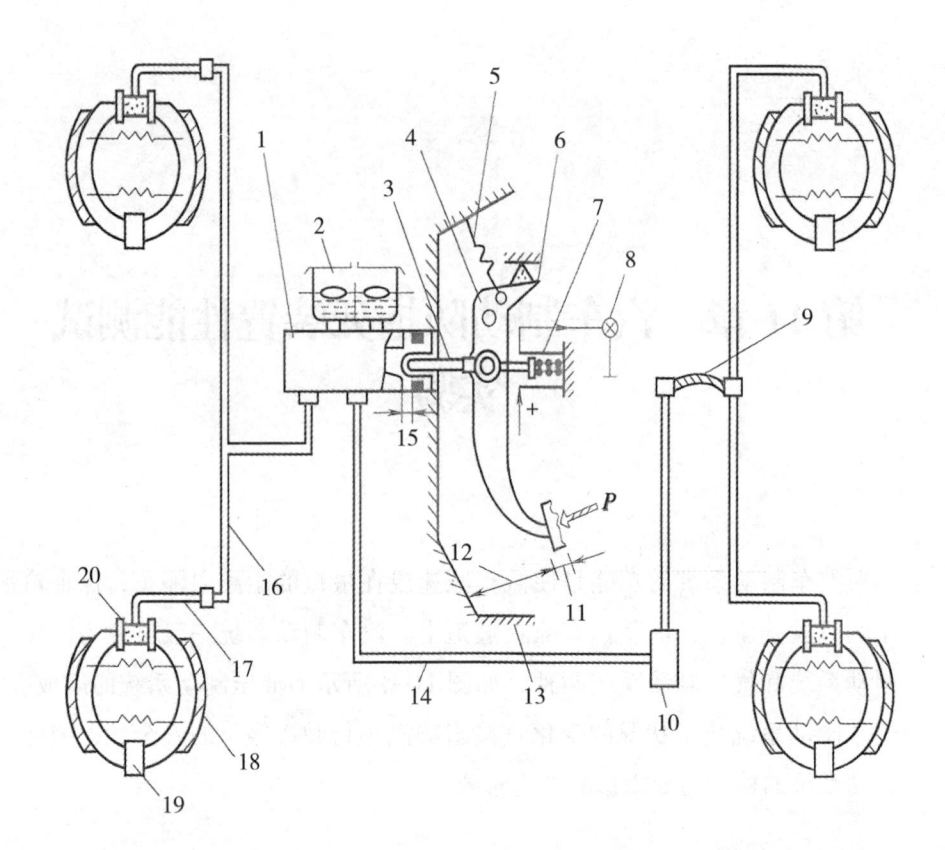

1—制动主缸；2—储油罐；3—推杆；4—支承销；5—复位弹簧；6—制动踏板；7—指示灯开关；8—指示灯；9、17—软管；10—比例阀；11—自由行程；12—有效行程；13—地板；14—后桥油管；15—自由间隙；16—前桥油管；18—制动蹄；19—支承座；20—制动轮缸

图 11-1　液压制动系统的组成与结构

11.1　汽车制动系统常见的故障诊断与排除

11.1.1　液压制动系统常见故障诊断与排除

液压制动系统常见故障有制动失效、制动不灵、制动跑偏及制动拖滞等。

1. 制动失效

（1）故障现象。车行驶时，踩下制动踏板，汽车不能减速和停车。

（2）故障原因。

①制动液严重不足。

②制动主缸皮碗或制动轮缸皮碗损坏，或紧急制动时将制动皮碗踏翻。

③主缸活塞与缸壁或轮缸活塞与缸壁磨损过度，松旷漏油，活塞复位弹簧过软或折断。

④制动管路破裂或接头严重泄漏。

⑤制动踏板与主缸的连接部位脱落。

（3）故障诊断与排除。

①踩下制动踏板，若无连接感，说明制动踏板至制动主缸的连接松脱，应检查修复。

②踩下制动踏板时，若感到很轻，稍有阻力感，则应检查主缸储液室内制动液是否充足。若主缸储液室内无液或严重缺液，应添加制动液至规定位置。再次踩下制动踏板时，若仍没有阻力感，则应检查制动主缸至制动轮缸的制动管路有无断裂、漏油。

③踩下制动踏板时，虽然感到有一定的阻力，但踏板位置保持不住，明显下沉，则应检查制动主缸的推杆防尘套处是否有制动液泄漏。若有制动液泄漏，说明制动主缸皮碗破裂；若车轮制动鼓边缘有大量制动液，则应检查制动轮缸皮碗是否压翻、磨损是否严重。

2. 制动不灵

（1）故障现象。汽车行驶时，将制动踏板踩到底，汽车不能立即减速和停车，制动距离过长。

（2）故障原因。

①制动踏板自由行程太大。

②制动管路和轮缸内有空气。

③制动管路堵塞或制动管路渗漏。

④制动主缸、制动轮缸皮碗变形磨损，活塞与缸壁磨损过度。

⑤制动主缸出油阀损坏，补偿孔、通气孔堵塞。

⑥车轮制动器磨损严重，制动间隙过大或摩擦片有油污、铆钉外露。

⑦制动鼓（制动盘）磨损过度或制动时变形严重。

⑧增压器、助力器效能不佳或失效。

（3）故障诊断与排除。

①踏几次制动踏板，若制动踏板能踩到底且无反力，则检查制动主缸是否缺少制动液。若缺少，应按规定添加。

②若不缺，检查管路和接头有无破漏或堵塞。若有，应进行修理或更换。

③检查制动系统中是否有空气，若踩制动踏板感觉有弹力，表明液压制动系统中有空气或制动液汽化，应将混入的空气排出。

④一下制动不灵，连续踩几下制动踏板，踏板位置逐渐升高且效果良好，说明踏板自由行程过大或制动摩擦片与制动鼓（盘）的间隙过大。

⑤连续踩几下制动踏板，踏板位置逐渐升高，但升高后不抬脚连续踩，未感觉有弹力且踏板下沉至很低位置。这说明液压系统漏油，可能是制动主缸、管路、管路接头等处漏油，或制动主缸、轮缸磨损严重，皮碗破裂损坏或密封不良。

⑥当踩下制动踏板时，踏板高度合乎要求，也感到有力且不下沉，但制动效果不良，则为制动器故障。故障可能由摩擦片硬化、铆钉头外露、摩擦片油污、制动鼓（盘）磨损及变形导致。若踏板高度合适，但踩踏板时感到很硬，则故障可能是制动液太稠、管路内壁积垢太厚、油管凹瘪、软管内孔不通畅或增压器、助力器效能不佳所致。

3. 制动跑偏

（1）故障现象。汽车行驶制动时，行驶方向发生偏斜；紧急制动时，方向急转或车辆甩尾。

（2）故障原因。

①左右车轮轮胎气压、花纹或磨损程度不一致。

②左右车轮轮毂轴承松紧不一，个别轴承破损。

③左右车轮的制动摩擦片材料各异或新旧程度不一样。

④左右车轮制动摩擦片与制动鼓（盘）的接触面积、位置不一样或制动间隙不等。

⑤左右车轮轮缸的技术状况不一，造成起作用时间或张力大小不相等。

⑥左右车轮制动鼓的厚度、直径、工作中的变形程度和工作面的粗糙度不一。

⑦左、右悬架或车轴变形。

⑧前轮定位失准或转向传动机构松旷。

（3）故障诊断与排除。

①若车辆正常行驶时亦有跑偏现象，则首先做以下外观检查：检查左右车轮轮胎气压、花纹和磨损程度是否一致；检查各减振器是否漏油或失效；检查悬架弹簧是否折断或弹力是否一致。

②支起车轮，用手转动和轴向推拉车轮轮胎，若一侧车轮有松旷或过紧感觉，应重新调整轴承的预紧度；若转动车轮有发卡的感觉或异响，应检查该轮轮毂轴承是否破损或毁坏。

③对汽车进行路试。制动后，若汽车向一侧跑偏，则为另一侧的车轮制动不良。首先对该车轮制动器进行放气，若无制动液喷出，说明该轮制动管路堵塞，应予以更换；若放出的制动液中有空气，说明该轮制动管路中混入空气，应予以排放。

观察该轮制动器间隙，若制动器间隙过大，说明制动摩擦片磨损严重或制动自调装置失效，应更换。

上述检查正常，应拆检该轮制动器，检查制动盘或制动鼓是否磨损过度或有沟槽。若磨损过度，应更换；若有严重沟槽，应车削或镗削。检查制动摩擦片（摩擦衬块）是否有油污或水湿及磨损过度，若摩擦片（衬片）有油污或水湿，应查明原因并清理；若摩擦片磨损过度，应更换。检查制动轮缸或制动钳活塞，若有漏油或发卡现象，应更换。

④若制动时，出现忽左忽右跑偏现象，则应检查前轮定位是否符合要求，若前轮定位不正确，应调整；检查转向传动机构是否松旷，若松旷，应紧固、调整或更换。

4.制动拖滞

（1）故障现象。

①踏下制动踏板感到高而硬，踏不下去。汽车起步困难，行驶费力。当松抬加速踏板、踏下离合器踏板时，车速明显降低。

②汽车行驶一定里程后，用手触摸制动鼓感觉发热。

（2）故障原因。

①制动踏板无自由行程，制动踏板拉杆系统不能回位。

②制动主缸、轮缸皮碗发胀、发黏或活塞移动不灵活。

③制动活塞回位弹簧折断、预紧力太小。

④制动鼓严重变形，制动摩擦片与制动鼓间隙太小，制动蹄复位弹簧过软。

⑤制动油管凹痕、堵塞或制动液过脏或变质。

（3）故障诊断与排除。

①将汽车支起，在未踩制动踏板的情况下，用手转动车轮。若某一车轮转不动，说明该轮制动器拖滞；若全部车轮转不动，说明全部车轮制动器拖滞。

②若为个别车轮制动器拖滞，首先旋松该轮制动轮缸的放气螺钉，

若制动液急速喷出，随即车轮能旋转自如，说明该轮制动管路堵塞，轮缸未能回油，应更换；若车轮仍转不动，则拆下车轮，解体检查制动器。

③若全部车轮制动器拖滞，首先，应检查制动踏板自由行程是否符合要求，若自由行程过小，应调整。其次，应检查制动踏板的回位情况，用力将制动踏板踩到底并迅速抬起。若踏板回位缓慢，说明制动踏板回位弹簧失效或踏板轴发卡，应更换或修复。最后，应检查制动主缸的工作情况，打开制动液储液室盖，由一人连续踩制动踏板，另一人观察制动主缸的回油情况。若不回油，说明制动主缸回油孔堵塞，应清洗、疏通；若回油缓慢，说明制动液过脏或变质，应更换。

11.1.2 气压制动系统常见故障诊断与排除

1. 制动失效

（1）故障现象。汽车行驶时，踩下制动踏板，汽车不能减速和停车。
（2）故障原因。
①储气筒内无压缩空气或气压不足。
②空气压缩机失效。
③制动踏板与制动拉臂脱落或自由行程过大。
④制动阀排气间隙调整不当，导致进气阀打不开或排气阀关闭不严。
⑤制动阀或制动气室膜片破裂、老化或平衡弹簧弹性不足。
⑥制动气管漏气或堵塞。
（3）故障诊断与排除。
①发动机运转一段时间后，查看气压表。若气压表指示为0或上升很慢，应检查空气压缩机传动带是否过松，压缩机到储气筒之间是否有漏气。若有，应予以修复。若以上检查良好，应拆下空气压缩机进行检修。

②若发动机运转一定时间后，储气筒内压力较充足，并且打开储气筒放水开关时，有压缩空气喷出，则应拆检储气筒至制动阀进气阀之间

的气管是否阻塞或制动阀的进气阀是否不能打开。若是，予以疏通或修理。

③当踩下制动踏板时听到有漏气声，若经检查是气管或制动气室漏气，应进行检修；若经检查为制动阀漏气，应调整排气间隙或检修制动阀。

④当踩下制动踏板，制动气室推杆移动正常，并且无漏气声，但仍无制动效果，应检修车轮制动器。

2. 制动不灵

（1）故障现象。行车踩下制动踏板，汽车不能立即减速和停车，制动距离过长。

（2）故障原因。

①储气筒内压缩空气压力不足或空气压缩机工作不良。

②制动踏板自由行程太大。

③制动阀调整不当。

④制动阀、制动气室膜片破裂、老化引起漏气。

⑤制动气管漏气、堵塞或凹瘪，或制动软管老化、发胀、通气不畅。

⑥制动器摩擦片与制动鼓之间间隙过大。

⑦制动器摩擦片表面有脏污、硬化或磨损严重，铆钉外露。

⑧制动鼓磨损失圆、起沟槽或鼓壁过薄。

⑨制动凸轮轴或制动蹄轴润滑不良、锈蚀、卡滞。

（3）故障诊断与排除。

①启动发动机运转一定时间后，查看压力表。若气压不足，停机后，气压也不明显下降，表明无漏气现象，应检查空气压缩机传动带是否过松或检修空气压缩机。

②若储气筒气压上升正常，但发动机熄火后，气压直线下降，则为空气压缩机与进气阀之间的管路漏气，应进行检修。

③若储气筒气压符合要求，发动机熄火后气压也不下降，但踩下制

动踏板有漏气声，则为制动阀到制动气室之间漏气或膜片破裂，应检修制动阀、制动气室或气管。

④若以上各项检查无漏气，但制动仍不灵，则应先检查制动踏板自由行程和制动阀最大输出气压。若不符合要求，应进行调整；若符合规定，再对车轮制动器进行检修。

11.1.3　驻车制动不良故障诊断与排除

1. 故障现象

故障现象如下：

（1）拉紧驻车制动器，汽车很容易起步。

（2）在坡道上停车时，拉紧驻车制动器，汽车不能停止而发生溜车现象。

2. 故障原因

故障原因如下：

（1）驻车操纵杆的自由行程过大。

（2）驻车操纵杆或拉索断裂或松脱、发卡等。

（3）驻车制动器间隙过大。

（4）驻车制动器摩擦片磨损过度或有油污。

（5）驻车制动鼓磨损过度、失圆或有沟槽。

（6）驻车制动蹄运动发卡。

（7）驻车制动蹄摩擦片与制动鼓的接触面积太小。

3. 故障诊断与排除

故障诊断与排除方法如下：

（1）将汽车停放在平坦的地面上，拉紧驻车制动器操纵杆，挂入低速挡起步，若汽车很容易起步而发动机不熄火，说明驻车制动不良。

（2）从驻车制动器操纵杆放松位置往上拉，直至拉不动为止。检查操纵杆的行程，若行程过大，说明操纵杆的自由行程过大，应调整。检查拉动操纵杆的阻力，若感觉没有阻力或阻力很小，说明操纵杆或拉索断裂或松脱，应更换或修复；若感觉很沉，说明操纵杆或拉索及制动器发卡，应拆检修复。

（3）通过检视孔检查中央驻车制动器或后轮制动器的间隙是否符合要求，若制动器间隙过大，应调整。

（4）经上述检查均正常，应拆检驻车制动器，进行如下检查：检查制动摩擦片是否磨损过度或有无油污；检查制动鼓是否磨损过度、失圆或有沟槽；检查制动蹄运动是否发卡，若有发卡现象，应修复或润滑；检查制动蹄摩擦片与制动鼓的接触面积是否符合要求，若接触面积过小，应更换或修整。

11.2 防抱死制动系统（ABS）的测试与诊断

汽车防抱死制动系统（anti-lock brake system, ABS）的作用是在汽车制动过程中，通过控制车轮滑移率，防止车轮抱死滑移，以提高汽车的制动效能及制动时的方向稳定性。汽车紧急制动时，ABS 在大多数道路条件下，能防止车轮抱死，以获得最大制动力，并保持行驶方向的稳定性和转向时良好的操纵性。大多数 ABS 都具有较高的工作可靠性，但在使用过程中仍免不了出现工作不良的状况，因此应及时进行检修，以确保制动系统的正常工作。

11.2.1 ABS检修注意事项

ABS 与常规制动系统相比，有其自身的特点。在检修过程中应注意以下几个方面：

（1）首先应对 ABS 的外观进行检查，如导线的插头和插接器有无松脱、制动油路和泵及阀有无漏损、蓄电池是否亏电等。对这些容易出现的故障且检查方法简单的部位先行检查，确定无异常时，再做系统检查，这样对迅速排除故障有利。

（2）遇制动不良故障时，应先区分是ABS机械部分（制动器、制动主缸、制动管路等）不良，还是ABS电子控制系统的故障。检查方法如下：拆下ABS继电器线束插接器或ABS制动压力调节器电磁阀线束插接器，使ABS制动压力调节器电磁阀不能通电工作，让汽车以普通制动器工作方式制动。如果制动不良故障消失，则说明是ABS电子控制系统有故障，否则，为ABS机械部分的故障。

（3）ABS电子控制系统故障多表现为线束插接器或导线头松脱、车速传感器不良等，应先对这些部件和部位进行检查，而制动压力调节器等故障相对较少，ABS的控制器（ECU）故障更少，所以一般情况下，不要轻易去拆检ABS ECU和制动压力调节器。此外，在检查线路故障时，不应漏检熔断器。

（4）在需拆检ABS液压控制器件时，应先进行泄压，以避免高压油喷出伤人，尤其是有蓄压器的ABS。例如，一些制动压力调节器与制动主缸一体式ABS的蓄压器中的压力高达180 MPa。

卸压的方法：关掉点火开关，然后反复踩制动踏板20次以上，直到感觉踩制动踏板力明显增加（无液压助力）时为止。

通常在检修如下部件时需进行泄压：制动压力调节器的各部件、制动轮缸、蓄压器、后轮分配比例阀、电动油泵、制动液管路、压力警告和控制开关。

11.2.2 常规检查

做好常规检查，发现比较明显的故障，可以节省时间，提高效率。常规检查主要包括以下几个方面：

（1）检查制动液面高度是否在规定范围内。

（2）检查所有继电器、熔丝是否完好，插接是否牢固。

（3）检查电子控制装置导线插头、插座是否连接良好，有无损坏，搭铁是否良好。

（4）检查下列各部件导线插头、插座和导线的连接是否良好：电动油泵、液压单元、4个轮速传感器、制动液面指示灯开关。

（5）检查传感器头与齿圈间隙是否符合规定，传感头有无脏污。

（6）检查蓄电池电压是否在规定范围内。

（7）检查驻车制动器是否完全释放。

（8）检查轮胎花纹深度是否符合要求。

1. 制动液的更换与补充

制动液具有较强的吸湿性，当制动液中含有水分后，其沸点降低，制动时容易产生气阻，使制动性能下降。因此，一般要求每2年或1年更换制动液。更换或补充制动液的程序如下：

（1）先将新制动液加至储液罐的最高液位标记处，即如图11-2所示的MAX标记处。

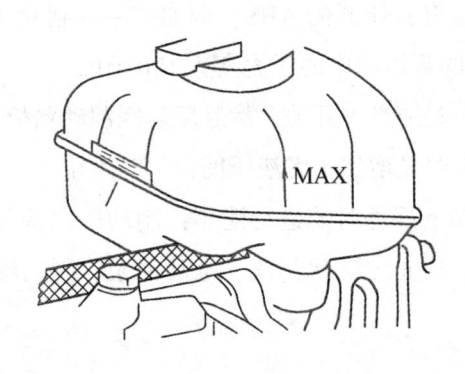

图11-2 储液罐最高液位标记处

（2）如果需要对制动系统中的空气进行排放，应按规定的程序进行空气排放。

（3）将点火开关置于ON位置，反复踩下和放松制动踏板，直到电动泵开始运转为止。

（4）待电动泵停止运转后，再对储液罐中的液位进行检查。

（5）如果储液罐中的制动液液位在最高液位标记以上，先不要排出过多的制动液，而应重复以上的（3）和（4）过程。

（6）如果储液罐中的制动液液位在最高液位标记以下，应向储液罐再次补充新的制动液，使储液罐中的制动液液位达到最高标记处。但切不可将制动液加注到超过储液罐的最高标记，否则，当蓄压器中的制动液排出时，制动液可能会溢出储液罐。

2.制动系统的排气

液压制动系统有空气渗入时，会感到制动踏板无力，制动踏板行程过长，致使制动力不足，甚至制动失灵。ABS的液压回路内混入空气后，同样会引起制动效能不良。因此，在空气渗入液压系统中后，必须对制动液压系统中的空气进行排放。

在进行空气排放之前，应检查液压制动系统中的管路及其接头是否破裂或松动，检查储液罐的液位是否符合要求。ABS系统的排气方法有仪器排气和手动排气两种，应根据不同的车型和条件选择合适的方法。

（1）仪器排气。

①将车辆停放在水平地面上，抵住车轮前后，将自动变速器的变速杆置于P位。

②松开驻车制动器。

③安装ABS检测仪（具有排气的控制功能）或专用排气仪器的接线端子。

④向储液罐中加注制动液到最大液面高度。

⑤启动发动机并以怠速运转几分钟。

⑥稳稳地踩下制动踏板，使检测仪器进入排气程序，并且感到制动踏板有反冲力。

⑦按规定顺序打开放气螺钉。

（2）手动排气。

①将排气软管装到后排气阀上，将软管的另一端放在装有一些制动液的清洁容器中。踩下制动踏板并保持一定的踏板力，缓慢拧开后排气阀 1/2～3/4 圈，直到制动液开始流出。关闭该阀后松开制动踏板。重复进行以上步骤，直到流出的制动液内没有气泡为止。

②拧下储液罐盖，检查储液罐中的液面高度，必要时，加注到正确液面高度。

③按规定的排气顺序，在其他车轮上进行排气操作。

11.2.3 ABS 的故障自诊断

1. ABS 的自检

ABS 的自检程序如下：

（1）点火开关一接通，ABS 电控单元就会立即对其外部电路进行自检。这时，制动警告灯会亮起，一般 3 s 后熄灭。如果灯不亮或一直亮，说明 ABS 电路有故障，应对其进行检查。

（2）ABS 的 ECU 对制动压力调节器电磁阀的检查是通过控制阀的开闭循环实现。

（3）发动机发动后，车速第一次达到 60 km/h，ABS 系统完成自检。

如果上述自检过程中，ECU 发现异常，或在工作中 ABS 工作失常，ECU 就停止使用 ABS，此时制动警告灯亮起，并储存故障代码。

现在汽车仪表板上一般有两个制动警告灯，其中一个是黄色灯，称为 ABS 灯（标 ABS 或 ANTILOCK）；另外一个为红色，标 BREAK，BREAK 灯由制动液压力开关和液面开关及驻车制动灯开关控制。当红色制动警告灯亮起时，可能是制动液不足、蓄压器的制动液压力过低或驻车制动器开关有问题等。这时，ABS 和普通制动系统均不能正常工作，应停车检查系统是否有故障，并且汽车制动时无防抱死功能，因此要及时检修。

2.故障代码的读取与清除

大多 ABS 具有自诊断和失效保护功能,当 ABS 出现故障时,可利用其自诊断功能,采用一定的方法进入系统中的自诊断模式,读取故障代码。故障代码的读取方法有人工和仪器两种,具体方法应用根据车载电子控制单元的功能及维修设备条件选择。下面以雷克萨斯 LS400 轿车的 ABS 为例,说明故障代码的读取及清除方法。

(1)故障代码的读取。

①点火开关置于 ON,将维修插线器插头分开或将 WA 与 WB 之间的短接销拔出,如图 11-3 所示。

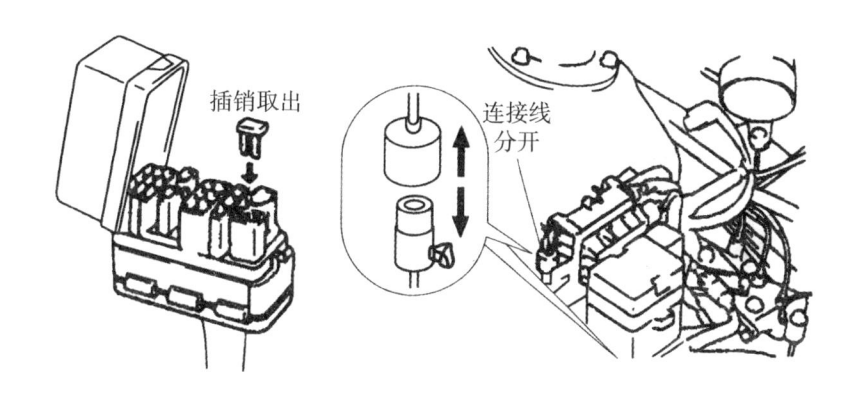

(a)拔出短接销　　(b)断开插接器插头

图 11-3　维修插接器插头和 WA、WB 插头

②将发动机室内的故障诊断座或驾驶室内的 TDCL 插接器的 TC 与 E1 端子用跨接线连接。

③由仪表板上的 ABS 警告灯即可读出故障代码。

④故障代码读取完毕,取下跨接 TC 与 E1 端子的跨接线,关闭点火开关。

(2)故障代码的清除。ABS 故障排除后,应将电子控制单元所存储的故障代码清除。清除故障代码的方法是在满足下列条件的情况下，在 3 s 内连续踩制动踏板 8 次。故障代码清除方法如下：

①汽车停稳。

②跨接诊断座 TC 与 E1 端子。

③将维修插接器插头分开或将 WA 与 WB 之间的短接插销拔出。

④点火开关接通。

清除故障代码后，再将 TC 与 E1 跨接线拆去，将维修插接器插头插好或将 WA 与 WB 短接销插好。

11.2.4 ABS 主要部件的检测与故障诊断

下面以雷克萨斯 LS400 为例说明 ABS 主要部件的检测与故障诊断。雷克萨斯 LS400 的 ABS 采用四传感器三通道/前轮独立控制–后轮选择控制方式，控制电路如图 11-4 所示。

1. 轮速传感器的故障检测

（1）测量传感器线圈的电阻。拆下轮速传感器的插头，用万用表测量传感器两端子之间的电阻，其电阻值应符合规定。若电阻太小，说明传感器线圈有短路故障；若电阻值为 9，则说明传感器线圈有断路故障。

（2）检查传感器转子齿圈。检查传感器与转子齿圈的技术情况和安装情况，转子齿圈不应有缺齿、裂纹现象，齿数应符合规定；传感器与转子的安装位置应正确，安装应牢靠；传感器与齿顶应有合适的间隙，其标准间隙约为 1 mm；齿圈齿与齿之间、齿顶与传感器之间不能被脏物或铁屑堵塞。

（3）检查传感器输出信号。检查时，将示波器连接在轮速传感器端子上，用举升器将汽车顶起，启动发动机并带动车轮旋转或转动车轮，使传感器转子以一定的速度旋转，检查轮速传感器的输出波形。若传感器波形的波幅大于规定值，说明轮速传感器无故障；若无输出信号或输出波幅太小，则说明传感器存在着永久磁铁退磁或传感器安装不当故障。

若上述检查均正常,但传感器工作时仍然无法正常工作或无信号输出,则故障在 ABS ECU 与各轮速传感器之间的配线和插接器上。此时可用万用表检查其配线是否短路、断路或是否存在插接器松动、接触不良等故障。

2. 继电器的故障检测

(1)制动泵电动机继电器故障检测。

①从 ABS 执行器上拆下制动泵电动机继电器,继电器端子编号如图 11-4 所示。

②使用万用表电阻挡检查各对端子之间是否导通。正常时,端子 6 与 9 应导通,而触点端子 8 与 7 应不导通。

③在电磁线圈端子 6、9 之间加蓄电池电压时,测量端子 8 与 7 的导通状况。正常时,端子 8 与 7 应导通;若不导通,则说明继电器存在故障,应予以更换。

(2)电磁阀继电器故障检测。

①从 ABS 执行器上拆下电磁阀继电器,继电器端子编号如图 11-4 所示。

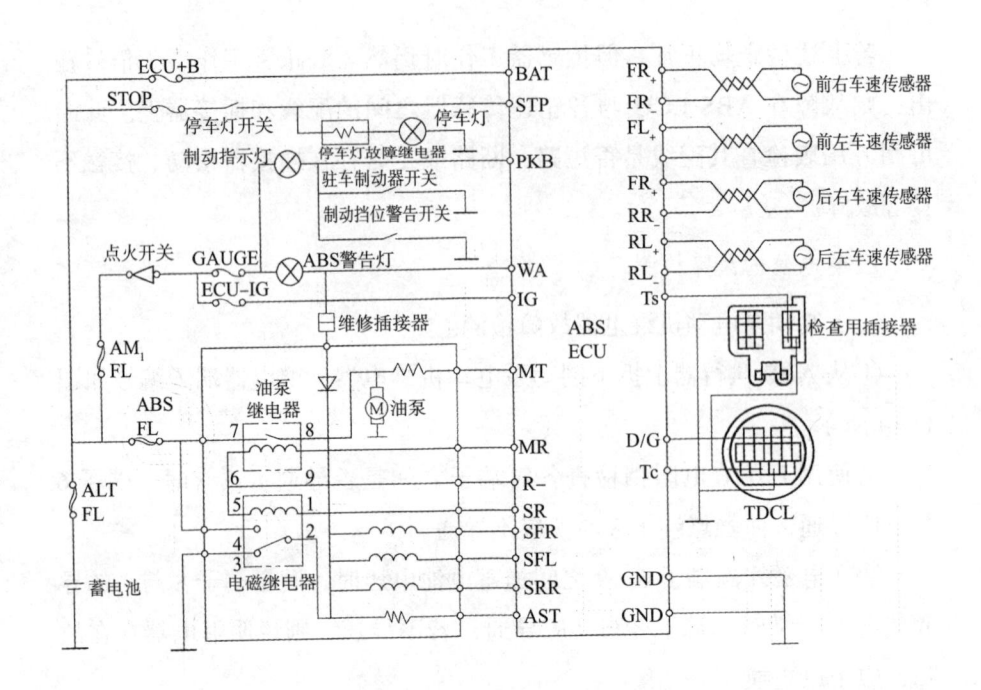

图 11-4　ABS 控制电路

②使用万用表电阻挡检查各端子间导通情况。正常时，电磁阀线圈端子 1、5 应导通，端子 2、3 导通，端子 2、4 不导通。

③在电磁阀线圈端子 1、5 之间加蓄电池电压，再测量端子 2 与 4、端子 2 与 3 之间的导通状况。若端子 2 与 3 不导通且端子 2 与 4 导通，则表示继电器工作正常，否则继电器存在故障，应予以更换。

3. ABS 压力调节器的故障检测

（1）用万用表检测电磁阀线圈的电阻，若电阻无穷大或过于小，则说明其电磁阀有故障。

（2）给制动压力调节器电磁阀加上其工作电压，电磁阀应能正常工作，若不能正常工作，则应更换制动压力调节器。

（3）若怀疑是制动压力调节器有问题，则应在制动压力调节器内无高压制动液时，小心拆开调节器进行检查。

4. ABS ECU 的故障检测

（1）利用 ABS ECU 本身的故障自诊断功能进行诊断。

（2）利用高阻抗万用表测量其插接器上相关端子的电位参数并通过与标准值比较来进行诊断。

（3）利用代替法进行诊断，即拆下原 ABS ECU，换上能正常工作的同型号的 ABS ECU 进行检查，此时若 ABS 工作恢复正常，则表明原 ABS ECU 有故障。

第12章 汽车电控助力转向系统性能测试实验

12.1 电子控制动力转向系统的检测诊断

电子控制动力转向系统是在普通动力转向系统的基础上,以车载计算机的应用为条件发展起来的。电子控制动力转向系统能随转向条件的不同来控制转向助力。根据动力源的不同,电子控制动力转向系统可分为液压式和电动式两种。液压式电子控制动力转向系统通常由液压动力转向系统、电磁阀、车速传感器和电子控制单元（ECU）组成,其ECU根据车速信号,控制电磁阀,以调节系统压力,使转向助力放大倍率连续可调,从而满足高、低速时的转向助力要求。而电动式电子控制动力转向系统通常由转矩传感器、车速传感器、ECU、电动机和电磁离合器等组成,它将直流电动机作为转向助力源,ECU根据转向参数和转向力矩传感器、车速等信号,控制电动机转矩的大小和方向,实现转向助力的调节。

电子控制动力转向系统机械及油路的故障诊断与排除,可参考普通动力转向部分进行,此处不再重复,本节主要介绍电路部分的故障诊断与检测。

12.1.1 液压式电子控制动力转向系统的检测与故障诊断

下面以丰田皇冠轿车电子控制动力转向系统为例介绍液压式电子控制动力转向系统的故障检测与诊断方法。该车的结构布置和控制电路图如图12-1所示。

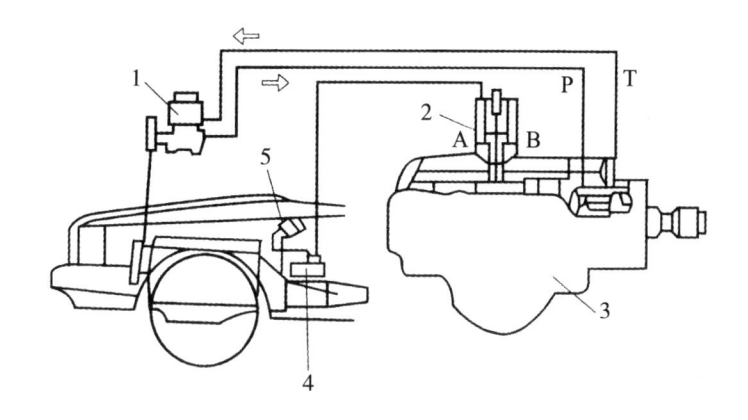

（a）液压动力转向系统

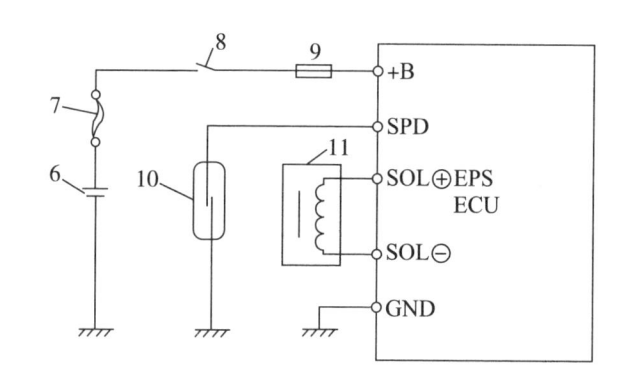

（b）控制电路图

1—动力转向泵；2、11—电磁阀；3—整体式动力转向控制阀；4—EPS ECU；5、10—车速传感器；6—蓄电池；7—易熔丝；8—点火开关；9—熔丝（ECU-IG）

图12-1 液压式电子控制动力转向系统结构布置及控制电路

1. 电控系统的故障诊断

（1）打开点火开关。

（2）检查 ECU-IG 熔丝是否完好。若熔丝损坏，则更换新熔丝后重新检查；若熔丝又烧毁，则表明此熔丝与动力转向 ECU 的 +B 端子之间的电路有搭铁故障；若熔丝完好，则进行下一步检查。

（3）拔下 ECU 插接器，检查 ECU +B 端子与车身搭铁之间是否有蓄电池电压（10～14 V），如图 12-2 所示。若蓄电池电压不符合要求，则表明熔丝与 ECU +B 端子之间线束断路；若电压正常，则进一步检查。

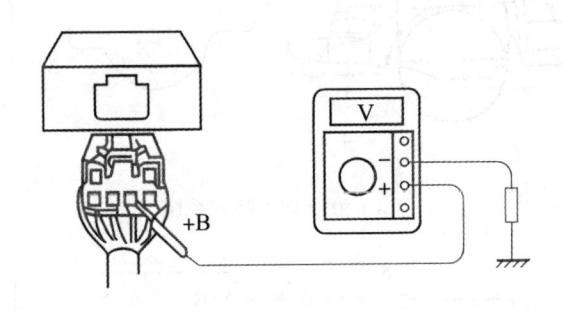

图 12-2　检查 ECU +B 端子与车身搭铁之间电压

（4）检查 ECU GND 端子与车身搭铁之间是否导通，如图 12-3 所示。若未导通则 ECU GND 端子与车身搭铁之间线束断路或车身搭铁故障。若电阻为 0，则进行下一步检查。

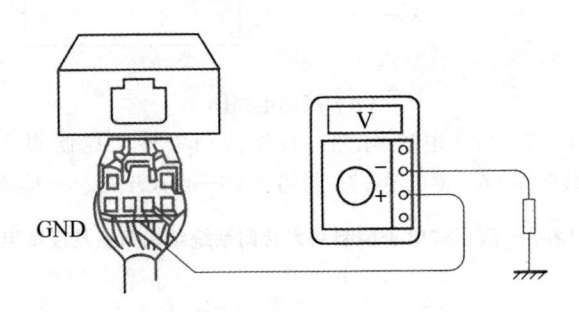

图 12-3　检查 ECU GND 端子与车身搭铁是否导通

（5）将一侧前轮顶起并使之转动，用万用表测量 ECU 插接器的 SPD 端子和 GND 端子之间的电阻，如图 12-4 所示。在车轮转动时，其正常的电阻值应在 0～∞ 交替变化，否则说明 ECU 的 SPD 端子与车速传感器之间的线束有开路或短路故障或车速传感器有故障。若电阻变化正常，则进行下一步检查。

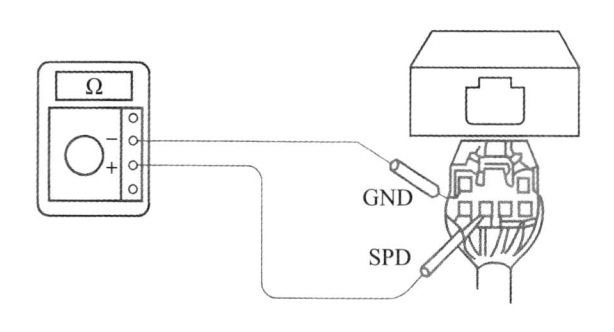

图 12-4　车速传感器检查

（6）分别检查 ECU 插接器的 SOL＋端子、SOL－端子与 GND 端子之间是否导通，如图 12-5 所示。若导通，则表明 SOL＋端子或 SOL－端子与 GND 端子之间的线路有短路或电磁阀有故障；若不导通，则进行下一步检查。

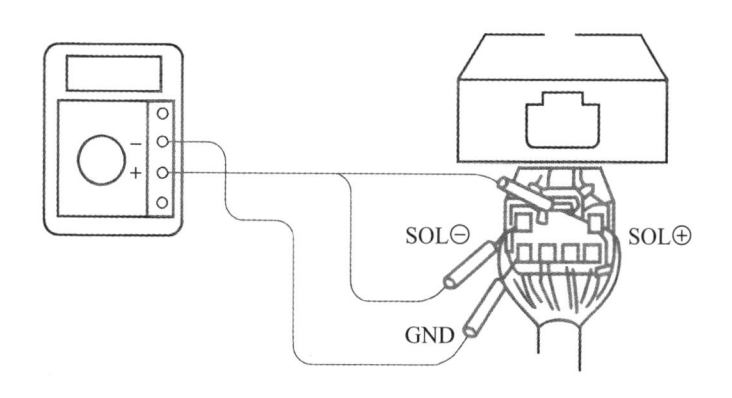

图 12-5　检查 SOL+ 端子或 SOL- 端子与 GND 端子导通性

（7）用万用表检查 SOL＋端子与 SOL－端子之间的电阻，如图 12-6 所示，其正常值应为 6～11 Ω。若电阻值不正常，则表明 SOL＋端子与 SOL－端子线路断路或电磁阀有故障；若电阻正常，则可能是动力转向 ECU 故障，必要时对 ECU 进行换件检查。

2.电控部件的检查

（1）电磁阀的检查。

①脱开线束插接器，检测 SOL＋端子与 SOL－端子之间的电阻值是否符合要求。若不符合要求，则电磁阀存在故障，应予以更换。

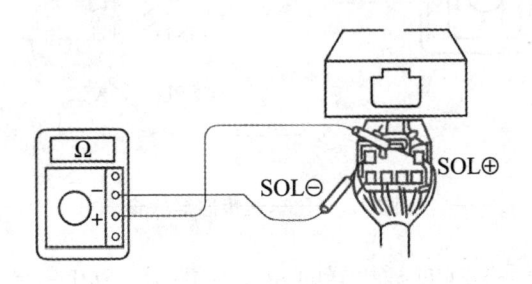

图 12-6　测量电阻

②拆下电磁阀，将蓄电池正极接电磁阀 SOL＋端子，负极接 SOL－端子，如图 12-7 所示，确认针阀是否缩进大约 2 mm，如果没有，则应更换电磁阀。

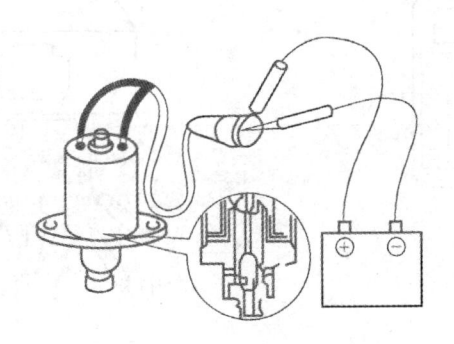

图 12-7　电磁阀工作性能检测

（2）ECU 的检查。

①顶起汽车并稳定支撑，拆下杂物箱（注意不要拔出 ECU 的插接器），启动发动机。

②在不拔下 ECU 插接器、发动机怠速运转的情况下，测量 ECU 的 SOL- 端子与 GND 端子之间的电压，如图 12-8 所示。然后，挂挡使车轮以相当于 60 km/h 车速时的转速转动，再次测量 SOL- 端子与 GND 端子之间的电压，所测得电压应比原来增加 0.07～0.22 V。若上述测量无电压，则应更换 ECU 重试，以确诊。

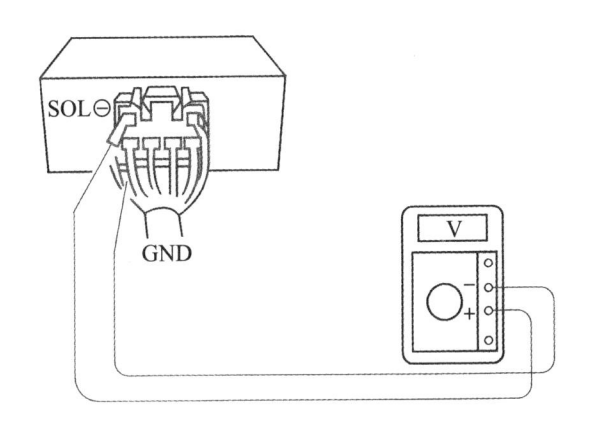

图 12-8　ECU 的检查

12.1.2　电动式电子控制动力转向系统的故障检测与诊断

以三菱米尼卡微型汽车的电动式电子控制动力转向系统为例，说明如何对电动式电子控制动力转向系统的故障进行检测与诊断。三菱米尼卡车的电动式电子控制动力转向系统如图 12-9 所示，控制系统简图如图 12-10 所示。

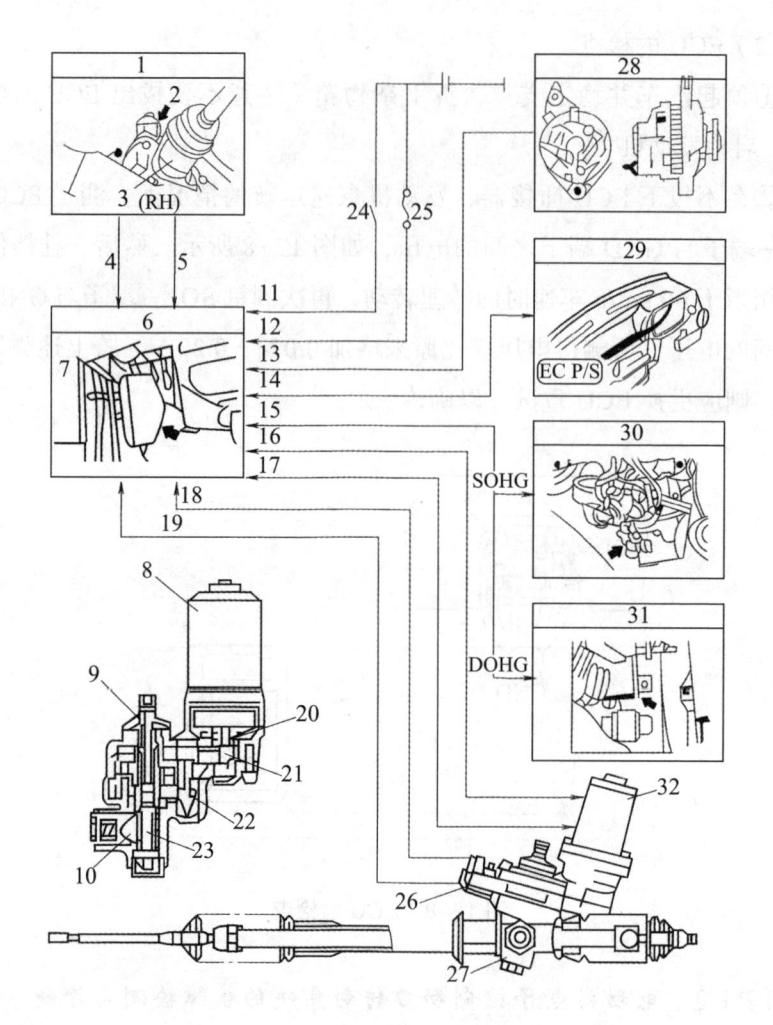

1—车速传感器；2—速度表引出电缆的部位；3—传动轴；4—车速信号（主）；5—车速信号（副）；6—电子控制单元；7—副驾驶人脚下部位；8—电动机；9—扭杆；10—齿条；11—点火电源信号；12—蓄电池信号；13—发电机信号；14—指示灯电流；15—高怠速电流；16—电动机电流；17—离合器电流；18—转矩信号（主）；19—转矩信号（副）；20—离合器；21—电动机齿轮；22—传动齿轮；23—小齿轮；24—点火开关；25—熔丝；26—转矩传感器；27—转向器齿轮总成；28—交流发电机（L端子）；29—指示灯；30—怠速提高电磁阀；31—发动机电子控制单元；32—电动机与离合器

图12-9 三菱米尼卡车电动式电子控制动力转向系统的电子控制系统

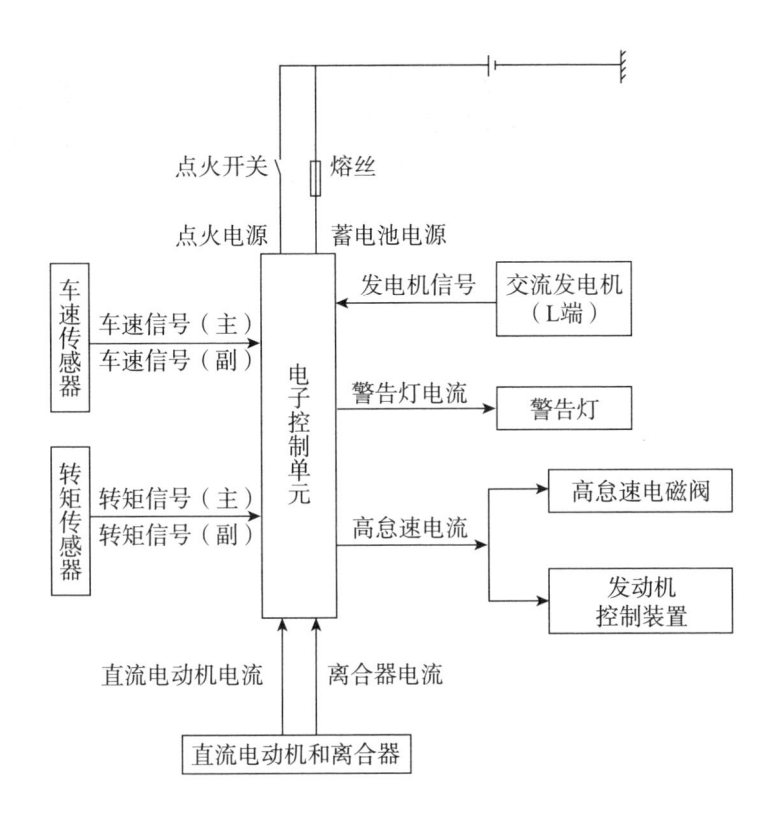

图 12-10 三菱米尼卡车电动式电子控制动力转向系统简图

电控部件的检测如下：

1. 转矩传感器的检查

（1）检测转矩传感器线圈电阻。从转向器总成上拔下转矩传感器插接器，其端子排列如图 12-11（b）所示。测量转矩传感器 3 号与 5 号端子之间、8 号与 10 号端子之间的电阻，其应为 $(2.18 \pm 0.66)\,\text{k}\Omega$。若不符合要求，则应更换转矩传感器。

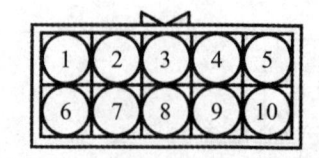

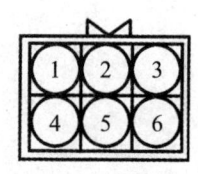

（a）电动机　　　　　（b）转矩传感器与电磁离合器　　　　（c）车速传感器

图 12-11　插接器端子排列

（2）检测转矩传感器电压。用万用表直流电压挡测量上述各端子之间的电压，将转向盘置于中间位置，测得的电压约为 2.5 V 时为良好，4.7 V 以上时为断路，0.3 V 以下时为短路。

2. 电磁离合器的检查

从转向器上断开电磁离合器插接器，其端子排列如图 12-11（b）所示。将蓄电池的正极接到 1 号端子上，蓄电池的负极与 6 号端子相接。在接通与断开 6 号端子的瞬间，离合器应有工作声音。若没有声音，表明电磁离合器有故障，应更换转向器总成。

3. 直流电动机的检查

从转向器上断开电动机插接器，其端子排列如图 12-11（a）所示。给电动机加上蓄电池电压时，电动机应有转动声音。若没有声音，应更换转向器总成。

4. 车速传感器的检查

（1）检查车速传感器转动情况。从变速器上拆下车速传感器，用手转动车速传感器的转子，检查其能否顺利转动，若有卡滞，应予以更换。

（2）检测车速传感器电阻。拔下车速传感器插接器，其端子排列如图 12-11（c）所示。测量车速传感器插接器 1 号与 2 号端子之间、4 号与 5 号端子之间的电阻值，其值等于（165±20）Ω 为良好。若与上述不符则必须更换车速传感器。

12.2 电控汽车转向系统常见故障测试诊断

12.2.1 辅助电动机故障

电动机失效退出后在低速转向时方向盘会变得非常沉重,出现此类情况的原因主要有以下几点。

(1)电动机与控制单元间的接线出现断路或短路。

(2)电动机电刷与换向器接触不良。

(3)电动机电枢与定子磁极卡死,转子转不动。

(4)电动机电枢绕组断路。

(5)因为高压洗车或车辆涉水而使电枢绕组受潮发热,而且散热不好,导致电枢绕组有部分线圈元件短路。

(6)电动机长时间过载运行,引起电动机壳体发热以至于烧坏,特别是方向盘转到止端后停留时间过长,使电动机控制电流过大。

12.2.2 电磁离合器的检测

在不转向时,只需要对电磁离合器提供 0.3 A 的电流,就可以保证离合器正常结合;传递最大助力转矩时,需要对电磁离合器提供 0.82 A 的电流。在电路出现短路或断路时,离合器电路电流将远远超过 0.82 A 或接近 0 A,因此可以通过实时监测离合器的电流来判断其是否正常。

12.2.3 EPS 系统常见故障诊断

EPS 系统常见故障诊断如表 12-1 所示。

表 12-1 EPS 系统常见故障

故障现象	可能的原因	修理方法
转向沉重	接插件未插好	插好插头
	线束接触不良或破损	更换线束

续表

故障现象	可能的原因	修理方法
转向沉重	方向盘安装不正确（扭曲）	正确安装方向盘
	转矩传感器性能不良	更换转向器
	转向器故障	更换转向器
	车速传感器性能不良	更换车速传感器
	主熔丝和线路熔丝烧坏	更换熔丝
	EPS控制器故障	更换控制器
在直行时车总是偏向一侧	转矩传感器性能不良	更换转向器
转向力不平顺	转矩传感器性能不良	更换转向器

12.2.4 电动助力转向系统的重新设定

在下列情况下需要进行电动转向助力系统的设定（又称为功能校准）：对车桥进行过修理或调整；拆卸并修理过转向柱；更换转向电控单元并进行过编程；更换动态稳定控制模块并进行过编程；调校过方向盘转角传感器；更换过转向器；进行过四轮定位；为了清除有关方向盘转角传感器的故障代码，在使用过程中断开过蓄电池电缆或蓄电池供电电压过低。

下面以大众途安汽车电动转向助力系统为例，说明具体操作方法。

1. 转向零位（转向中间位置）的设定

（1）使汽车前轮保持直线行驶状态，连接故障诊断仪V.A.S5051，输入地址码"44"。

（2）将方向盘向左转动4°～5°（不超过10°），然后回正方向盘，并且双手离开方向盘，其目的是使方向盘静止不动，以便控制单元对零位进行确认。

（3）将方向盘向右转 4°～5°（不超过 10°），然后回正方向盘，双手离开方向盘。

（4）输入"31875"，然后按"返回"键。

（5）进入设定功能"04-60"，然后按"激活"键。

（6）退出 V.A.S5051，进入"44-02"查询转向系统，若没有故障代码，设定工作全部结束。

需要注意的是，在进行转向零位设定的过程中，不能运转发动机。

2. 转向助力量的设定

如果驾驶员为女性，由于自身力量较小，可能希望转向系统有较大的助力作用；如果驾驶员是长期驾驶商用车的男性，可能希望方向盘重一些，手感好一些。为达到以上目的，需要对转向助力量进行设定。可以连接 V.A.S5051，进入"44-10-01"，然后在 V.A.S5051 屏幕的条形块上选择一个合适的助力量（有 1～16 个挡，由中间向左或向右最大的旋转角度为 90°），按"保存"键，再按"接收"键，此时屏幕会显示新设定的助力大小，最后按"返回"键。

3. 转向极限位置的设定

（1）使汽车前轮保持直线行驶状态，启动发动机。

（2）将方向盘向左转动 10° 左右，停顿 1～2 s 后回正。

（3）将方向盘向右转动 10° 左右，停顿 1～2 s 后回正。

（4）双手离开方向盘，停顿 1～2 s。

（5）将方向盘向左转动到极限位置，停顿 1～2 s。

（6）将方向盘向右转动到极限位置，停顿 1～2 s。

（7）将方向盘回正，断开点火开关 6 s，设定完成。

（8）连接 V.A.S5051，进入"44-02"查询转向系统，若没有故障代码，设定工作全部结束。

12.3　电动助力转向系统故障检修的禁忌

使用电动助力转向系统的驾驶人应注意避免打满转向。需要打满时，在止端停留时间要尽力控制在 5 s 以内，否则会使电流过大，引起元器件损坏。

（1）保持蓄电池电量充足。蓄电池亏电会使转向变得沉重，也会使整车中其他电控系统的正常工作受影响。

（2）系统的所有端子必须接触良好。插接器避免潮湿、高温，要保证其导电的良好性。控制器不能放置于潮湿、高温的地方。涉水时不仅要考虑排气管的高度，还要注意所有电气件必须高于水面。如传感器进水短路，会造成电动转向熔丝断路，转向会立即变得异常沉重，必须同时更换传感器和熔丝才能排除故障。

（3）转向器转到止端时，助力电流达到最大值，此时电动机和控制器容易发热。

第 13 章　汽车电控悬架性能测试实验

　　汽车电控悬架能根据行驶的需要对悬架刚度、阻尼和车身高度进行自动调节,提高车辆的行驶平顺性和操纵稳定性。下面以雷克萨斯 LS400 汽车电子控制空气悬架为例,介绍电控悬架的检测与故障诊断。雷克萨斯 LS400 汽车电控空气悬架系统电路图如图 13-1 所示。

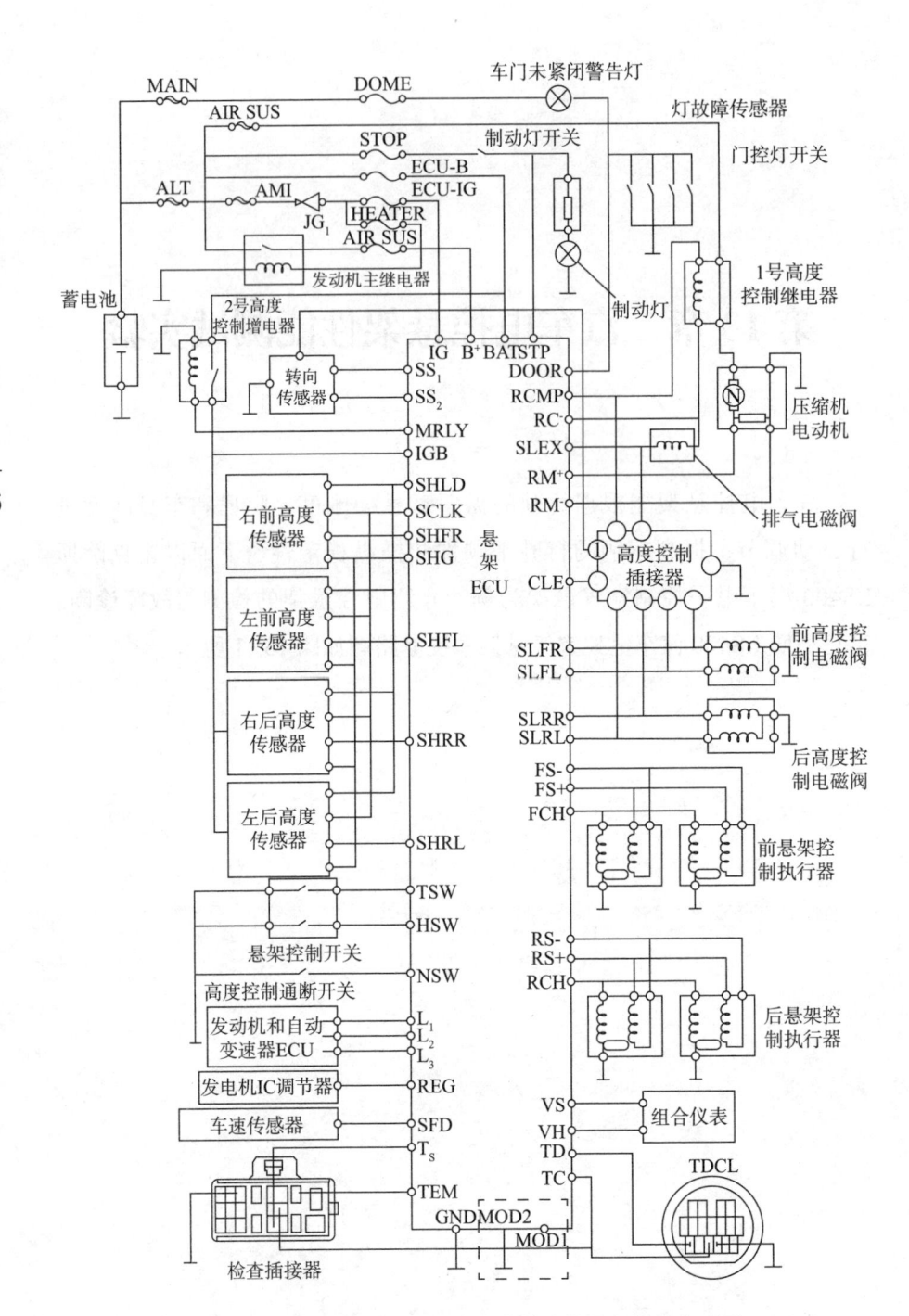

图 13-1 雷克萨斯 LS400 汽车电控空气悬架系统电路图

13.1 功能检查

13.1.1 汽车高度调整功能的检查

汽车高度调整功能的检查方法如下：

（1）检查轮胎气压是否正常。

（2）检查汽车高度（下横臂安装螺栓中心到地面的距离）。

（3）如图 13-2 所示，将高度控制开关由 NORM 转换到 HIGH，车身高度应升高 10～30 mm，所需时间为 20～40 s。

13.1.2 溢流阀的检查

溢流阀的检查方法如下：

（1）点火开关置于 ON，将高度控制插接器的 1、7 端子短接，如图 13-3 所示，使压缩机工作。

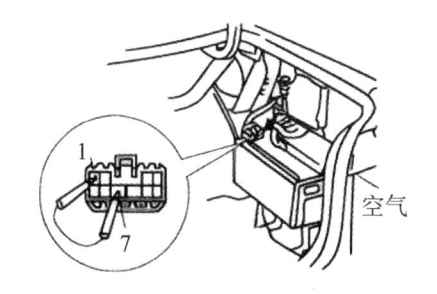

图 13-2　高度控制开关　　图 13-3　短接高度控制插接器的 1、7 端子

（2）压缩机工作一会儿后，检查溢流阀是否放气，如图 13-4 所示。如果不放气说明溢流阀堵塞、压缩机故障或有漏气的部位。

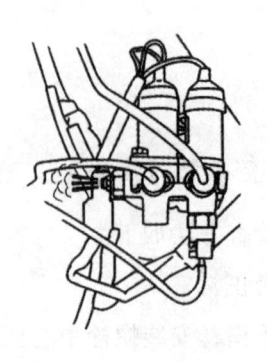

图 13-4　检查溢流阀

（3）检查结束后。将点火开关置于 OFF，清除故障代码。

13.1.3　漏气检查

漏气检查方法如下：

（1）将高度控制开关置于 HIGH 位置。

（2）使发动机熄火。

（3）在管子的接头处涂抹肥皂水，如图 13-5 所示。

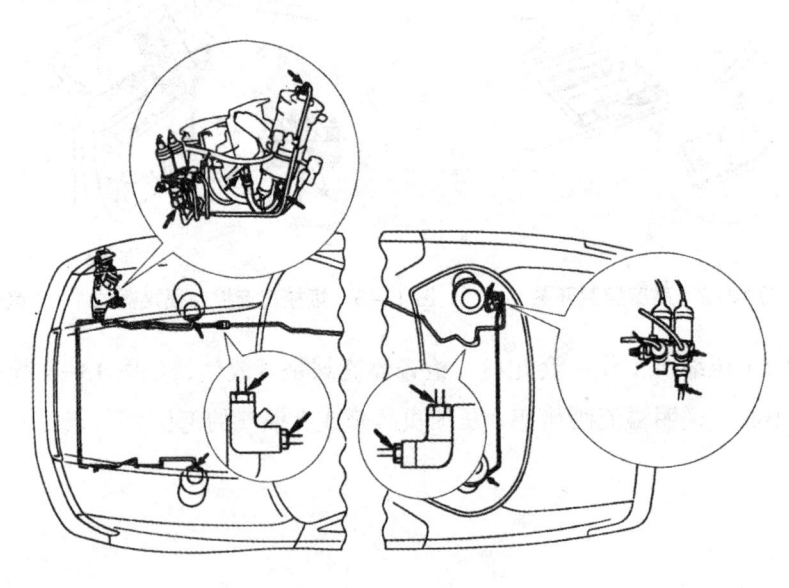

图 13-5　漏气检查

13.2 故障自诊断

13.2.1 指示灯检查

指示灯检查方法如下：

（1）点火开关置于 ON。

（2）LRC 指示灯（SPORT 指示灯）和 HEIGHT 指示灯（NORM 和 HI 指示灯）应点亮 2 s，指示灯的位置如图 13-6 所示。

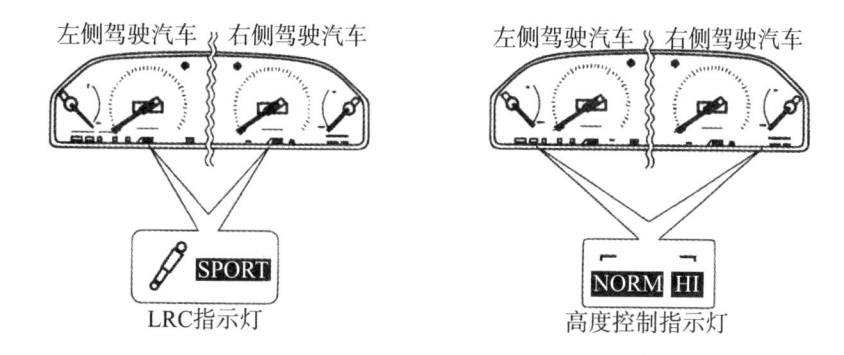

图 13-6 指示灯位置

（3）如果 NORM 指示灯以每 1 s 的间隔闪烁，表明 ECU 中存在故障代码。如果出现故障，应检查相应电路。

13.2.2 读取故障代码

读取故障代码的方法如下：

（1）点火开关置于 ON。

（2）跨接 TDCL 或检查插接器的 TC 与 E1 端子。

（3）根据 NQRM 指示灯的闪烁情况读取故障代码，NORM 指示灯的位置如图 13-6 所示。

如果高度控制开关置于 OFF 位置，输出代码 71，这是正常的。雷克萨斯 L400 轿车电子控制空气悬架系统的故障代码如表 13-1 所示。

表 13-1　雷克萨斯 L400 型汽车电控空气悬架系统的故障代码

故障代码	故障部位	故障原因
11	右前高度传感器电路	高度传感器电路短路或断路
12	左前高度传感器电路	
13	右后高度传感器电路	
14	左后高度传感器电路	
21	前悬架控制器电路	悬架控制器电路短路或断路
22	后悬架控制器电路	
31	No1.高度控制电路	高度控制阀电路断路或短路
33	No2.高度控制电路（右悬架）	
34	No3.高度控制电路（左悬架）	
35	排气阀电路	排气阀电路断路或短路
41	No1.高度控制继电器电路	1 号高度控制继电器电路断路或短路
42	压缩机电动机电路	压缩机电动机电路断路或短路或电动机被锁住
51	至 No1.高度控制继电器的持续电路	供至 1 号高度控制继电器的电流约通电 8.5 min 以上
52	至排气阀的持续电流	供至排气阀的电流约通电 6 min 以上
61	悬架控制信号	ECU 失灵
71	高度控制开关电路	高度控制开关在 OFF 位置或其电路断路
72	悬架控制 ECU 电源电路	悬架控制 ECU 电源电路断路或短路；AIR SUS 熔丝烧断

13.2.3 清除故障代码

点火开关置于 OFF，拆下 1 号接线盒中的 ECU-B 熔丝 10 s 以上，如图 13-7 所示；或点火开关置于 OFF，跨接高度控制插接器的端子 9 与端子 8 持续 10 s 以上，如图 13-8 所示。

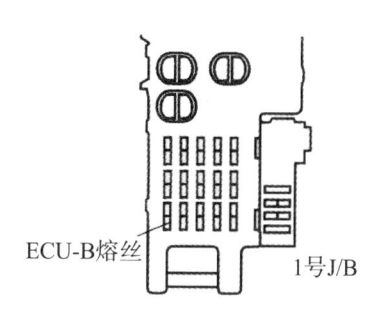

图 13-7 拆下 1 号接线盒中的 ECU-B 熔丝

图 13-8 跨接高度控制插接器的端子 9 与端子 8

13.3 故障代码的诊断

在故障自诊断测试中，如果读取到故障代码，应根据读取到的故障代码进行诊断，以进一步确定故障的具体部位。

13.3.1 故障代码为11、12、13或14的高度传感器电路故障诊断

故障代码为11、12、13或14的高度传感器电路故障的诊断方法如下：

（1）接通点火开关，检测高度传感器的插接器的插脚1与车身搭铁之间的电压，测得结果应为电源电压。否则，应检查或修理No.2控制继电器与高度传感器之间的线束或插头，电路如图13-9所示。

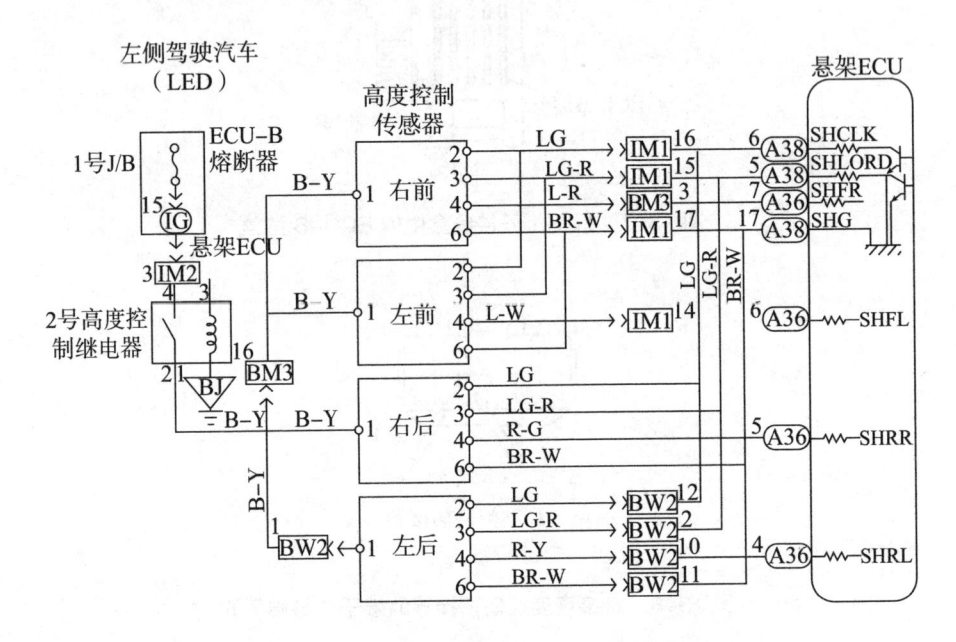

图13-9　高度传感器与悬架控制ECU连接电路

（2）检查线束的导通性。检查悬架控制ECU与高度传感器之间的线束和插头。若不良，应修理或更换线束或插头。

（3）换件比较。安装使用一个好的高度传感器，如果故障消失，则是传感器不良，应予更换。如果故障仍然存在，可以更换悬架控制ECU再测试故障。

13.3.2 故障代码为21或22的悬架控制器电路故障诊断

故障代码为21或22的悬架控制器电路故障诊断方法如下：

（1）检查悬架控制器的操作情况。接通点火开关，将LRC开关分别拨至运动侧和正常侧，检查悬架控制器的操作。

（2）如果悬架控制器操作不良，检测悬架控制器的电阻值，电路如图13-10所示。

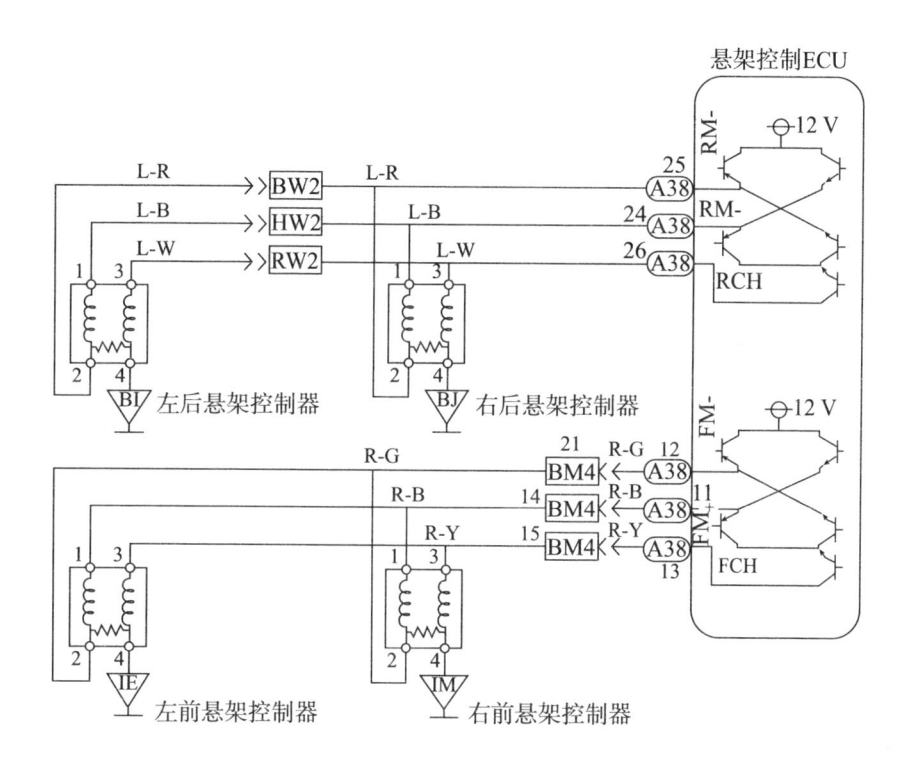

图 13-10　悬架控制器与ECU连接电路

①拆开控制器插头。

②测量悬架控制器插接器插脚之间的电阻，插脚1、2之间以及插脚3、4之间的电阻为3～6Ω；插脚2、4之间的电阻为2.3～4.3Ω。

③在悬架控制器插头和插脚之间接入蓄电池,检查悬架控制器的操作,这种检查应在短时间内(1 s之内)完成。如果不良,则更换控制器。

(3)检查线束的导通性。检查悬架控制 ECU 与控制器、控制器与车身搭铁之间的线束和插头。如果不良,则应修理或更换线束或插头。

13.3.3 故障代码为31、33、34或35的高度控制阀或排气阀电路故障诊断

故障代码为31、33、34或35的高度控制阀或排气阀电路故障诊断方法如下:

(1)检查车身高度的变化情况。

①拆下行李箱右侧盖。

②用电阻表测量高度控制插接器各端子间的电阻值,其标准如表13-2所示。

表13-2 高度控制插接器各端子电阻值

端 子	电阻(Ω)	端 子	电阻(Ω)
2—8	9～15	5—8	9～15
3—8	9～15	6—8	9～15
4—8	9～15		

③接通点火开关,用跨接线将高度控制插接器中1、2、7端子相互短接,右前汽车高度应上升。电路如图13-11所示。

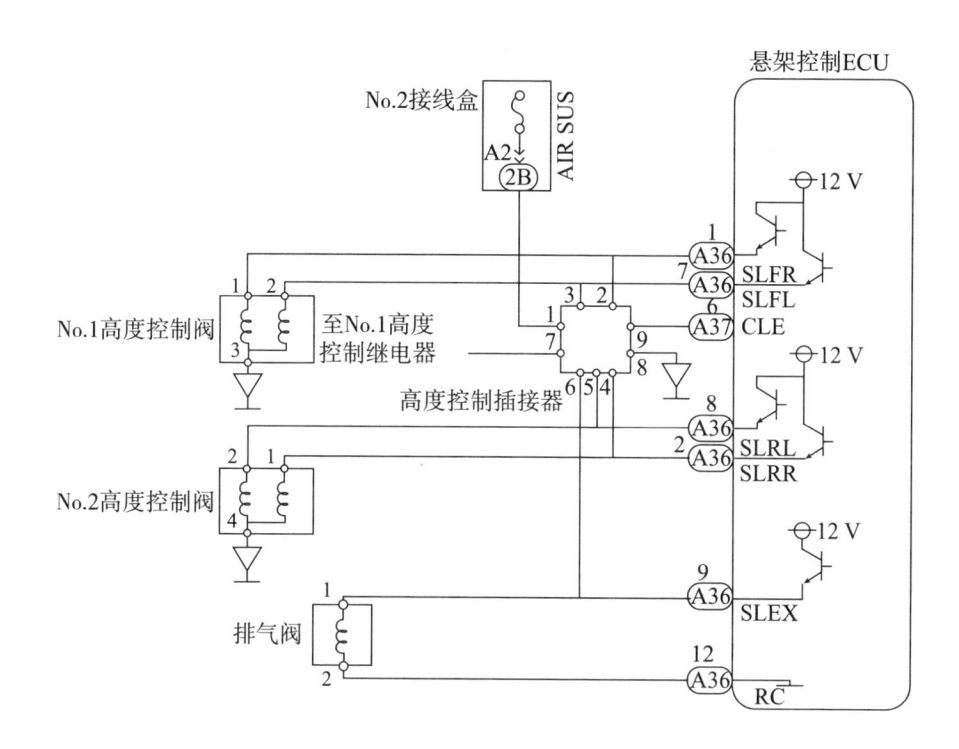

图 13-11 高度控制阀、排气阀与悬架 ECU 的连接电路

④用跨接线将高度控制插接器中 1、3、7 端子相互短接，左前汽车高度应上升。

⑤用跨接线将高度控制插接器中 1、4、7 端子相互短接，右后汽车高度应上升。

⑥用跨接线将高度控制插接器中 1、5、7 端子相互短接，左后汽车高度应上升。

⑦用跨接线将高度控制插接器中 1、2、6 端子相互短接，右前汽车高度应降低。

⑧用跨接线将高度控制插接器中 1、3、6 端子相互短接，左前汽车高度应降低。

⑨用跨接线将高度控制插接器中1、4、6端子相互短接，右后汽车高度应降低。

⑩用跨接线将高度控制插接器中1、5、6端子相互短接，左后汽车高度应降低。

（2）如果上述检查正常，则检查悬架控制ECU与控制插接器之间的线束和插头是否有开路处。若有开路处，应修理或更换。

（3）如果正常，则检查控制阀和排气阀。

①用万用表测量No.1高度控制阀插脚1与插脚3、插脚2与插脚3之间的电阻，其值应为9～15 Ω。

②用万用表测量No.2高度控制阀插脚1与插脚4、插脚2与插脚4之间的电阻，其值应为9～15 Ω。

③测量排气阀插脚1与插脚2之间的电阻，其值应为9～15 Ω。

④直接给各控制阀、排气阀加上12 V蓄电池电压，各电磁阀应有"咔哒"的工作声。蓄电池与控制阀、排气阀各端子之间的正确连接方法如表13-3所示。若检查结果不正常，应更换高度控制阀及排气阀；若正常，应检查高度控制器或排气阀与检测插接器之间的配线和连接线。

表13-3 高度控制阀、排气阀各端子与蓄电池之间的对应关系

阀	蓄电池+	蓄电池-
1号高度控制阀	1	3
	2	3
2号高度控制阀	1	4
	2	4
排气阀	1	2

13.3.4 故障代码为41的No.1高度控制继电器电路故障诊断

故障代码为41的No.1高度控制继电器电路故障诊断方法如下：

（1）测量悬架控制 ECU 插接器的插脚 RCMP 与 RC- 之间的电阻，标准值为 50～100 Ω。若不良，则更换 No.1 高度控制继电器。电路如图 13-12 所示。

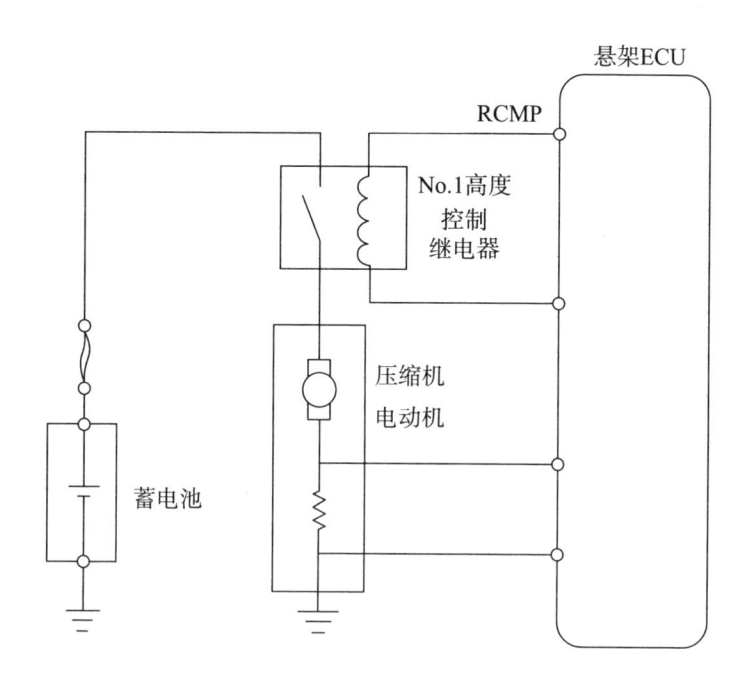

图 13-12　No.1 高度控制继电器与悬架 ECU 连接线路

（2）检查和修理悬架控制 ECU 与 No.1 高度控制继电器之间的线束和插接器。

（3）如果故障仍然存在，可以检查或更换悬架控制 ECU 再试。

13.3.5　故障代码为 72 的悬架 ECU 电源电路故障诊断

故障代码为 72 的悬架 ECU 电源电路故障诊断方法如下：

（1）检查悬架控制 ECU 插接器的插脚＋B 与车身搭铁之间的电压，电路如图 13-13 所示。测量结果应为蓄电池电压。若电压过低，应检查搭铁情况，并进行修理。

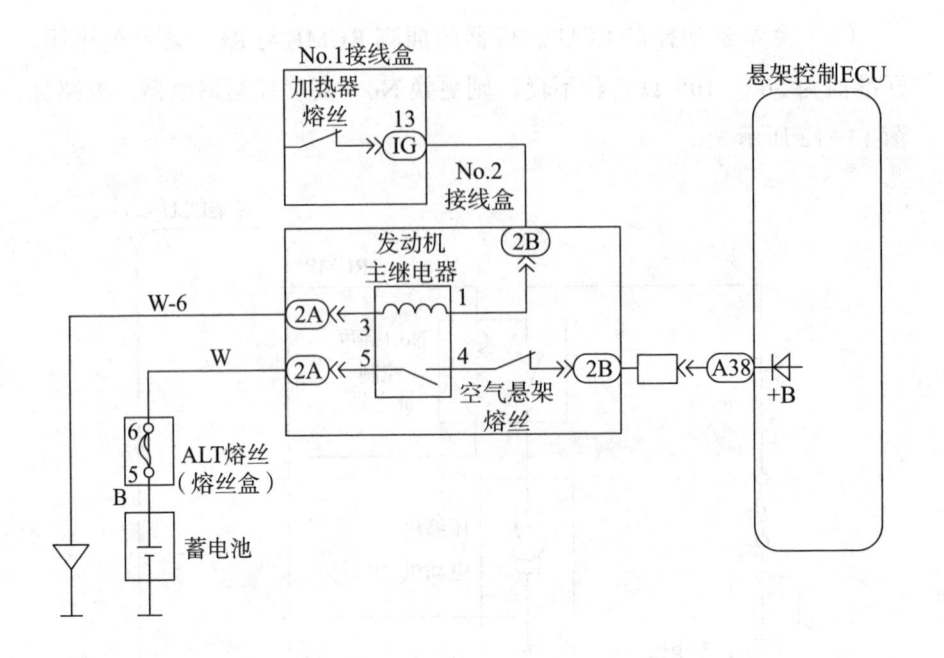

图 13-13　悬架 ECU 电源电路

（2）检查加热器熔丝的导通情况，正常应为导通。若不导通，应检查与加热器熔丝连接的所有线束和零部件是否有短路处。若有，应加以排除。

（3）检查空气悬架熔丝的导通情况，正常应为导通。若不导通，应检查与空气悬架熔丝连接的所有线束和零部件是否有短路处。若有，应加以排除。

（4）检查发动机主继电器每对插脚之间的导通情况。插脚 4 与插脚 5 之间应断路；插脚 1 与插脚 3 之间应导通。在插脚 1 与插脚 3 之间施加蓄电池电压，再检查导通情况，此时插脚 4 与插脚 5 应导通。若正常，应检查和修理继电器与车身搭铁、继电器与蓄电池之间的线束和插接器。若不正常，则更换发动机主继电器。

（5）如果故障仍然存在，可以检查或更换悬架控制 ECU 后再试。

第14章 汽车安全气囊性能测试实验

安全气囊系统（supplemental restraint system, SRS），又称辅助乘员保护系统。它是一种当汽车遇到冲撞而急剧减速时能很快膨胀的被动安全装置，可以保护车内乘员，避免车内乘员撞到车厢内部。

14.1 检测安全气囊系统的注意事项

检测安全气囊系统的注意事项如下：

（1）安全气囊系统的故障是很难确认的，当安全气囊系统出现故障时，自诊断系统提供的故障代码就成为故障诊断的重要依据。因此，在检查和排除安全气囊系统故障时，应首先获取故障代码。要注意的是，必须在拆下蓄电池负极电缆端子之前调取故障代码。

（2）检修、测试安全气囊系统各零部件必须在将点火开关转到锁止（LOCK）位置，并且将蓄电池负极电缆端子拆下90 s或更长一些时间（车型不同，时间也不同）后，才能进行。因为安全气囊系统配有备用电源，若从蓄电池上拆下负极电缆端子的时间未达到规定时间就开始维修工作，会很容易因有备用电源而导致气囊误打开，造成严重事故。另外，汽车音响系统、防盗系统、时钟、电控座椅和电控座椅安全带收紧器等均具有存储功能，当拆下蓄电池负极电缆端子之后，存储的内容将会失去，因此在检修之前，应将存储系统的内容做好记录，以便在维修工作结束后，重新设置其存储内容并调整时钟。

（3）汽车在行驶过程中，即使只发生了撞击强度不大的轻微碰撞且SRS气囊并未打开，也应对前碰撞传感器、驾驶人和乘员SRS气囊组件、座椅安全带收紧器进行检查。

（4）安全气囊系统对零部件的工作可靠性要求极高，所有零部件均为一次性使用，碰撞传感器、SRS气囊组件、SRS计算机、安全带收紧器等部件绝不能重复使用。如需要更换零部件，应使用本车型安全气囊系统的新的零部件，切勿使用不同型号车辆的零部件。在零部件表面，均标有说明标牌或注意事项，检修和使用时必须遵守。

（5）在检修汽车过程中，如可能有对安全气囊系统的传感器产生冲击作用的振动，则应在检修前拆下碰撞传感器，以防SRS气囊误打开。

（6）前碰撞传感器、SRS计算机、安全气囊组件不得暴晒或接近火源。

（7）绝对不能检测点火器（引爆管）的电阻，否则有可能导致气囊引爆。检测其他部件和检测安全气囊系统故障时，必须使用高阻抗（至少大于10 kΩ/V）的电压/电阻表，即最好使用数字式万用表。如果使用指针式万用表，由于其阻抗小，表内电源的电压加到气囊系统上，有可能引爆气囊。

（8）完成安全气囊系统检修工作之后，必须对SRS指示灯进行检查。当点火开关转到接通（ON）或辅助（ACC）位置时，SRS指示灯亮6 s左右自动熄灭，说明安全气囊系统正常。

（9）安全气囊系统的碰撞传感器采用了汞开关式传感器。由于汞蒸气有剧毒，传感器更换之后，换下的旧传感器不能随意毁掉，应当作为有害废物处理。当车辆报废或更换SRS计算机时，应当拆下汞开关式传感器总成并作为有害废物处理。

（10）在拆卸或搬运 SRS 气囊组件时，气囊装饰盖一面应当朝上，不得将 SRS 气囊组件重叠堆放，以防气囊误打开，造成严重事故。

（11）碰撞传感器的动作具有方向性，安装前碰撞传感器时，传感器壳体上的箭头必须指向汽车前方。

14.2 汽车安全气囊系统故障诊断程序

14.2.1 弄清 SRS 类型

仔细观察指示灯的闪烁情况，不同类型的安全气囊，其结构、性能都不相同，其维修方法也不尽相同。按点火方式分，可分为如下几种：一是机械式，如红旗轿车及 1993 年前生产的丰田 COROLLA 轿车等的 SRS；二是电信号式，由 SRS 计算机控制触发点火信号，目前绝大多数轿车 SRS 都采用此种类型。按气囊数量分，可分为以下几种：单安全气囊（只装在驾驶人侧）；双安全气囊（驾驶人侧和乘客侧各有一个安全气囊）；多安全气囊，包括前排安全气囊（装在前排座椅上）、后排安全气囊（装在后排座椅上）、侧面安全气囊（装在车门上或座椅扶手上，防止乘员受侧面撞击）。此外，要认真仔细地观察指示灯（SRS 灯或 SIR 灯或 AIR BAG 灯）的工况，有些车型 SRS 的故障从指示灯就可以进行判断：如马自达车系 SRS 有故障时，AIR BAG 灯会自动闪出故障代码，无需跨接检查插接器；再如 1993 款福特车 SRS，SRS 灯亮表示诊断线路或 SRS 计算机有故障，SRS 灯不亮表示 SRS 灯线路或诊断监视系统无电源，SRS 灯快速闪烁表示所有的碰撞传感器都断电。一般轿车如果 SRS 系统出现断路，SRS 指示灯就会亮（可先检查灯泡有无损坏，有无故障代码显示）。如果点火开关置于 OFF 位置，SRS 指示灯还会亮，极有可能是指示灯电路短路。

14.2.2 调故障代码

如果知道是 SRS 有故障，调取 SRS 故障代码是最简便、快捷诊断故障的方法。

14.2.3 解除 SRS 工作

为了安全地对 SRS 进行检查和进行必要的电压、电阻等测试，必须对安全气囊进行解除，即解除处于工作状态下的安全气囊。

解除 SRS 的步骤如下：

（1）拆下蓄电池负极电缆。

（2）等待约 90 s，待 SRS 计算机中的电容器（第 2 电源）放电完毕。

（3）拆下驾驶人侧气囊组件插接器，如果引线线路接头内安装有短路片或短路棒，即可进行下面步骤；如果没有，必须用跨接线短接接头线端。如果是 1994 年后生产的本田车，必须使用在通路板内的红色短路插接器连接；如果是机械式安全气囊，应当将安全气囊锁定机构（在转向盘左侧下面的防护盖内）的解除螺钉逆时针方向旋出。

（4）拆下乘客侧气囊插接器，按步骤（3）进行短接。

（5）重新接上蓄电池负极电缆。

14.2.4 检查与参数测试

检查与参数测试方法如下：

1. 检查

检查传感器外壳、托架有无变形、裂纹及安装松动等缺陷；检查 SRS 计算机线路连接、传感器连接及连接检查机构、过电检测机构是否可靠；检查各线路插接器和安全带收紧器及双锁式插接器是否有损坏等。

2. 测试

测试碰撞传感器的电阻、电压值；测试 SRS 计算机输入、输出电压值；测试各线路是否断路、短路等。如果 SRS 灯一直亮，没有故障代码显示，一般是由于电源电压过低或备用电源电压过低，SRS 计算机未将故障代码存入存储器中。此外，在 SRS 的故障诊断过程中，可以参照同类型（不同牌号）SRS 来分析故障原因和位置，也可更换某个零件做对比实验，还可采用故障症状模拟诊断的方法，特别是诊断间歇性故障，故障症状模拟诊断的方法是不可缺少的。

14.2.5 检查 SRS 工况

维修好的 SRS 系统，应进行如下检测：接通点火开关，SRS 指示灯应亮约 6 s 后熄灭，这表示 SRS 故障排除，工作正常，否则应重新检修。

14.3 安全气囊系统的故障诊断与检修

下面以雷克萨斯 LS400 型轿车安全气囊为例，介绍安全气囊系统故障的诊断与检查方法。该车型单气囊系统控制电路及 ECU 连接形式如图 14-1 所示。

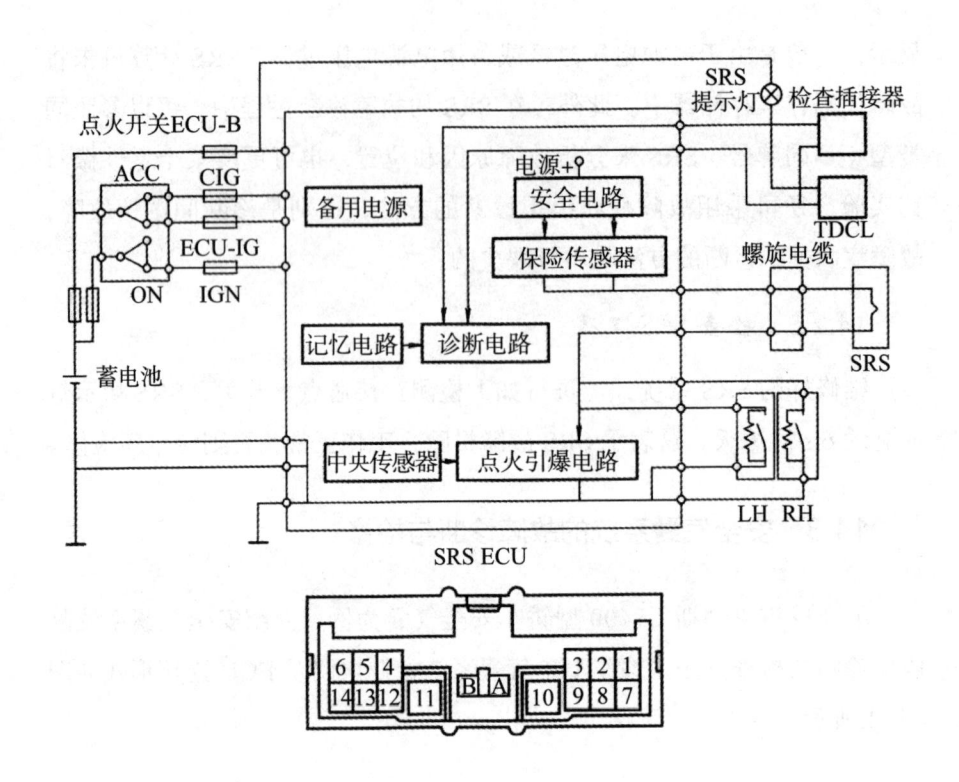

图 14-1　LS400 单气囊系统控制电路及 ECU 连接形式

14.3.1　故障自诊断

1.读取故障代码

雷克萨斯汽车安全气囊系统的故障代码,可用一根跨接线跨接诊断插接器上的 TC、E1 两个端子,通过仪表板上的 SRS 提示灯闪烁规律读取。

(1)检查 SRS 提示灯。将点火开关转到 ON 或 ACC 位置,如 SRS 提示灯亮 6 s 后熄火,说明 SRS 提示灯及其线路正常,可以读取故障代码。若 SRS 提示灯不亮,说明提示灯或其线路有故障,检修后才能读取故障代码。

(2)将点火开关转到 ON 或 ACC 位置,并等待 20 s 以上。

（3）用跨接线将 TDCL 诊断插接器的 TC、E1 两个端子短接。

（4）根据仪表板上的 SRS 提示灯闪烁情况读取故障代码。故障代码及含义如表 14-1 所示。

表 14-1　SRS 故障代码含义

故障代码	故障原因	故障部位
11	（1）SRS 点火器搭铁； （2）前碰撞传感器线路搭铁	（1）气囊组件； （2）螺旋电缆； （3）前碰撞传感器； （4）SRS ECU
12	（1）SRS 点火器引线与电源线搭铁； （2）前碰撞传感器引线与电源线搭铁； （3）前碰撞传感器引线断路； （4）螺旋电缆与电源线搭铁	（1）气囊组件； （2）螺旋电缆； （3）传感器线路； （4）SRS ECU
13	SRS 点火器线路故障	（1）气囊点火器； （2）螺旋电缆； （3）SRS ECU
14	SRS 点火器线路断路	（1）气囊点火器； （2）螺旋电缆； （3）SRS ECU
15	前碰撞传感器线路断路	（1）气囊系统线束； （2）前碰撞传感器； （3）SRS ECU
22	SRS 提示灯线路断路	（1）气囊系统线束； （2）SRS 提示灯； （3）SRS ECU
31	（1）SRS 备用电源失效； （2）SRS ECU 故障	SRS ECU
41	SRS ECU 曾记忆故障代码	SRS ECU

当安全气囊系统发生故障时，SRS ECU 将故障编成故障代码

11～31，存入存储器中。如果 SRS 提示灯显示出表 14-1 所示故障代码以外的故障代码，说明 SRS ECU 有故障。

当排除故障代码 11～31 代表的故障并清除故障代码后，SRS ECU 将把故障代码 41 存入存储器，SRS 提示灯将一直发亮，直到故障代码 41 被清除为止。

2.清除故障代码

清除故障代码的方法如下：

（1）清除故障代码 41 以外的故障代码。关闭点火开关，拔下熔断器盒内的 ECU-B 熔断器或拆下蓄电池负极电缆 10 s 或更长时间后，故障代码 41 以外的故障代码即可被清除。

清除故障代码 41 以外的故障代码的注意事项如下：在清除故障代码后接上蓄电池负极电缆时，必须关闭点火开关，因为如果点火开关处于接通状态，会导致诊断系统工作失常；拆卸蓄电池负极电缆清除故障代码之前，应先将音响和防盗等系统的密码记录下来，否则，蓄电池负极电缆端子拆下后，存储的音响和防盗等系统及时钟内容将会丢失。

（2）清除故障代码 41。安全气囊系统的故障代码 41 必须采用特定程序才能清除，其程序如下：

取两根跨接线，将其分别与 TDCL 诊断连接器的 TC、AB 端子连接，如图 14-2 所示，接通点火开关并等待 6 s 以上。

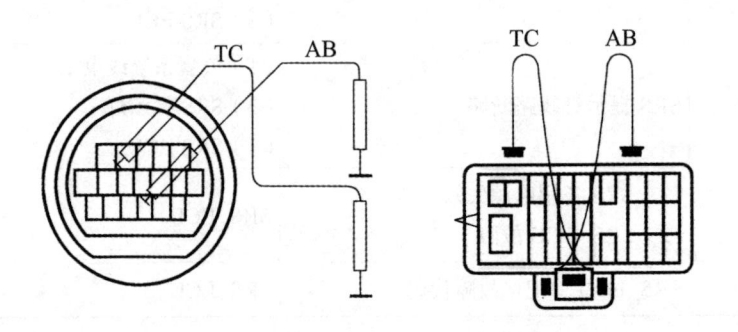

图 14-2　清除故障代码 41 诊断座端子跨接图

① 将 TC 端子搭铁约（1.0±0.5）s，然后离开搭铁，并在离开搭铁部位后 0.2 s 内，将 AB 端子搭铁（1.0±0.5）s。

② 在 AB 端子离开搭铁部位之前 0.2 s 内，将 TC 端子第二次搭铁（1.0±0.5）s。

③ 在 TC 端子第二次离开搭铁部位之后 0.2 s 内，将 AB 端子第二次搭铁（1.0±0.5）s。

④ 在 AB 端子第二次离开搭铁部位之前 0.2 s 内，将端子 TC 第三次搭铁。

⑤ 在 TC 端子第三次搭铁 0.2 s 内，将 AB 端子离开搭铁部位，并将 TC 端子保持搭铁、AB 端子保持离开搭铁部位，直到数秒钟之后，SRS 提示灯以亮 64 ms、灭 64 ms 的闪烁周期闪烁，这时故障代码 41 即被清除。

清除故障代码 41 的注意事项如下：清除故障代码 41 时，必须按照上述规定的时间间隔进行操作，才能清除故障代码 41，否则当时间间隔超出规定时，故障代码 41 就不能清除。

14.3.2 故障诊断与检查

以雷克萨斯 LS400 型轿车故障代码 11 为例，说明安全气囊系统故障的诊断与检查方法。

1. 故障诊断

输出故障代码 11 的原因如下：

（1）SRS 点火器引线搭铁。

（2）SRS 点火器失效。

（3）前碰撞传感器本身或线路故障。

（4）SRS ECU 与螺旋电缆插接器之间的线束搭铁。

（5）螺旋电缆搭铁。

（6）SRS ECU 故障。

2.故障检查

故障检查方法如下：

（1）检查准备。关闭点火开关，拆下蓄电池负极电缆，等待90 s后，拆下SRS气囊组件。

（2）检查前碰撞传感器电路。拔下SRS ECU线束插头，先检测线束插头上＋SR与-SR端子、＋SL与-SL端子之间的电阻，其值应为755～885 Ω。若阻值不符，说明端子＋SR、-SR、＋SL或-SL至前碰撞传感器之间的线束搭铁或前碰撞传感器电路搭铁。

再检测＋SR、＋SL端子与车身之间的电阻，其阻值应为无穷大。如阻值正常，说明线束良好，故障出在传感器，即前碰撞传感器需要更换；否则，说明端子＋SR或＋SL至前碰撞传感器之间的线束搭铁，需要修理或更换线束。

（3）检查前碰撞传感器。脱开前碰撞传感器线束插接器插头，用万用表检测传感器插头各端子之间的阻值，阻值应当符合规定。否则，应更换传感器。

（4）检查SRS点火器线路和螺旋电缆。拔下SRS组件与螺旋电缆之间的插接器插头，用万用表检测螺旋电缆一侧插头上端子D＋、D-之间的电阻，其值应为无穷大。否则，将SRS ECU与螺旋电缆之间的插接器拔下，再次检测螺旋电缆一侧插头上端子D＋、D-之间的电阻，其值应为0。否则，应修理或更换螺旋电缆。

（5）通过读取故障代码检查SRS ECU。先将SRS ECU线束插头插上，然后用导线将靠近SRS组件一端的螺旋电缆插头端子D＋、D-连接起来，再将蓄电池负极电缆接上。20 s以后，接通点火开关，2 s后，用跨接线将诊断插接器TDCL上的端子TC、E1跨接，同时利用SRS提示灯读取故障代码。若无故障代码输出或不输出11号故障代码，则说明

SRS ECU 正常；若输出 11 号故障代码，则说明 SRS ECU 安装在一起的碰撞传感器有故障，需要更换 SRS ECU。当输出代码 11 以外的故障代码时，可按故障代码表示的故障进行检查。

（6）通过读取故障代码检查 SRS 点火器。关闭点火开关，拆下蓄电池负极电缆，至少 20 s 后将 SRS 组件插接器插上，再将蓄电池负极电缆接上。等待 20 s 后，将点火开关接通。再等 20 s 后，用跨接线将诊断插接器 TDCL 上的端子 TC、E1 跨接，同时利用 SRS 提示灯读取故障代码。如无故障代码输出或不输出 11 号故障代码，说明 SRS 点火器正常；如输出 11 号故障代码，说明 SRS 点火器故障，需要更换 SRS 组件。当输出代码 11 以外的故障代码时，可按故障代码表示的故障进行检查。

14.4 安全气囊系统报废处理

在报废汽车整车或报废 SRS 组件时，引爆工作应在远离电场干扰的地方进行，并应在报废之前先用维修工具 SST 将气囊引爆，以免电场过强导致气囊误爆。引爆 SRS 时，应按制造厂家规定的方法进行。有的规定在汽车上引爆，如图 14-3 所示，有的规定先从汽车上将 SRS 组件拆下，然后再引爆，如图 14-4 所示。具体操作方法如下：

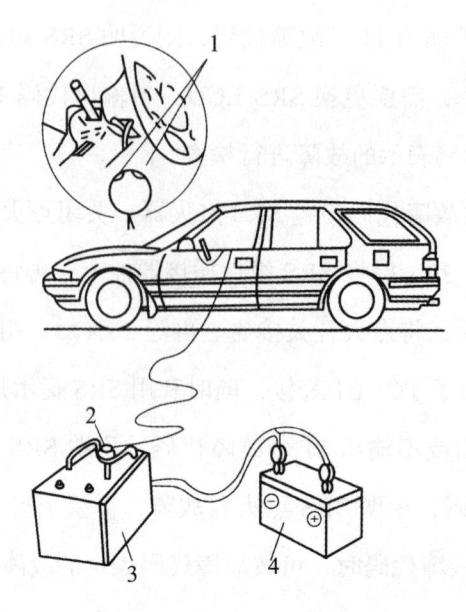

1—接线夹（黄色）；2—引爆开关；3—引爆器；4—蓄电池

图 14-3　在车内引爆安全气囊

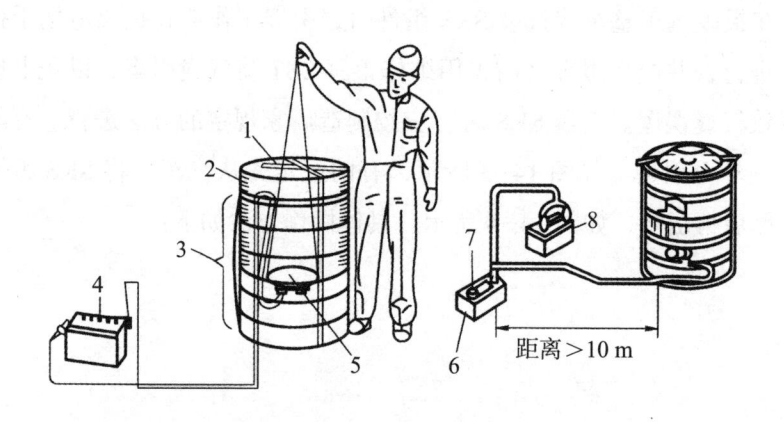

1—固定轮胎的绳子；2—未拆轮辋的轮胎；3—拆掉轮辋的轮胎；4、8—蓄电池；
5—安全气囊组；6—引爆器；7—引爆开关

图 14-4　在车外引爆安全气囊

（1）拆下蓄电池负极电缆。

（2）拔下SRS组件与螺旋电缆之间的插接器。

（3）剪断SRS组件线束，使插头与线束分离。

（4）将引爆器接线夹与SRS组件引线连接。

（5）先将引爆器放置于距SRS组件10 m以外距离，然后再将电源夹与蓄电池连接。

（6）查看引爆器上的红色指示灯是否点亮，当红色指示灯点亮后才能引爆。

（7）按下引爆开关引爆SRS。待绿色指示灯点亮之后，将引爆后的SRS装入塑料袋内，作为废物进行处理。

第15章　汽车电控自动变速系统性能测试实验

传动系统是汽车底盘的主要组成部分，一般由离合器、变速器、传动轴及转向节、驱动桥等组成。传动系统技术状况不良将使发动机的动力性和燃料经济性变差并引起异响，而且对汽车操纵方便性也产生较大影响。因此，应及时诊断与排除汽车传动系统的故障，确保传动系统有良好的技术状况。

15.1　离合器故障诊断与排除

离合器出现故障，汽车的表观现象主要有以下几种：
（1）汽车不能起步或起步困难。
（2）汽车加速性能差。
（3）汽车重载、爬坡或行驶阻力大时，会嗅到焦臭味。
（4）汽车起步时，将离合器踏到底仍感到挂挡困难，即使强行挂入，但未抬离合器踏板，车就往前移或熄火。
（5）汽车在行驶时换挡困难，并且变速器齿轮有撞击声。
（6）汽车起步时，车身发生振抖。
（7）离合器在结合和分离或汽车起步时均发出不正常的响声。

离合器结构与组成如图 15-1 所示。汽车在路况复杂的道路上行驶时，需要不断地换挡，这不可避免会经常使离合器分离和结合，因此随着汽车行驶里程的增加，离合器的技术状况会逐渐变差。离合器常见的故障有离合器打滑、分离不彻底、发抖和异响等。

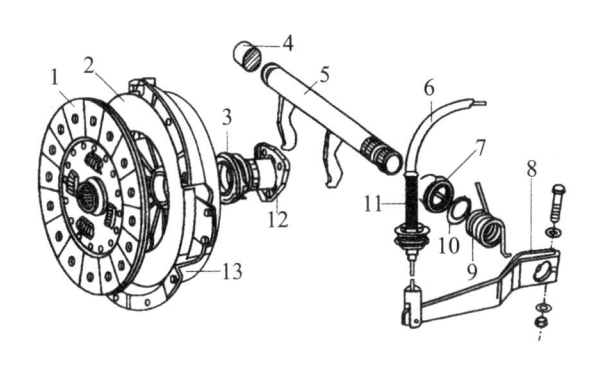

1—从动盘；2—膜片弹簧-压盘组；3—分离轴承；4—衬套；5—分离轴；6—离合器拉杆；7—轴承套及密封件；8—分离轴传动杆；9—复位弹簧；10—卡簧；11—橡胶防尘套与轴承衬套；12—分离套筒；13—离合器盖

图 15-1 轿车离合器的组成

15.1.1 离合器打滑

1. 故障现象

离合器打滑是指离合器结合时，从动盘摩擦片在压盘与飞轮之间滑转的现象。该故障主要表现为以下几点：

（1）汽车起步时，完全松开离合器踏板，汽车仍不能行走。

（2）汽车加速时，车速不能随发动机转速的升高而升高，感到行驶无力。

（3）汽车重载上坡行驶打滑明显，深感动力不足，严重时可闻到离合器摩擦片的焦臭味。

（4）发动机过热，燃油消耗增加。

2. 故障原因

离合器打滑的根本原因是压盘不能牢固地压在从动盘摩擦片上或摩擦片与压盘和飞轮之间的摩擦因数过小，造成离合器摩擦转矩不足。其具体原因如下：

（1）离合器踏板自由行程太小或没有。

（2）摩擦片有油污、硬化、烧蚀、严重磨损和铆钉外露。

（3）压紧弹簧或膜片弹簧过软或折断。

（4）离合器压盘磨损得过薄或变形。

（5）离合器盖与飞轮的连接螺栓松动。

3. 故障诊断与排除

故障诊断与排除方法如下：

（1）拉紧驻车制动器，挂上低速挡，慢慢放松离合器踏板，徐徐踩下加速踏板，若汽车不动，发动机仍继续运转而不熄火，说明离合器打滑。

（2）拉紧驻车制动器，挂上低速挡，用手摇柄能摇转发动机，说明离合器打滑。

（3）检查离合器踏板自由行程，如图15-2所示。若不符合要求，应予以调整。

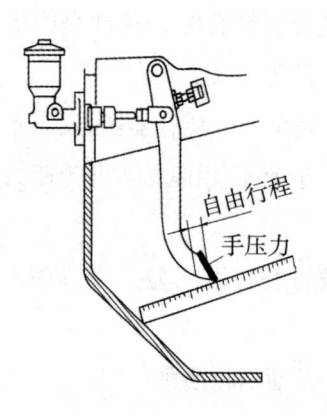

图15-2 检查离合器踏板的自由行程

（4）若离合器踏板自由行程符合要求，拆下离合器壳底盖，检查离合器盖与飞轮之间的连接螺栓是否松动，如图15-3所示。若松动，应予以紧固。

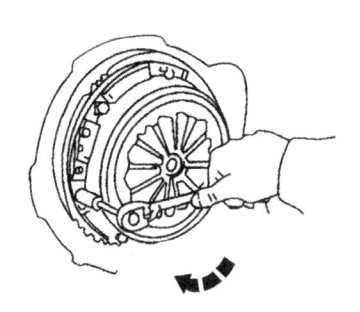

图 15-3　检查离合器盖与飞轮之间的连接螺栓

（5）测量离合器分离杠杆内端高度，如图15-4所示，若不符合要求，应调整分离杠杆高度。

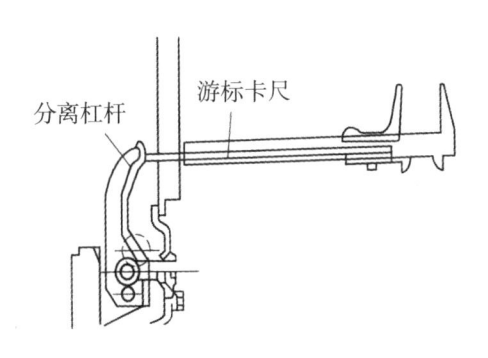

图 15-4　测量分离杠杆内端高度

（6）若按上述步骤检查后离合器仍打滑，应拆下离合器总成，检查离合器摩擦片，若磨损过度变薄或铆钉外露，应予以更换；若有油污，用汽油进行清洗并烘干，然后找出油污来源，予以排除。

（7）若摩擦片良好，则应分解离合器，检查压紧弹簧（或膜片弹簧），如图15-5所示。若弹簧变形或弹力不足，应予以更换。

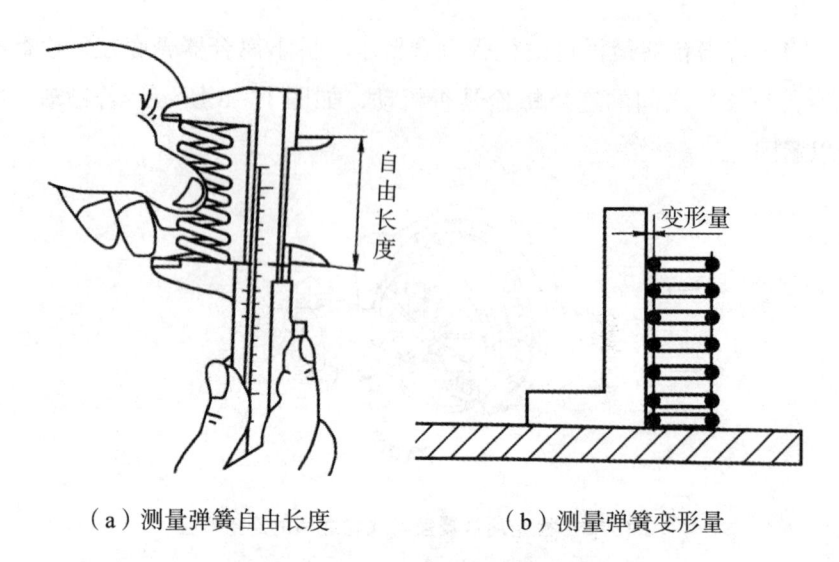

（a）测量弹簧自由长度　　　　（b）测量弹簧变形量

图 15-5　检查离合器压紧弹簧

（8）如图 15-6 所示，检查离合器压盘或发动机飞轮表面的变形和磨损情况。若变形量过大，应予以修理或更换。

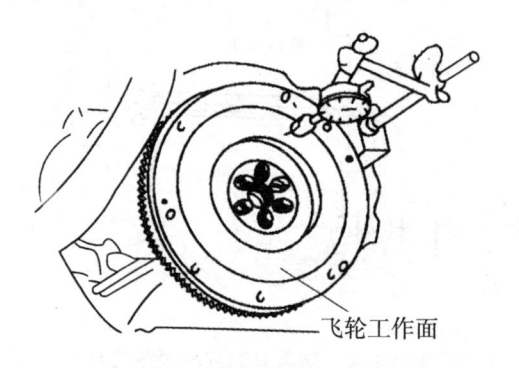

图 15-6　检查飞轮表面的磨损情况

15.1.2　离合器分离不彻底

1. 故障现象

离合器分离不彻底是指离合器踏板踩到底时，离合器处于半结合状态，其从动盘没有完全与主动盘分离的现象。该故障主要表现为以下几点：

（1）汽车起步时，将离合器踏板踏到底仍感到挂挡困难，强行挂入挡后，但未抬起踏板，汽车就向前驶动或造成发动机熄灭。

（2）变速时挂挡困难或挂不进挡位，同时变速器内发出齿轮撞击声。

2. 故障原因

离合器分离不彻底的根本原因是离合器踏板踩到底时，其压盘离开从动盘的移动量过小，或离合器主、从动件变形导致压盘与从动盘摩擦片有所接触，不能分离。其具体原因如下：

（1）离合器踏板的自由行程太大。

（2）从动盘翘曲、铆钉松脱或新换的摩擦片过厚。

（3）分离杠杆（或膜片弹簧）内端面不在同一平面内。

（4）压紧弹簧弹性不一、个别折断或膜片弹簧变形、裂损。

（5）压盘或飞轮端面翘曲变形。

（6）从动盘花键孔与变速器输入轴花键齿锈蚀或有油污，使从动盘移动困难。

（7）液压操纵式离合器操纵系统漏油或混入空气。

（8）从动盘方向装反。

（9）双片离合器中间压盘调整不当。

3. 故障诊断与排除

（1）将变速杆置于空挡位，踏下离合器踏板，用螺钉旋具推动离合器从动盘。若推不动，说明离合器分不开。

（2）检查离合器踏板自由行程，若自由行程过大，应调整。

（3）若自由行程符合要求，应拆下离合器壳底盖，检查分离杠杆内端高低是否一致。若不一致，应调整。

（4）对于双片离合器，应检查限位螺钉与中间压盘的间隙，如图15-7所示。若不符合要求，应予以调整。

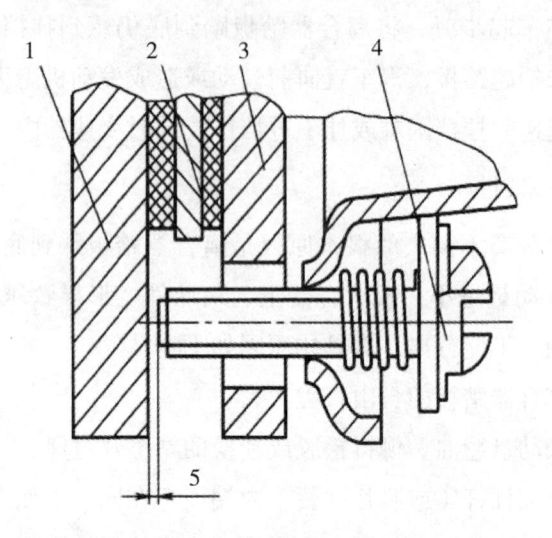

1—中间压盘；2—从动盘；3—压盘；4—限位螺钉；5—间隙

图15-7　中间压盘与限位螺钉间隙的调整

（5）对于膜片式离合器，检查膜片弹簧内端是否过软、磨损过甚或折断。若不符合要求，应予以更换。

（6）若离合器分离不彻底是因为新换摩擦片过厚，可在离合器与飞轮间增加适当厚度的垫片，予以调整，但各垫片厚度及内、外径应一致。

（7）上述检查调整后仍无效，应将离合器拆下，检查从动盘是否装反。从动盘的安装方向如图15-8所示。若装反，应重新组装。

向前

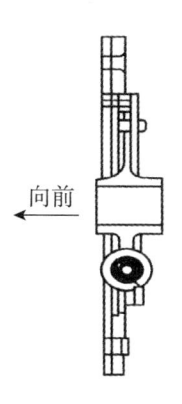

图 15-8 检查从动盘安装方向

（8）检查从动盘在变速器输入轴花键齿上移动是否灵活。若发涩，应清除油污和锈蚀。检查从动盘有无铆钉松脱和翘曲变形，若不符合要求，应予以更换。

（9）若经上述检查调整后仍然无效，应分解离合器总成，分别检查离合器压紧弹簧（或膜片弹簧）、离合器压盘和发动机飞轮表面以及其他有关零件，视情况修理或更换。

（10）对于液压操纵式离合器，离合器总成经检查调整后仍无法清除故障，应检查操纵系统有无漏油现象，并排出液压操纵系统的空气，如图 15-9 所示。

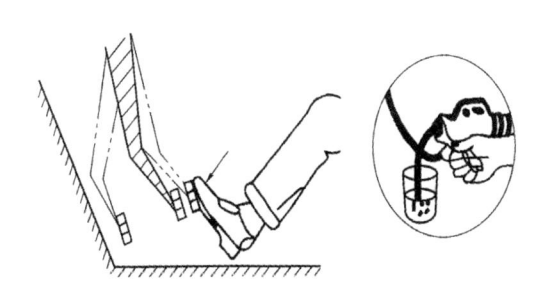

图 15-9 排出液压操纵式离合器操纵系统中的空气

15.1.3 离合器发抖

1. 故障现象

离合器起步发抖是指汽车在起步过程中,缓抬离合器踏板,轻踩加速踏板,离合器结合时出现的振抖现象。其表现为按正常操作方式,使汽车起步时,离合器不能平稳结合,伴有轻微冲撞,严重时车身明显抖动。

2. 故障原因

汽车起步时离合器发抖的根本原因是从动盘摩擦片表面与压盘表面、飞轮接触面之间正压力分布不均,在同一平面内接触时间不同,使主、从动盘接触不平顺,使离合器发抖。其具体原因如下:

(1)分离杠杆(或膜片弹簧)内端高度不在同一平面内。

(2)从动盘或压盘翘曲变形,飞轮工作端面的圆跳动大。

(3)从动盘破裂、变形、有油污或铆钉外露。

(4)压紧弹簧弹力不均,个别弹簧疲劳或折断,膜片式离合器膜片弹簧疲劳或开裂。

(5)从动盘花键孔与变速器输入轴花键齿之间磨损松旷,从动盘摇摆。

(6)扭转减振器弹簧弹力不足或失效。

(7)发动机支架、变速器、飞轮、飞轮壳等固定螺栓松动。

(8)分离轴承套筒与导管油污或锈蚀,使分离轴承不能复位。

3. 故障诊断与排除

(1)检查变速器、飞轮壳及发动机支架等固定螺栓是否松动。若有松动,应予以紧固。

(2)连续踏、抬离合器踏板,检查分离轴承移动是否灵活。若发涩,表明分离轴承套筒与导管间有锈蚀或有油污,应进行清洁。

(3)拆下离合器壳底盖,检查离合器盖与飞轮的连接螺栓是否松动。若松动,应予以紧固。

（4）若故障仍未排除，应检查分离杠杆（或膜片弹簧）内端高度是否一致。若不一致，应予以调整或更换。

（5）经上述检查后故障依旧在，应将离合器拆下，检查离合器从动盘摩擦片是否破裂、变形、有油污和铆钉外露，以及从动盘花键孔与变速器输入轴花键齿的配合情况，视情况予以修理或更换。

（6）若离合器从动盘良好，则应分解离合器，检查压紧弹簧（或膜片弹簧）和扭转减振器弹簧弹力、飞轮表面和压盘表面是否翘曲变形。若不符合要求，应予以修理或更换。

15.1.4 离合器异响

1. 故障现象

离合器异响是指离合器结合或分离时发出不正常的响声，其表现为离合器变工况时出现间断或连续的比较清晰的响声。

2. 故障原因

离合器异响的根本原因在于离合器部分零件严重磨损及主、从动件传力部件松旷，在离合器主、从动件结合或分离的瞬间，由于惯性冲击的作用，在松旷处造成金属零件间不正常摩擦或撞击而产生异响。其具体原因如下：

（1）离合器操纵机构连接部位松动。

（2）分离拨叉或传动部分有卡滞现象。

（3）离合器踏板无自由行程。

（4）离合器分离轴承套筒与导管之间油污严重，或分离轴承复位弹簧与踏板复位弹簧疲劳、折断、脱离，使分离轴承复位不佳。

（5）从动盘摩擦衬片破裂、铆钉松动或从动盘花键齿磨损松旷、花键毂铆钉松动、钢片破裂。

（6）从动盘扭转减振器弹簧疲劳或折断。

（7）双片离合器传动销与中间压盘和压盘的销孔磨损松旷。

（8）变速器第一轴前轴承或衬套磨损松旷。

3. 故障诊断与排除

（1）检查离合器操纵机构各连接部位的紧固件是否松动。若松动，应予以紧固。

（2）连续踏、抬离合器踏板，检查分离拨叉和传动部分有无卡滞现象。若有卡滞现象，应予以排除。

（3）检查离合器踏板自由行程，若不符合要求，应予以调整。

（4）若离合器踏板自由行程符合要求，将离合器拆下，检查分离轴承的技术状况。若转动不灵活或磨损松旷，应更换。

（5）若分离轴承良好，应检查离合器摩擦片的技术状况，并视情况修理或更换。

（6）若从动盘良好，应分解离合器总成，检查压紧弹簧、减振弹簧、传动片等有无折断。若有折断，应予以更换。

（7）检查变速器第一轴前轴承或衬套是否磨损松旷。若磨损松旷，应予以更换。

15.2　手动变速器的故障诊断与排除

变速器出现故障，汽车的表观现象主要有以下几种：

（1）变速器盖周边、壳体侧盖周边、加油口螺塞、放油口螺塞、第一轴回油螺纹、第二轴油封（或回油螺纹）或各轴承盖等处有明显漏油痕迹。

（2）变速器齿轮的啮合声、轴承的运转声等噪声很大。

（3）变速器发出干磨、撞击等不正常的响声。

（4）汽车在重载加速或爬越坡道时，变速器有时从某挡位自动跳回到空挡位置。

（5）在离合器彻底分离的情况下，挂不上挡或摘不下挡。

（6）有时要挂某挡，结果却挂到别的挡位上了。

变速器在工作中由于负荷的作用，随着汽车行驶里程的增加，内部零件的磨损和变形也随之加大，导致相互配合关系变坏而引起一系列故障。变速器常见的故障有跳挡、乱挡、异响、漏油等。

15.2.1 变速器跳挡

1. 故障现象

变速器跳挡指汽车在正常行驶中，变速杆自动跳至空挡。此现象多发生在重载加速或爬坡时。

2. 故障原因

变速器跳挡的根本原因是换挡啮合副在传递动力时，产生的轴向推力大于自锁装置的锁止力与齿面摩擦力之和，导致啮合副脱离啮合位置；或变速器挂挡时，啮合副未能全齿啮合，当汽车振动或变负荷行驶时，导致跳挡。其具体原因如下：

（1）变速器自锁装置失效，自锁钢球磨损严重，自锁凹槽磨损严重或沿轴向磨损成沟槽，自锁弹簧疲劳、折断。

（2）换挡拨叉及其叉轴变形或磨损严重。

（3）锁销式惯性同步器的锁销松动、散架或定位弹簧弹力不足；锁环式同步器的锁环齿或锁环内锥面螺纹槽磨损过度。

（4）相啮合的齿轮或齿套在啮合部位沿齿长方向磨损成锥形。

（5）滑动齿轮与轴的花键连接磨损严重，配合间隙过大。

（6）变速器与离合器壳的固定螺栓松动或其接合面与曲轴轴线垂直度超过标准，使变速器第一轴、第二轴、曲轴三者不在同一轴线上。

（7）变速器各轴、常啮合齿轮的轴向间隙或径向间隙过大。

（8）远距离操纵的变速器操纵机构调整不当。

3.故障诊断与排除

（1）检查远距离操纵的变速器操纵机构是否松动或失调。若有松动或失调，应予以修理或调整。

（2）检查变速器与离合器壳的固定螺栓是否松动。若松动，应予以调整。

（3）若变速器与离合器壳固定螺栓不松动，应拆下变速器盖，检查齿轮轮齿、齿套是否磨损成锥形，并检查滑动齿轮与第二轴花键的配合情况，若磨损严重或配合松动，应更换损坏严重的零部件。

（4）上述检查均正常，再检查变速杆、拨叉是否磨损、变形，拨叉紧固螺钉是否松动，视情况修复或更换。

（5）若检查后发现拨叉和变速杆均正常，则应检查拨叉轴自锁装置凹槽和自锁钢球是否磨损严重，弹簧有无变形、折断或疲劳变软。若凹槽和钢球磨损严重，弹簧不符合要求，应予以更换。

（6）若上述检查均正常，应拆下变速器解体，检查轴承是否磨损严重、松旷，如图15-10所示。若轴承磨损严重、松旷，应予以更换。

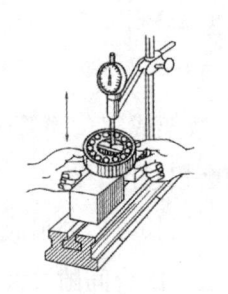

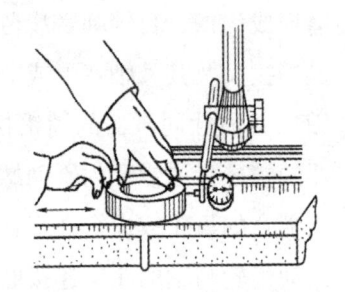

（a）检查轴承轴向间隙　　　（b）检查轴承径向间隙

图15-10　检查轴承

（7）检查齿轮与轴配合的轴向间隙和径向间隙，如图15-11所示。若超过规定值，应予以更换。

（a）检查轴向间隙　　　　　　　　（b）检查径向间隙

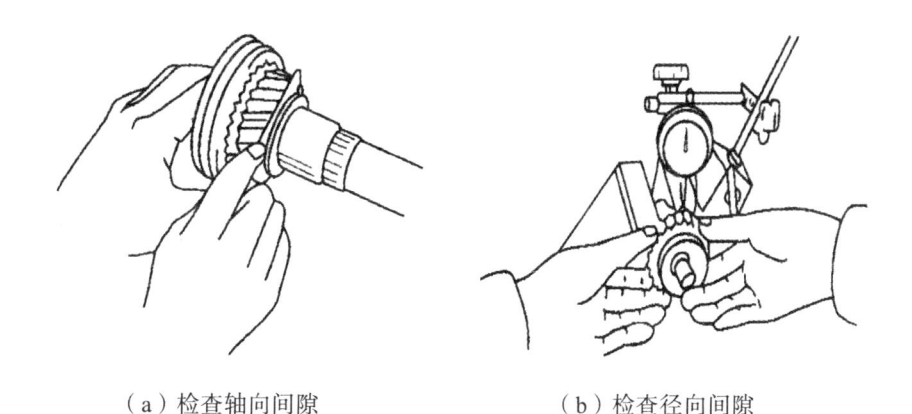

图 15-11　齿轮与轴配合的轴向间隙和径向间隙测量

（8）若齿轮与轴的配合正常，应检查同步器是否松动、散架，衬套和锥环是否磨损、破碎，如图 15-12 所示。若损坏，应更换同步器。

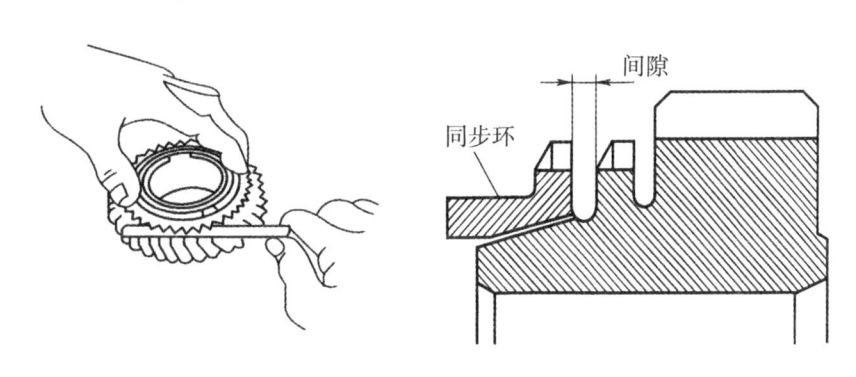

图 15-12　检查同步器

（9）若仍未发现故障，则应检查变速器第一轴与发动机曲轴的同轴度是否超限。旋松变速器固定螺栓，挂上直接挡，松开驻车制动器，用手摇柄摇转发动机，观察变速器与离合器壳的接触面是否一致。若接触面间隙一边大一边小，说明变速器第一轴与曲轴不同轴；若同轴度超限，应拆检飞轮壳承孔和变速器第一轴轴承盖、第一轴前轴承的磨损情况，若磨损过度，应视情况加以修复或更换。

15.2.2 变速器乱挡

1. 故障现象

故障现象如下：

在离合器技术状况正常的情况下，汽车在起步挂挡或行驶中换挡时，挂不上所需挡位，或挂上挡后不能退回空挡挡位；挂入的挡位与应该挂入的挡位不相符；一次同时挂入两个挡位，无法传递发动机的动力。

2. 故障原因

变速器乱挡的根本原因是变速器互锁装置磨损失效或操纵机构磨损而松旷。其具体原因如下：

（1）互锁装置的凹槽、锁销、钢球磨损过度。

（2）变速杆弯曲变形，变速杆球头磨损过大，限位销钉松旷或折断。

（3）变速杆下端长度不足，下端工作面磨损过大或拨叉导块凹槽磨损过大。

（4）第二轴前端滚针轴承烧结，使第一轴和第二轴连成一体。

（5）变速器同步器损坏，同步器锁环卡在锥面上。

3. 故障诊断与排除

（1）若变速杆能任意转动，表明其球头限位销磨短或脱落，或球面严重磨损，应予以修理或更换。

（2）若变速器同时挂入两个挡，第二轴卡住不转，应拆下变速器盖，检查变速器互锁装置。

（3）若变速器不能挂入所需要的挡位，挂挡后不能退回空挡，应拆下变速杆，检查变速杆下端弧形工作面和拨叉导块凹槽磨损是否过大。若磨损过大，应予以修理。

（4）若只有直接挡和空挡能行驶，而其他挡均不能行驶，则应拆下变速器检查第二轴前端滚针轴承是否烧结，如图15-13所示。若已烧结，应更换滚针轴承，并对支承的轴颈和轴孔做相应的修整。

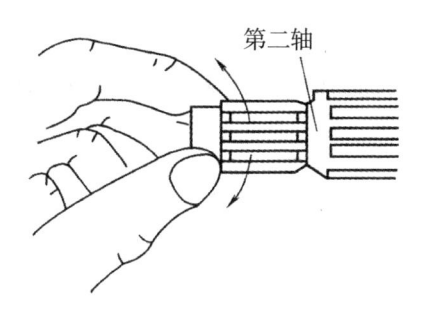

图 15-13 检查第二轴前端滚针轴承

（5）若只有直接挡能行驶，其他挡均不能行驶，说明变速器中间轴前端常啮合齿轮的半圆键被切断，应更换新件。

（6）拆检变速器同步器，如图 15-14 所示，视情况更换同步器磨损严重的零部件。

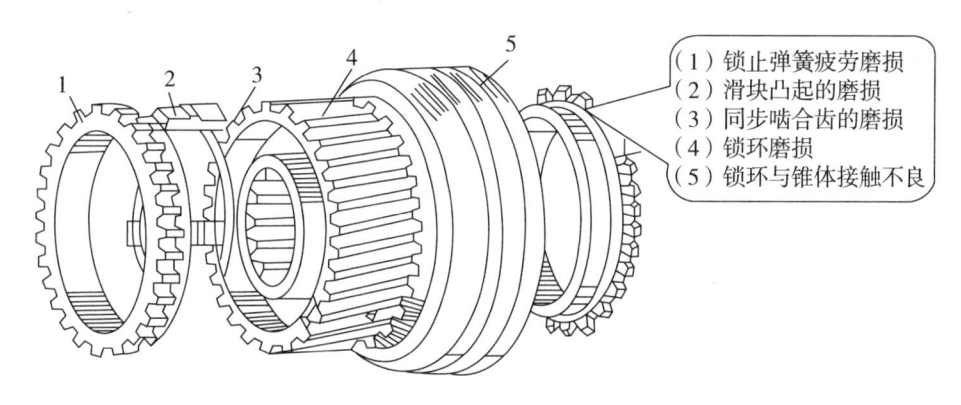

（1）锁止弹簧疲劳磨损
（2）滑块凸起的磨损
（3）同步啮合齿的磨损
（4）锁环磨损
（5）锁环与锥体接触不良

1—锁环；2—滑块；3—弹簧；4—花键毂；5—接合套

图 15-14 拆检同步器

15.2.3 变速器漏油

1. 故障现象

变速器漏油指变速器盖、侧盖、轴承盖和一、二轴回油螺纹或油封处有明显漏油痕迹。

2.故障原因

(1)加注润滑油过多或通气孔堵塞使变速器内压力增加，造成各密封部位渗漏。

(2)各结合面变形、加工粗糙或密封衬垫热变形损坏。

(3)变速器盖、轴承盖等处固定螺钉松动或拧紧顺序不符合要求。

(4)加油、放油螺塞松动或螺纹损坏。

(5)变速器壳体有铸造缺陷或裂纹。

(6)油封装反或磨损、硬化，弹簧失效，油封轴颈与油封不同轴或轴颈磨出沟槽。

3.故障诊断与排除

(1)检查各紧固螺钉是否松动。若松动，应加以紧固。

(2)检查变速器润滑油量是否过多，若过多，应按规定放出多余的润滑油。检查通气孔是否堵塞，如图15-15所示。若堵塞，应予以疏通。

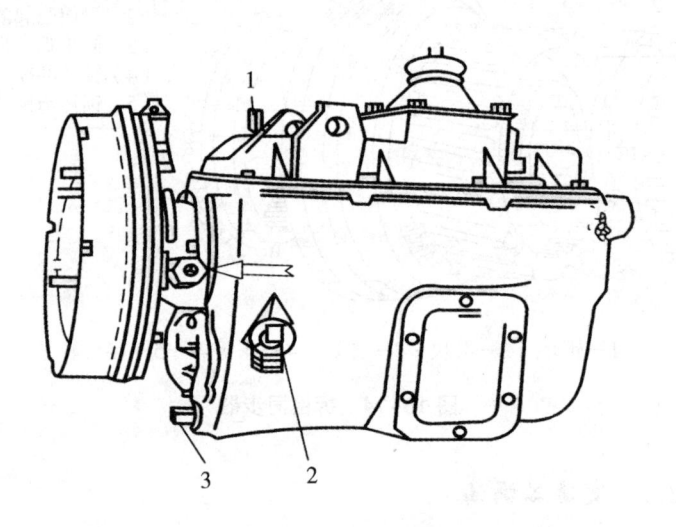

1—通气塞；2—加油螺塞；3—放油螺塞

图15-15 检查通气塞、加油螺塞及放油螺塞

（3）检查加油螺塞、放油螺塞是否松动、滑扣，如图15-15所示。若松动，应予以紧固；若滑扣，应视情况予以修理或更换。

（4）观察变速器漏油处并检查漏油处油封的完好情况。若有损坏，应予以更换。

（5）若经上述检查后仍漏油，应将变速器拆下，检查变速器壳体有无裂纹、砂眼、气孔等。若有，应予以修理或更换。

15.2.4 变速器异响

1. 故障现象

变速器异响指变速器在工作中发出撞击、干磨等不正常的响声。

2. 故障原因

变速器异响的根本原因是轴承磨损松旷和齿轮啮合失常或润滑不良。其具体原因如下：

（1）变速器润滑油不足或油质变坏。

（2）轴承磨损过度或损坏。

（3）齿轮啮合间隙过小或啮合齿轮轮面磨损严重，啮合间隙过大；齿轮齿面金属剥落，轮齿断裂或修理后装配错位。

（4）各花键配合间隙过大。

（5）输入轴、输出轴扭曲变形。

（6）同步器磨损过度或损坏。

（7）变速杆下端面与拨叉导块凹槽之间磨损松旷；变速叉变形或变速叉固定螺钉松动。

（8）变速器安装定位不准，装配松动或操纵机构连接部位松动。

3. 故障诊断与排除

（1）若汽车以任何挡位、任何车速行驶，变速器均有金属干摩擦声，用手触摸变速器外壳感觉过热，应检查变速器润滑油油量和油质，视情况添加或更换润滑油。

（2）发动机怠速运转时，若变速器空挡有异响，而踩下离合器踏板后响声消失，则应拆下变速器，检查第一轴后轴承和常啮合齿轮，如图15-16所示。若零部件磨损严重或损坏，应予以更换。

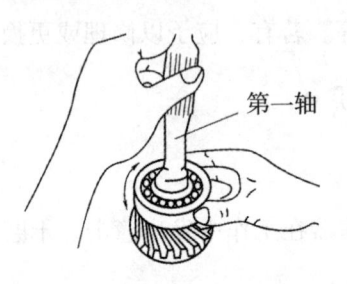

图 15-16 检查第一轴后轴承

（3）汽车在起步或在换挡过程中踩离合器踏板的瞬间，变速器发出强烈的金属摩擦声，而在离合器完全结合后响声消失，应检查变速器第一轴前轴承是否磨损松旷或损坏，如图15-17所示。若磨损松旷或损坏，应予以更换。

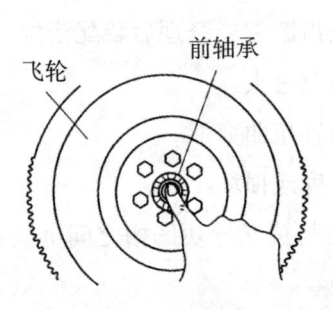

图 15-17 检查变速器第一轴前轴承

（4）若空挡滑行时无异响，变速杆置于某一挡位起步，或在某一挡位变速或匀速行驶时产生异响，应检查该挡位齿轮或花键的啮合是否磨损松旷甚至损坏，或是否存在啮合间隙过小的情况。

（5）若变速器在低速挡行驶时有异响，而在高速挡行驶时声响减弱或消失，空挡滑行时可听到"哗哗"的异响声，应检查变速器第二轴后轴承的松旷程度。若过于松旷或损坏，应更换。

（6）若变速器位于直接挡行驶时无异响，而位于其他挡行驶时均有异响。应检查变速器中间轴轴承和第二轴前轴承。若磨损松旷或损坏，应更换。

（7）汽车在不平路面上行驶时，变速杆摆动且出现无节奏的响声，用手把住变速杆手柄时，响声消失，应检查变速叉有无变形或固定螺钉是否松动，变速叉、拨叉导块凹槽或变速杆下端工作面是否磨损过度。若有松动或磨损过大，应修复或更换。

（8）若在挂挡或换挡时，发出"嘎嘎"声并伴有换挡困难的现象，应检查同步器锥环是否磨损严重。若磨损过大，应更换。

（9）变速器在各挡行驶时均有异响，并且加速时响声更为明显，则应分解变速器，检查变速器壳体、轴、齿轮、花键和轴承等是否严重磨损或变形，必要时进行修理或更换。

15.3 电控液力自动变速器的测试诊断

电控液力自动变速器通常由液力变矩器、齿轮变速系统、液压控制系统、电子控制系统及换挡执行器组成。电控液力自动变速器故障的诊断与排除，是运用各种检测设备和故障诊断方法，按照规定的程序和步骤，对自动变速器各系统及机构进行测试，根据故障现象和测试情况，结合自动变速器的具体结构、原理和相关技术资料，对故障进行分析，确定故障原因及部位，然后对故障部位进行相应的调整、修理或更换。

当自动变速器出现故障后，一般按如下程序和方法进行故障诊断：

（1）对自动变速器进行基本检查，并加以必要的处理。基本检查是对自动变速器油的油量和品质、发动机怠速、挡位开关、变速杆位置、节气门拉索及其他控制开关等的检查。通过基本检查发现问题，然后加以调整和处理，使问题得以简化。若故障依然存在，则需进行相关的性能测试，进一步进行诊断。

（2）若完成基本检查并进行必要的处理之后，故障仍然存在，则应对自动变速器进行手动换挡实验。

（3）若通过手动换挡实验发现自动变速器工作不正常，则应对自动变速器进行机械测试，以区别是机械故障还是液压控制系统故障，并分析确定具体的故障部位。

（4）若在手动换挡实验过程中自动变速器工作正常，则说明故障在电子控制系统。可通过故障自诊断系统读取故障代码，参考相关资料，并进行分析，以确定故障的具体部位。

（5）根据故障诊断确定的故障部位，进行维修。

电控液力自动变速器故障诊断与修理的一般程序如图15-18所示。

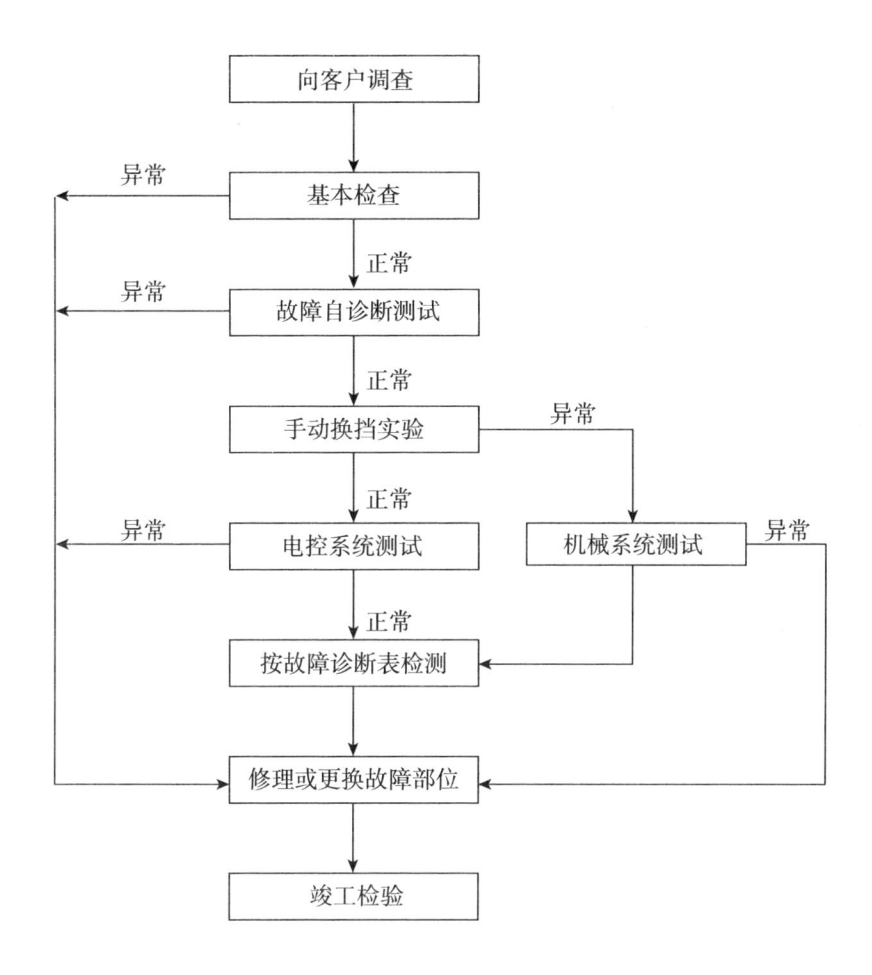

图 15-18　自动变速器故障诊断与修理的一般程序框图

15.3.1　自动变速器的基本检查与维护

自动变速器结构复杂，制造精度高，当出现故障和工作不正常时，盲目拆卸、分解往往找不出产生故障的真正原因，甚至使自动变速器不应有的损坏。对于有故障的自动变速器，应先进行基本检查和性能测试，以缩小故障查找范围和确认产生故障的部位，为进一步的分解修理提供依据。

自动变速器的基本检查与维护项目包括自动变速器油质及油面高度的检查、自动变速器油的更换、节气门拉索的检查与调整、发动机怠速的检查、变速杆位置的检查与调整、挡位开关的检查、超速挡开关及其他控制开关的检查等。

1. 自动变速箱润滑油的检查与更换

（1）自动变速箱润滑油（automatic transmission fluid, ATF）液面高度的检查。ATF液面高度过高会导致主油压过高，从而出现换挡冲击振动、换挡提前等故障，还会导致空气进入ATF；如果ATF液面高度过低则会导致主油压过低，从而出现换挡滞后、离合器和制动器打滑等故障。ATF液面高度检查的具体方法与步骤如下：

①将车辆停放在水平地面上，并拉紧驻车制动。

②让发动机怠速运转1 min以上。

③踩住制动踏板。将变速杆拨至各挡位上并在每个挡位上停留几秒，使液力变矩器和所有换挡执行元件中都充满液压油，最后将变速杆拨至P位或N位（遵照厂家规定）。

④从加油管内拔出ATF油尺，擦净后重新插入加油管再拔出，查看油尺上的油位。

ATF液面应位于油尺两个刻度之间。低温时油液的黏度大，运转时有较多的油液附着在行星齿轮等零件上，所以油面高度较低；高温时油液黏度小，容易流回油底壳，因而油面较高。因此，自动变速器处于冷态（冷车刚刚启动，油液的温度较低；或室温低于25℃时），油液油面高度应在油尺刻线的下限（COOL）附近；如果自动变速器处于热态（如低速行驶5 min以上，油液温度已达70～80℃），油面高度应在油尺刻线的上限（HOT）附近，如图15-19所示。若油面高度过低，应继续向加油管内加入ATF，直至油面高度符合规定为止。油位低的原因可能是漏油，这时应检查自动变速器箱体、油底壳与冷却器管路是否有泄漏问题，对泄漏部位进行密封。

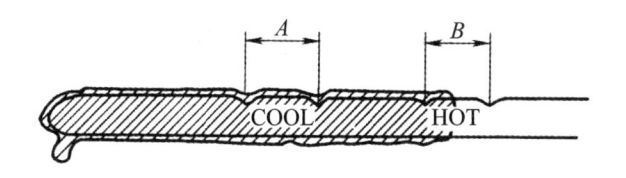

图 15-19　ATF 液面高度的检查

（2）ATF 油质的检查。判断 ATF 品质可以从颜色、气味和是否含有杂质等方面着手。ATF 的正常颜色应为鲜亮、透明的红色，如果发黑则说明已经变质或有杂质，如果呈粉红色或白色则说明油冷却器进水。正常的 ATF 应该有类似新的机油的气味，若有烧焦味意味着执行元件打滑或自动变速器过热。如果 ATF 中有金属切屑，说明有元器件严重磨损或损伤。如果 ATF 中有胶质状油，说明 ATF 因油温过高或使用时间过长而变质。

检查 ATF 油质时，从油尺上闻一闻油液的气味，用手指蘸少许油液，用手指互相摩擦看是否有颗粒，或将油尺上的油液滴在干净的白纸上，检查油液的颜色及气味。

（3）ATF 的更换。定期地更换 ATF 和滤清器可在一定程度上减少自动变速器出现故障。ATF 的更换频率取决于变速器的工作状态，一般轿车自动变速器每正常行驶 10 万～20 万 km（对于换油间隔里程，各汽车公司有不同的规定）必须换一次油。换油时应使用车辆随车手册上推荐使用的 ATF，因为不适当的 ATF 会改变变速器的换挡性能。切勿用齿轮油或机油代替 ATF，否则将造成自动变速器的严重损坏。更换 ATF 时可参照如下方法进行（具体应参照维修手册）：

①车辆运行至自动变速器达到正常油温 70～80℃后停车熄火，升起车辆。

②拆下自动变速器油底壳上的放油螺塞，使 ATF 全部流入油盆。对于无放油螺塞的自动变速器，应拆下整个油底壳，然后放出全部 ATF。

③拆下油底壳，将油底壳清洗干净。有些自动变速器采用磁性放油

螺塞或在油底壳内专门放置一块磁铁，以吸附铁屑，在清洗干净后应把其放回原位。

④拆下 ATF 散热器油管接头，用压缩空气将散热器的残余油液吹出，再装好油管接头。

⑤装好油底壳和放油螺塞。

⑥从自动变速器加油管中加入规定牌号的 ATF。

⑦放下汽车，启动发动机，拉上驻车制动器并踩住制动踏板，手动换挡。

⑧检查并修正 ATF 油面高度。若不慎加油过多，可以打开放油螺塞修正；如无放油螺塞，可从加油管处往外吸。需注意的是油面如果高于规定的高度，切不可凑合使用。因为当油面过高时，行驶中油液被行星排剧烈地搅动，产生大量的泡沫。这些带有泡沫的 ATF 进入油泵和控制系统后，对自动变速器的工作极为不利。

一般自动变速器的总油量为 10 L 左右，按上述方法换油时，变矩器内的 ATF 是无法放出的。若 ATF 严重变质，必须全部更换时，可先按上述方法换油，然后让汽车行驶约 5 min 后再次换油。

2. 节气门拉索检查与调整

节气门的开度将影响自动变速器的换挡时间，发动机熄火后，节气门应全闭，当加速踏板踩死时，节气门应全开。节气门拉索的索芯不应松弛，索套端和索芯上限位之间的距离应在 0～1 mm（图 15-20）。若节气门拉索调整不当，对于液力控制自动变速器来说，会导致换挡时刻不正确，造成过早或过迟换挡，使汽车加速性能变差或产生换挡冲击；对于电子控制自动变速器来说，会导致主油路压力异常，造成油压过低或过高，使换挡执行元件打滑或产生换挡冲击。

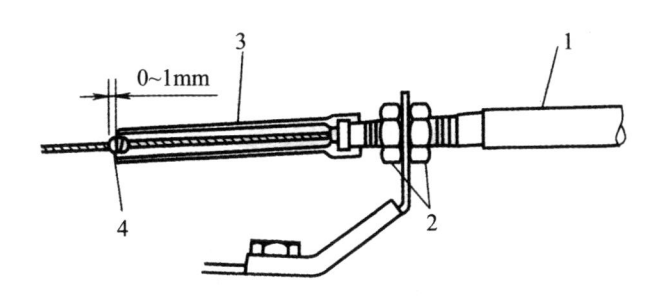

1—节气门拉索；2—固定螺母；3—防尘套；4—限位块

图 15-20　节气门拉索的调整

节气门拉索的调整步骤如下：

（1）推动加速踏板连杆，检查节气门是否全开。如节气门不全开，则应调整加速踏板连杆。

（2）把加速踏板踩到底。

（3）把调整螺母拧松。

（4）调整节气门拉索。

（5）拧动调整螺母，使橡皮套与拉索止动器间的距离为 0～1 mm。

（6）拧紧调整螺母。

（7）重新检查调整情况。

3. 发动机怠速的检查

发动机怠速不正常，会使自动变速器工作不正常，如果怠速过高，会出现换挡冲击等故障；如果怠速过低，则容易出现熄火现象。因此，在对自动变速器做进一步的检查之前应先检查发动机的怠速是否正常。检查怠速时应将自动变速器变速杆置于 P 位或 N 位，具体数值应查看具体车型的维修手册，一般为 650～750 r/min。

4. 变速杆位置的检查与调整

变速杆调整不当，会使变速杆的位置与自动变速器阀板中手动阀的实际位置不符，造成挂不进停车挡或前进低挡，或变速杆的位置与仪表板上挡位指示灯的显示不符，甚至造成在空挡或停车挡时无法启动发动机。

变速杆位置的调整方法如下（图15-21）：

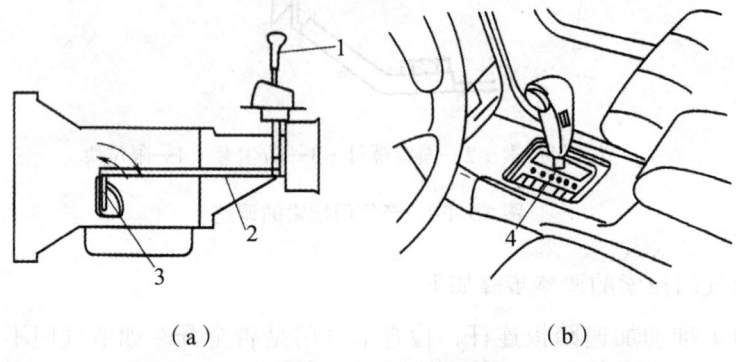

1—变速杆；2—连接杆；3—手动阀摇臂；4—空挡位置

图15-21　变速杆位置的调整

（1）拆下变速杆与自动变速器手动阀摇臂之间的连接杆。

（2）将变速杆拨至空挡位置。

（3）将手动阀摇臂向后拨至极限位置（停车挡位置），然后再退回两格，使手动阀摇臂处于空挡位置。

（4）用力将变速杆靠向R位方向，然后连接并固定变速杆与手动阀摇臂之间的连接杆。

5. 挡位开关的检查与调整

将变速杆拨至各个挡位，检查挡位指示灯与变速杆位置是否一致、P位和N位时发动机能否启动，拨至R位时倒挡灯是否亮起。若有异常，应调节空挡启动开关螺栓和开关电路，具体方法如下：

（1）松开挡位开关的固定螺钉，将变速杆拨到N位。

（2）将槽口对准空挡基准线。有些自动变速器的挡位开关外壳上刻有一条基准线，调整时应将基准线和手动阀摇臂轴上的槽口对齐，如图15-22（a）所示；也有一些自动变速器的挡位开关上有一个定位孔，调整时应使摇臂上的定位孔和挡位开关上的定位孔对准，如图15-22（b）所示。

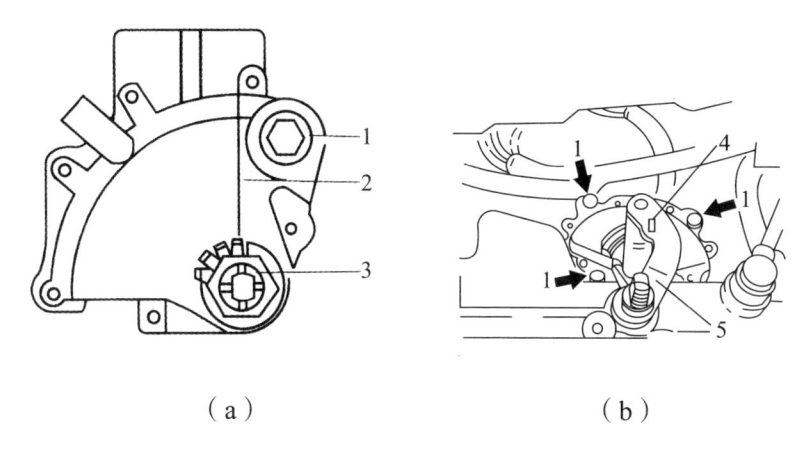

（a）　　　　　　　　　　（b）

1—固定螺钉；2—基准线；3—槽口；4—调整用定位销；5—摇臂

图 15-22　挡位开关的调整

6. 超速挡（O/D位）开关的检查

对部分车型而言，这项检验可确认自动变速器的超速挡电控系统是否工作正常。检查时的自动变速器油温应处于正常状态（70～80℃），然后将发动机熄火，打开点火开关，按动超速挡（O/D）控制开关，听位于变速器内的相应电磁阀是否有动作时发出的"咔嗒"声，如有"咔嗒"声，则说明被检自动变速器的超速挡电控系统工作正常。当超速挡开关置于ON位时，自动变速器应能升入超速挡，这可通过道路实验来验证。当超速挡开关置于ON位时，超速挡指示灯（如丰田车系的O/D OFF指示灯）应熄灭，否则应亮起。

15.3.2　自动变速器性能实验

对自动变速器进行基本检查之后，若没有找出故障部位和故障原因，需做进一步的性能测试实验，以便根据实验结果进行诊断。自动变速器在修理完毕后，为了鉴定修理质量，检验自动变速器的各项性能指标是否达到标准要求，也应进行全面的性能检查。自动变速器的性能测试项目主要包括失速实验、时滞实验、油压实验、道路实验和手动换挡实验等。

1. 失速实验

自动变速器进行失速实验的目的是通过测试发动机在失速状态下能达到的最高转速，检查发动机、变矩器和自动变速器执行元件的工作性能。

（1）实验的准备工作。在进行失速实验之前，应做好以下准备工作。

①使汽车行驶至发动机和自动变速器均达到正常工作温度。

②检查汽车的行车制动和驻车制动，确认其性能良好。

③检查自动变速器液压油高度，应正常。

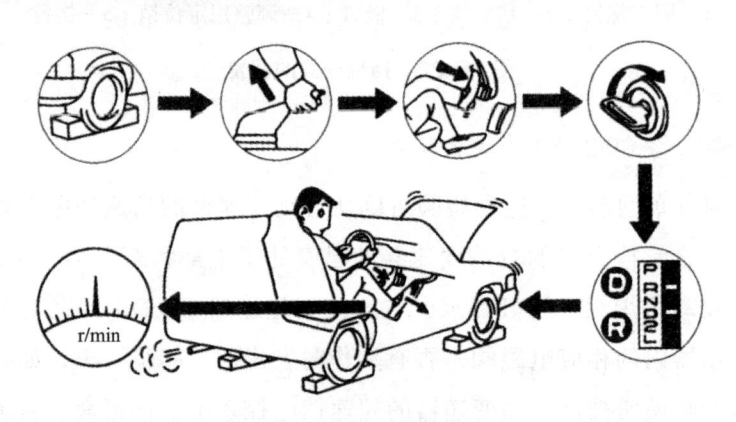

（2）实验步骤（图 15-23）如下：

图 15-23 失速实验

①将汽车停放在宽阔的水平地面上，前后车轮用三角木块塞住。

②拉紧驻车制动器，左脚用力踩住制动踏板。

③启动发动机。

④将变速杆拨至 D 位。

⑤在左脚踩紧制动踏板的同时，用右脚将加速踏板踩到底。当发动机转速不再升高时，迅速读取此时的发动机转速。

⑥读取发动机转速后，立即松开加速踏板。

⑦将变速杆拨入 P 或 N 位，让发动机怠速运转 1 min，以防止 ATF 因温度过高而变质。

⑧将变速杆拨入其他挡位（R、S、L 或 2、1），做同样的实验。

在失速工况下，发动机的动力全部消耗在变矩器内自动变速器油的内部摩擦损失上，自动变速器油的温度急剧上升，因此在失速实验中，从加速踏板踩下到松开的整个过程的时间不得超过 5 s，否则会使自动变速器油因温度过高而变质，甚至损坏密封圈零件。在一个挡位的实验完成之后，不要立即进行下一个挡位的实验，要等油温下降之后再进行。实验结束后不要立即熄火，应将变速杆拨入 N 位或 P 位，让发动机怠速运转几分钟，以便让自动变速器油温度降至正常。如果在实验中发现驱动轮因制动力不足而转动，应立即松开加速踏板，停止实验。

（3）实验结果分析。不同车型的自动变速器有不同的失速转速标准，大部分自动变速器的失速转速标准为 2 300 r/min 左右。若失速转速与标准值相符，说明自动变速器的油泵、主油路油压及各个换挡执行元件的工作基本正常；若失速转速与标准值不相符，不同挡位故障原因如表 15-1 所示。

表 15-1 失速转速不正常原因

变速杆位置	失速转速	故障原因
所有位置	过高	（1）主油路油压过低； （2）前进挡和倒挡的换挡执行元件打滑； （3）低挡及倒挡制动器打滑
	过低	（1）发动机动力不足； （2）变矩器导轮的单向超越离合器打滑
仅在 D 位	过高	（1）前进挡油路油压过低； （2）前进挡离合器打滑

续表

变速杆位置	失速转速	故障原因
仅在R位	过高	（1）倒挡油路油压过低； （2）倒挡及高挡离合器打滑

2. 时滞实验

在发动机怠速运转时将变速杆从空挡位（N）拨至前进挡位（D）或倒车挡位（R）后，需要有一段短暂时间的迟滞或延时才能使自动变速器完成挡位的变换（此时汽车会产生一个轻微的振动），这一短暂的时间称为自动变速器换挡的迟滞时间。时滞实验通过测出自动变速器换挡的迟滞时间，根据迟滞时间的长短来判断主油路油压及换挡执行元件的工作是否正常（图15-24）。

图 15-24 时滞实验

（1）实验的准备工作如下：

①让汽车行驶，使发动机和自动变速器达到正常工作温度。

②将汽车停放在水平地面上，拉紧驻车制动器。

③检查发动机怠速。如不正常，应按标准予以调整。

（2）实验步骤如下：

①将自动变速器变速杆从 N 位拨至 D 位，用秒表测量从拨动变速杆开始到感觉汽车振动所需的时间，该时间称为 N—D 延时时间。

②将变速杆拨至 N 位，让发动机怠速运转 1 min 后，再做一次同样的实验。

③做 3 次实验，并取平均值。

④按上述方法，将操纵手柄由 N 位拨至 R 位，测量 N—R 延时时间。

（3）实验结果分析。一般自动变速器 N—D 延时时间小于 1.2 s，N—R 延时时间小于 1.5 s。若延时时间大于规定值，说明自动变速器存在故障。其故障原因如表 15-2 所示。

表 15-2　迟滞时间过长的原因

现　象	故障原因
变速杆从 N 位拨至 D 位延时时间大于规定值	（1）主油路油压过低； （2）前进挡离合器磨损过度； （3）前进挡单向离合器打滑
变速杆从 N 位拨至 D 位延时时间大于规定值	（1）主油路油压过低； （2）倒挡离合器磨损过度； （3）低挡及倒挡制动器磨损过度； （4）超速单向离合器打滑； （5）超速离合器磨损

3. 油压实验

油压实验是在自动变速器工作时，通过测量液压控制系统各油路的压力，判断液压控制系统及电子控制系统有关零部件的功能是否正常，为分析自动变速器的故障提供依据，以便有针对性地进行检修。控制系统的油压正常是自动变速器正常工作的先决条件，如果油压过高，会使自动变速器出现严重的换挡冲击，甚至损坏控制系统；如果油压过低，会造成换挡执行元件打滑，加剧其摩擦片的磨损，甚至使换挡执行元件烧毁。

油压实验的内容取决于自动变速器的类型及测压孔的设置方式，下面介绍一般车型自动变速器油压实验的主要内容和方法。

（1）主油路油压实验。

①实验步骤如下：

a. 先预热发动机和自动变速器，使其达到正常的工作温度，然后熄火。

b. 在自动变速器主油压测试孔上连接油压表（量程 2 MPa 左右），如图 15-25 所示。

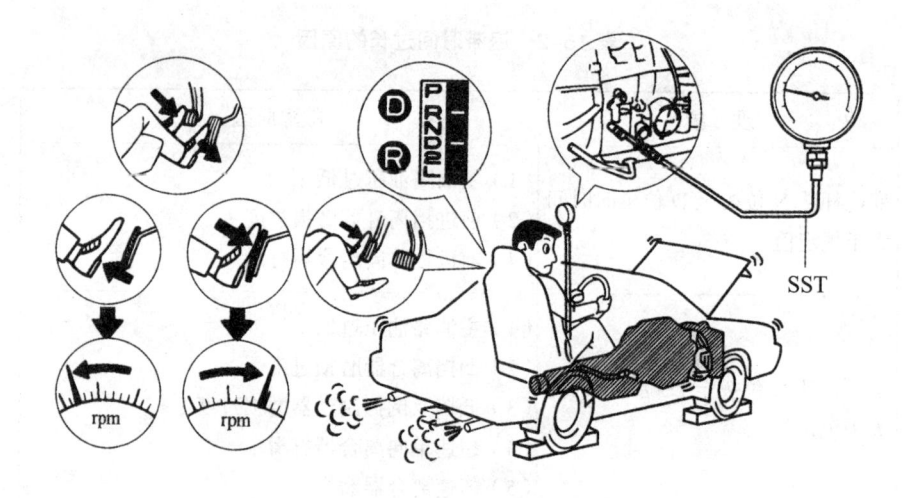

图 15-25 油压测试

c. 用三角木塞住全部车轮，拉紧驻车制动器，踩下制动踏板，然后启动发动机。

d. 在怠速情况下，将自动变速器变速杆拨至 D 位，读取此时压力值（此为怠速工况下的前进挡主油路油压），然后用左脚踩紧制动踏板，同时用右脚迅速将加速踏板踩到底，记下 D 位失速时的主油压。在节气门全开位置上停留不要超过 3 s，以免该挡位的执行系统因过载而受损。

e.将自动变速器变速杆拨至 N 位或 P 位,让发动机怠速运转 1 min 以上,以便使 ATF 得到冷却。

f.将变速杆拨至 R 位,做同样的实验。

②实验结果分析。将测得的主油路油压与标准值进行比较。若主油路油压不正常,说明自动变速器存在故障。主油路油压不正常的可能原因如表 15-3 所示。

表 15-3 主油路油压不正常的可能原因

工况	测试结果	可能原因
怠速	所有挡位的主油路油压均太低	(1)油泵故障; (2)主油路调压阀卡死; (3)主油路泄漏; (4)主油路调压阀弹簧太软; (5)节气门阀卡滞; (6)节气门拉索或节气门位置传感器调整不当
	前进挡和前进低挡的主油路油压均太低	(1)前进挡离合器活塞漏油; (2)前进挡油路泄漏
	前进挡的主油路油压正常,前进低挡的主油路油压太低	(1)1挡强制离合器或2挡强制离合器活塞漏油; (2)前进低挡油路泄漏
	前进挡主油路油压正常,倒挡主油路油压太低	(1)倒挡及高挡离合器活塞漏油; (2)倒挡油路泄漏
怠速	所有挡位的主油路油压均太高	(1)节气门拉索或节气门位置传感器调整不当; (2)主油路调压阀卡死; (3)节气门阀卡滞; (4)主油路调压阀弹簧太硬; (5)油压电磁阀损坏或线路故障

续 表

工况	测试结果	可能原因
失速	稍低于标准油压	（1）节气门拉索或节气门位置传感器调整不当； （2）油压电磁阀损坏或线路故障； （3）主油路调压阀卡死或弹簧太软
	明显低于标准油压	（1）油泵故障； （2）主油路泄露

（2）速控油压实验。大部分液力控制自动变速器都可以做这项测试。在测试速控油压时，应当用举升器将汽车升起，或用千斤顶将驱动桥顶起，也可以接上压力表，然后进行路试。

①拆下自动变速器壳体上的速控阀测压螺塞，接上油压表。

②启动发动机。

③将变速杆置于 D 位。

④松开驻车制动器，缓慢地踩下加速踏板，使驱动轮转动。

⑤读取不同车速下的速控油压。

⑥将测试结果与标准值进行比较。若速控油压太低，可能有以下原因：主油路油压太低；速控阀油路泄漏；速控阀工作不正常。

（3）油压电磁阀工作的测试。电子控制自动变速器常采用油压电磁阀控制主油路油压或减振器背压。这种自动变速器可以在油压实验中人为地向油压电磁阀施加电信号，同时测量油路油压的变化，以检查油压电磁阀的工作是否正常。不同车型的电控自动变速器的油压电磁阀工作原理不完全相同，其检测方法也不一样。下面以雷克萨斯 LS400 轿车的 A341E 和 A342E 电控自动变速器为例，说明测试油压电磁阀工作的方法，其他车型可参考。

①将油压表接至自动变速器减振器背压的测压孔。

②对照电路图，找出自动变速器计算机插接器上油压电磁阀控制端的管脚，将一个 8 W 灯泡的一脚与油压电磁阀控制端的管脚连接。

③将汽车停放在水平地面上，拉紧驻车制动器，并用三角木块将4个车轮塞住。

④启动发动机，检查并调整好发动机怠速。

⑤踩住制动踏板，将变速杆置于D位。

⑥读取此时的减振器背压，其值应大于0。

⑦将连接油压电磁阀8 W灯泡的另一脚搭铁，此时油压电磁阀将通电而开启，读出此时的减振器背压。

在油压电磁阀的管脚经8 W灯泡搭铁时，油压电磁阀将通电开启，此时减振器背压应下降为0。如有异常，说明油压电磁阀工作不良。

4.道路实验

自动变速器的道路实验是分析、诊断自动变速器故障及检验修复后自动变速器工作性能和修理质量最有效的手段之一。道路实验是对汽车自动变速器性能的最终检验，检验内容侧重于换挡点、换挡冲击、振动、噪声和打滑等方面。

在道路实验之前，首先应确认汽车发动机以及底盘各个系统的技术状态完好，并且进行基本检查；其次让汽车以中低速行驶5～10 min，使发动机和自动变速器都达到正常的工作温度（70～80℃）。

（1）升挡检查。将变速杆置于D位，踩下加速踏板，使节气门保持在1/2开度，使汽车加速行驶，检查自动变速器的升挡情况。自动变速器在升挡时发动机会有瞬时的转速下降，同时车身有轻微的闯动感。正常情况下，汽车起步后随着车速的升高，试车者应能感觉到自动变速器顺利地由1挡升入2挡，随后由2挡升入3挡，最后升入超速挡。若自动变速器不能升入高挡（3挡或超速挡），说明控制系统或换挡执行元件有故障。

（2）升挡车速的检查。将变速杆置于D位，踩下加速踏板，并使节气门保持在某一固定开度，让汽车起步并加速。当察觉到自动变速器升挡时，记下升挡车速。一般4挡自动变速器在节气门开度保持在1/2时，由1挡升至2挡的升挡车速为25～35 km/h，由2挡升至3挡的升挡车速为

55～70 km/h，由3挡升至4挡（超速挡）的升挡车速为90～120 km/h。由于升挡车速和节气门开度有很大的关系，即节气门开度不同时，升挡车速也不同，而且不同车型的自动变速器各挡位传动比的大小都不相同，其升挡车速也不完全一样。因此，只要升挡车速基本保持在上述范围内，而且汽车行驶中加速良好，无明显的换挡冲击，都可认为其升挡车速基本正常。若汽车行驶中加速无力，升挡车速明显低于上述范围，说明升挡车速过低（过早升挡）；若汽车行驶中有明显的换挡冲击，升挡车速明显示高于上述范围，说明升挡车速过高（太迟升挡）。

一般汽车维修手册中都有自动变速器升挡（或降挡）车速标准表，但表中通常只列出了节气门全开或全关时的升挡（或降挡）车速。但在道路实验中，往往因道路条件的限制，无法让汽车以节气门全开状态行驶，而且汽车以节气门处于全开位置行驶也容易加剧自动变速器内摩擦零件的磨损，一般不宜采用，因此表中的数据只能作为参考。有些自动变速器维修手册中给出了该自动变速器的换挡图，从换挡图中可以得出不同节气门开度下自动变速器的升挡车速。这可作为判断换挡车速是否正确的标准。

降挡时刻在行驶中不易察觉，因此在道路实验中一般无法检查自动变速器降挡车速，只能通过检查升挡车速来判断自动变速器有无故障。如有必要，还可检查在其他模式下或变速杆位于前进低挡位置时的换挡车速，并与标准值进行比较，以作为判断是否存在故障的参考依据。

（3）换挡质量的检查。换挡质量的检查内容主要是检查有无换挡冲击。正常的电控自动变速器的换挡冲击应十分微弱。若换挡冲击太大，说明自动变速器的控制系统或换挡执行元件有故障，原因可能是油路油压高或换挡执行元件打滑，应做进一步的检查。

（4）锁止离合器工作情况检查。自动变速器变矩器中的锁止离合器工作是否正常也可采用道路实验的方法进行检查。在实验中，让汽车加速至超速挡，以高于80 km/h的车速行驶，并让节气门开度保持在低于

1/2 的位置，使变矩器进入锁止状态。此时，快速将加速踏板踩下至 2/3 开度，同时检查发动机转速的变化情况。若发动机转速没有太大的变化，说明锁止离合器处于结合状态；若发动机转速升高很多，则表明没有结合（图 15-26），其原因通常是锁止控制系统有故障。

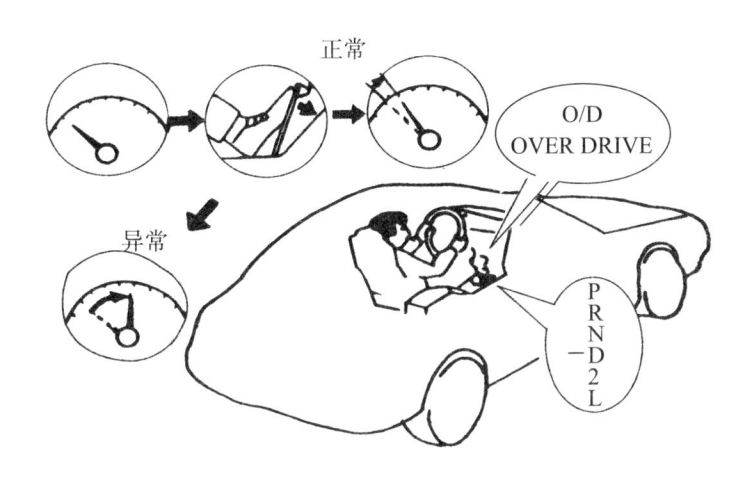

图 15-26 锁止离合器工作情况检查

（5）发动机制动作用的检查。检查自动变速器有无发动机制动作用时，应将变速杆拨至前进低挡位（S、L 或 2、1），在汽车以 2 挡或 1 挡行驶时，突然松开加速踏板，检查是否有发动机制动作用。若松开加速踏板后车速立即随之下降，说明有发动机制动作用；否则，说明控制系统或前进强制离合器有故障。

（6）强制降挡功能的检查。检查自动变速器强制降挡功能时，应将变速杆拨至前进挡（D 位），保持节气门开度为 1/3 左右，在以 2 挡、3 挡或超速挡行驶时突然将加速踏板踩到底，检查自动变速器是否被强制降低挡位。在强制降挡时，发动机转速会突然上升至 4 000 r/min 左右，并随着加速升挡，转速逐渐下降。若踩下加速踏板后没有出现强制降挡，说明强制降挡功能失效。若在强制降挡时发动机转速升高反常，达

5 000～6 000 r/min，并在升挡时出现换挡冲击，则说明换挡执行元件打滑，应拆修自动变速器。

（7）P位制动效果的检查。将汽车停在坡度大于9%的斜坡上，变速杆置于P位，松开驻车制动器，检查机械闭锁爪的锁止效果。

5.手动换挡实验

将电控自动变速器所有换挡电磁阀的线束插头全部脱开，此时ECU不能通过换挡电磁阀来控制换挡，自动变速器的换挡取决于变速杆的位置。不同车型的电控自动变速器在脱开换挡电磁阀线束插头后挡位和变速杆位置的关系不完全相同。丰田轿车电控自动变速器A140E、A240E、A340E、A341E、A442DE等手动换挡时挡位和变速杆位置的关系如表15-4所示。

表15-4 手动换挡时变速杆位置与挡位的关系

变速杆位置	P	R	N	D	2	L
挡位	停车挡	倒挡	空挡	超速挡	3挡	1挡

手动换挡实验的目的是确定故障存在的部位，区分故障是由机械、液压系统引起的，还是由电子控制系统引起的。手动换挡实验应在读取故障代码和完成自动变速器基本检查后进行。

手动换挡实验的步骤如下：

（1）脱开电子控制自动变速器的所有换挡电磁阀线束插头。

（2）启动发动机，将变速杆拨至不同位置，然后做道路实验（也可以将驱动轮悬空，进行台架实验）。

（3）观察发动机转速和车速的对应关系，以判断自动变速器所处的挡位。自动变速器不同挡位发动机转速与车速的关系如表15-5所示。由于变矩器的减速作用与传递的转矩有关，因此表中车速只能作为参考，实际车速将随着行驶中节气门开度的不同而产生一定的变化。

表 15-5　自动变速器不同挡位发动机转速和车速的关系

挡　位	发动机转速（r/min）	车速（km/h）	挡　位	发动机转速（r/min）	车速（km/h）
1 挡	2 000	18～22	3 挡	2 000	50～55
2 挡	2 000	34～38	超速挡	2 000	70～75

（4）若变速杆位于不同位置时，自动变速器所处的挡位与表 15-5 相同，说明电子控制自动变速器的阀板及换挡执行元件基本上工作正常；否则，说明自动变速器的阀板或换挡执行元件有故障。

（5）实验结束后，接上电磁阀线束插头。

（6）清除计算机中的故障代码，防止因脱开电磁阀线束插头产生的故障代码保存在计算机中，影响自动变速器的故障自诊断工作。

15.3.3　自动变速器的故障自诊断

电控自动变速器的电控单元内部设有故障自诊断系统，它能在汽车行驶过程中不断监测自动变速器电控系统的故障，并将故障以代码的形式记录在电控单元内。维修人员可按特定的方法读取故障代码，为检修自动变速器控制系统提供依据。

自动变速器电控系统出现故障，一般故障指示灯（MIL）会点亮，不同车系点亮的方式不同，具体情况如表 15-6 所示。

表 15-6　自动变速器故障指示灯的点亮

车　系	故障指示灯点亮方式
丰田（TOYOTA）	O/D OFF 指示灯点亮
本田（HONDA）	D4 指示灯点亮
日产（NISSAN）	POWER 指示灯点亮
通用（GM）	SERVICE ENGINE SOON 指示灯点亮
宝马（BMW）	在信息区出现 TRANS PROGRAM 且挡位指示灯不亮
奥迪（AUDI）	P、R、N、D、3、2、1 指示灯全亮

自动变速器的自诊断系统指示有故障之后,维修人员一般采取读取故障代码、按故障代码的提示进行检查及修理、清除故障代码的步骤进行维修。

自动变速器电控系统出现故障,既可利用汽车故障诊断仪读取故障代码,也可进行人工读码(目前很少采用)。

1. 人工读取和清除故障代码

人工读取故障代码就是利用跨接线短接故障诊断座的相应端子,从而激发仪表板上的故障指示灯闪烁,再根据故障指示灯闪烁时间的长短和次数来读取故障代码。不同的车型有不同的读码方法,下面以丰田车系为例,介绍自动变速器故障代码的人工读取和清除方法。

(1)读取故障代码。

① 打开点火开关,但不启动发动机。

② 检查超速挡开关,使之处于 ON 位置。

丰田轿车将仪表板上的 O/D OFF 指示灯作为自动变速器故障指示灯。若超速挡开关置于 ON 位置时,打开点火开关或汽车行驶中 O/D OFF 指示灯常亮,说明自动变速器电控系统有故障。

③ 用导线跨接驾驶室内 TDCL 或发动机室内检查插接器的 TE1 和 E1 端子。

④ 根据自动变速器故障指示灯的闪烁情况读出故障代码。

若自动变速器电控系统工作正常,ECU 内没有故障代码,则故障指示灯以 2 次 /s 的频率连续闪烁,如图 15-27(a)所示。

若自动变速器电控单元存在故障代码,则故障指示灯以 1 次 /s 的频率闪亮,并将两位数的故障代码的十位和个位先后用故障指示灯闪烁的次数表示出来。例如,故障代码为 42 时,故障指示灯先以 1 次 /s 的频率闪烁 4 次,表示故障代码的十位数为 4,然后停顿 1.5 s,再以 1 次 /s 的频率闪烁 2 次,表示故障代码的个位数为 2,如图 15-27(b)所示。

正常码（无故障）

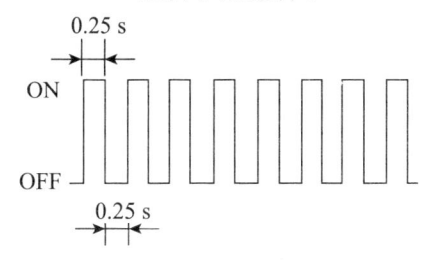

（a）无故障

故障码42

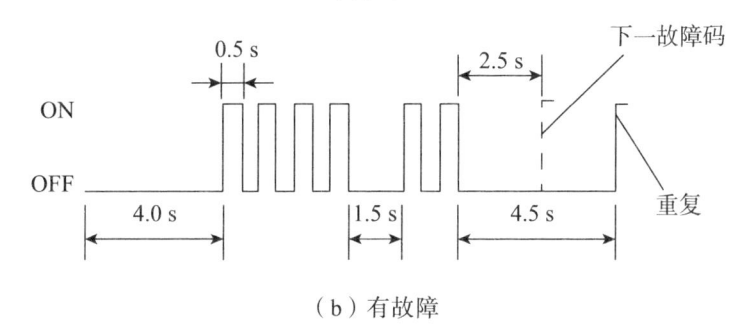

下一故障码

重复

（b）有故障

图 15-27　丰田故障代码的显示

当电控单元内储存有多个代码时，控制单元按故障代码从小到大的顺序逐个显示，相邻两个故障代码之间间隔 2.5 s。所有故障代码显示完毕，停顿 4.5 s 后再重新显示，如此反复，直到从故障诊断座拔下连接导线为止。丰田 A341E、A342E 自动变速器故障代码表如表 15-7 所示。

⑤读取所有故障代码后，从诊断座上拔下连接导线，关闭点火开关。

表 15-7　丰田 A341E、A342E 自动变速器故障代码表

故障代码	含　义	故障部位
42	1号车速传感器故障	（1）1号车速传感器； （2）1号车速传感器线束或插接器； （3）ECU

第 15 章　汽车电控自动变速系统性能测试实验 ｜ 253

续 表

故障代码	含 义	故障部位
46	4号电磁阀短路或断路	（1）4号电磁阀； （2）4号电磁阀线束或插接器； （3）ECU
61	2号车速传感器故障	（1）2号车速传感器； （2）2号车速传感器线束或插接器； （3）ECU
62	1号电磁阀短路或断路	（1）1号电磁阀； （2）1号电磁阀线束或插接器； （3）ECU
63	2号电磁阀短路或断路	（1）2号电磁阀； （2）2号电磁阀线束或插接器； （3）ECU
64	3号电磁阀短路或断路	（1）3号电磁阀； （2）3号电磁阀线束或插接器； （3）ECU
67	O/D挡转速传感器故障	（1）O/D挡转速传感器； （2）O/D挡转速传感器线束或插接器； （3）ECU
68	KD开关短路	（1）KD开关； （2）KD开关线束或插接器； （3）ECU

（2）清除故障代码。故障排除后，应清除ECU存储器中的故障代码。清除故障代码的方法如下：在点火开关关闭的情况下，拔下EFI熔丝（15 A）10 s以上，如图15-28所示。具体的时间长短取决于环境温度，温度越低，取下熔丝的时间越长。

2号J/B　　　　　　EFI熔丝

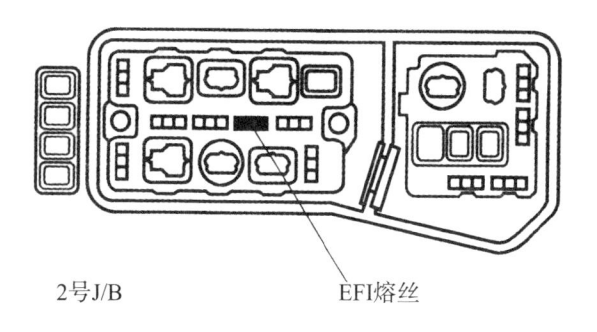

图 15-28　丰田故障代码清除

拆下蓄电池的搭铁线也可将故障代码清除，但这会将 ECU 存储器中的其他信息也清除掉。将发动机与自动变速器 ECU 的线束插接器拔开，也可清除故障代码。

消除故障代码后，应进行路试，检查 O/D OFF 指示灯是否闪烁正常的代码。

2. 仪器读取和清除故障代码

目前很少采用人工方法读取故障代码，各车系都有自己的专用故障诊断仪来读取和清除故障代码，大众/奥迪车系采用 V.A.G1551/1552、V.A.S5051/5052，丰田车系采用 IT2 诊断仪，日产车系采用 CONSULT Ⅱ 诊断仪，通用车系采用 TECH Ⅱ 诊断仪，宝马车系采用 GTI 等。故障诊断仪 V.A.G1551 的连接如图 15-29 所示。

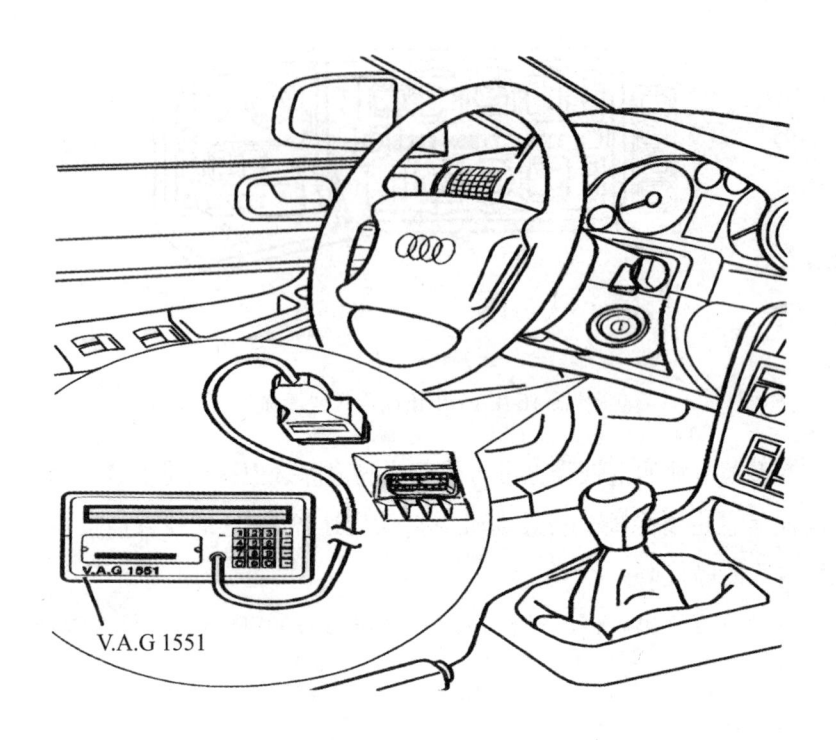

图 15-29 故障诊断仪 V.A.G1551 的连接

15.3.4 自动变速器常见故障的诊断与排除

自动变速器的常见故障主要为汽车不能行驶、自动变速器打滑、换挡冲击过大、升挡过迟、不能升挡、无超速挡、无前进挡、无倒挡、跳挡、挂挡后发动机易熄火、无发动机制动、不能强制降挡、无锁止挡、自动变速器油易变质、自动变速器异响等。导致自动变速器出现故障的原因很多，情况也比较复杂，可能是电子控制系统有故障或调整不当，也可能是油泵、液力变矩器、控制阀、换挡执行元件等有故障。在诊断过程中，应先对电子控制系统进行检修，然后对相关部位进行相应调整，最后再进行分解检修，切忌盲目拆卸。

1.汽车不能行驶

（1）故障现象。

①无论变速杆位于倒挡位，还是位于前进挡位或前进低挡位，汽车都不能行驶。

②冷车启动后汽车能行驶一小段路程，但热车状态下汽车不能行驶。

（2）故障原因。

①自动变速器油底壳渗漏，自动变速器油漏光。

②变速杆和手动阀摇臂之间的连杆或拉索松脱，手动阀保持在空挡或停车挡位置。

③油泵进油滤网堵塞。

④主油路严重泄漏。

⑤油泵损坏。

（3）故障诊断与排除。

① 检查自动变速器内有无自动变速器油。其方法如下：拔出自动变速器的油尺，观察油尺上有无自动变速器油。若油尺上没有自动变速器油，说明自动变速器内的自动变速器油已漏光。此时，应检查油底壳、自动变速器油散热器、油管等处有无破损而导致漏油。如有严重漏油处，应修复后重新加油。

②检查自动变速器变速杆与手动阀摇臂之间的连杆或拉索有无松脱。如果有松脱，应予以装复，并重新调整好变速杆的位置。

③拆下主油路测压孔上的螺塞，启动发动机，将变速杆置于前进挡位或倒挡位，检查测压孔内有无液压油流出。

④若主油路测压孔内没有 ATF 流出，应打开油底壳，检查手动阀摇臂轴与摇臂间有无松脱，手动阀阀芯有无折断或脱钩。若手动阀工作正常，则说明油泵损坏。此时，应拆卸分解自动变速器，更换油泵。

⑤若主油路测压孔内只有少量 ATF 流出，说明油压很低或基本上没有油压，应打开油底壳，检查油泵进油滤网有无堵塞。如无堵塞，说明

油泵损坏或主油路严重泄漏，此时应拆卸分解自动变速器，予以修理。

⑥若冷车起动时主油路有一定的油压，但热车后油压即明显下降，说明油泵磨损过甚。此时，应更换油泵。

⑦若测压孔内有大量 ATF 喷出，说明主油路油压正常，故障出在自动变速器中的输入轴、行星排或输出轴。此时，应拆检自动变速器。

2. 自动变速器打滑

（1）故障现象。

①起步时踩下加速踏板，发动机转速很快升高，但车速升高缓慢。

②行驶中踩下加速踏板加速时，发动机转速升高，但车速没有很快提高。

③在平路上行驶基本正常，但上坡无力，并且发动机转速很高。

（2）故障原因。

① ATF 油面太低。

② ATF 油面太高，运转中被行星排剧烈搅动后产生大量气泡。

③离合器或制动器摩擦片、制动带磨损过度或烧焦。

④油泵磨损过度或主油路泄漏，造成油路油压过低。

⑤单向离合器打滑。

⑥离合器或制动器活塞密封圈损坏，导致漏油。

⑦减振器活塞密封圈损坏，导致漏油。

（3）故障诊断与排除。

①对于出现打滑现象的自动变速器，应先检查其 ATF 油面高度和品质。若油面过低或过高，应先将油面高度调整至正常高度后再做检查。若油面高度调整至正常高度后自动变速器不再打滑，可不必拆修自动变速器。

②检查 ATF 品质。若液压油呈棕黑色或有烧焦味，说明离合器或制动器的摩擦片或制动带烧焦，应拆修自动变速器。

③做路试，以确定自动变速器是否打滑，并检查出现打滑的挡位和

打滑的程度。将变速杆拨入不同的位置，让汽车行驶。若自动变速器升至某一挡位时发动机转速突然升高，但车速没有相应地提高，即说明该挡位有打滑。打滑时发动机的转速越容易升高，说明打滑越严重。

根据出现打滑的规律，还可以判断产生打滑的是哪一个换挡执行元件。

a.若自动变速器在所有前进挡都有打滑现象，则为前进挡离合器打滑。

b.若自动变速器在变速杆位于 D 位时的 1 挡有打滑，而在变速杆位于 L 位或 1 位时的 1 挡不打滑，则为前进单向离合器打滑。若不论变速杆位于 D 位、L 位还是 1 位，1 挡都有打滑现象，则为低挡及倒挡制动器打滑。

c.若自动变速器只在变速杆位于 D 位时的 2 挡有打滑，而在变速杆位于 S 位或 2 位时的 2 挡不打滑，则为 2 挡单向离合器打滑。若不论变速杆位于 D 位或 S 位还是 2 位，2 挡都有打滑现象，则为 2 挡制动器打滑。

d.若自动变速器只在 3 挡有打滑现象，则为倒挡及高挡离合器打滑。

e.若自动变速器只在超速挡时有打滑现象，则为超速制动器打滑。

f.若自动变速器在倒挡和高挡时都有打滑现象，则为倒挡及高挡离合器打滑。

g.若自动变速器在倒挡和 1 挡时都有打滑现象，则为低挡及倒挡制动器打滑。

④对于有打滑故障的自动变速器，在拆卸分解之前，应先检查自动变速器的主油路油压，以找出造成自动变速器打滑的原因。自动变速器不论前进挡还是倒挡均打滑，其原因往往是主油路油压过低。若主油路油压正常，则只要更换磨损或烧焦的摩擦元件即可；若主油路油压不正常，则在拆修自动变速器的过程中，应根据主油路油压，相应地对油泵或阀进行检修，并更换自动变速器的所有密封圈和密封环。

3.换挡冲击大

（1）故障现象。

①在起步时，变速杆由停车挡位或空挡位换入倒挡位或前进挡位时，汽车振动较严重。

②行驶中，在自动变速器升挡的瞬间汽车有较明显的闯动。

（2）故障原因。导致自动变速器换挡冲击大的原因很多，主要原因有调整不当，机构零件性能下降或损坏，电子控制系统有故障。具体原因如下：

①发动机怠速过高。

②节气门拉索或节气门位置传感器调整不当，使主油路油压过高。

③升挡过迟。

④真空式节气门阀的真空软管破裂或松脱。

⑤主油路调压阀有故障，使主油路油压过高。

⑥减振器活塞卡住，不能起减振作用。

⑦单向阀钢球漏装，换挡执行元件（离合器或制动器）结合过快。

⑧换挡执行元件打滑。

⑨油压电磁阀不工作。

⑩ECU有故障。

（3）故障诊断与排除。引起换挡冲击的原因较多，因此在诊断故障的过程中，必须循序渐进，对自动变速器的各个部分做认真的检查，一定要在全面检测的基础上，有针对性地进行分解修理，切不可盲目地拆修。总体而言，若故障是由于调整不当，只要稍作调整即可排除；若是由于自动变速器内部控制阀、减振器或换挡执行元件有故障，应分解自动变速器，予以修理；若是由于电子控制系统有故障，应对电子控制系统进行检测，找出具体原因，加以排除。具体检查诊断与排除的步骤如下：

①检查发动机怠速。装有自动变速器的汽车的发动机怠速一般为750 r/min左右。若怠速过高，应按标准予以调整。

②检查节气门拉索或节气门位置传感器的调整情况。如不符合标准，应重新予以调整。

③检查真空式节气门阀的真空软管。如有破裂，应更换；如有松脱，应重新连接。

④做道路实验。如果有升挡过迟的现象，则说明换挡冲击大的故障是升挡过迟所致。如果在升挡之前发动机转速异常升高，导致在升挡的瞬间有较大的换挡冲击，则说明离合器或制动器打滑，应分解自动变速器，予以修理。

⑤检测主油路油压。如果怠速时的主油路油压高，则说明主油路调压阀或节气门阀有故障，可能是调压弹簧的预紧力过大或阀芯卡滞所致；如果怠速时主油路油压正常，但起步挂挡时有较大的冲击，则说明前进挡离合器或倒挡及高挡离合器的进油单向阀阀球损坏或漏装。此时，应拆卸阀板，予以修理。

⑥检测换挡时的主油路油压。在正常情况下，换挡时的主油路油压会有瞬时的下降。如果换挡时主油路油压没有下降，则说明减振器活塞卡滞。此时，应拆检阀板和减振器。

⑦电子控制自动变速器如果出现换挡冲击过大的故障，应检查油压电磁阀的线路以及油压电磁阀工作是否正常、ECU是否在换挡的瞬间向油压电磁阀发出控制信号。如果线路有故障，应予以修复；如果电磁阀损坏，应更换电磁阀；如果ECU在换挡的瞬间没有向油压电磁阀发出控制信号，说明ECU有故障，应更换ECU。

4. 升挡过迟

（1）故障现象。

①在汽车行驶中，升挡车速明显高于标准值，升挡前发动机转速偏高。

②必须采用松加速踏板提前升挡的操作方法，才能使自动变速器升入高挡或超速挡。

（2）故障原因。

①节气门拉索或节气门位置传感器调整不当。

②节气门位置传感器损坏。

③调速器卡滞。

④调速器弹簧预紧力过大。

⑤调速器壳体螺栓松动或输出轴上的调速器进出油孔处的密封环磨损，导致调速器油路泄漏。

⑥真空式节气门阀推杆调整不当。

⑦真空式节气门阀的真空软管破裂或真空膜片室漏气。

⑧主油路油压或节气门油压太高。

⑨强制降挡开关短路。

⑩ECU或传感器有故障。

（3）故障诊断与排除。

①对于电子控制自动变速器，应先进行故障自诊断。如有故障代码，则按所显示的故障代码查找故障原因。

②检查节气门拉索或节气门位置传感器的调整情况。如果不符合标准，应重新予以调整。

③测量节气门位置传感器的电阻。如果不符合标准，应予以更换。

④对于采用真空式节气门阀的自动变速器，应拔下真空式节气门阀上的真空软管，检查在发动机运转中真空软管内有无吸力。如果没有吸力，说明真空软管破裂、松脱或堵塞，应予以修复。

⑤检查强制降挡开关。如有短路，应予以修复或更换。

⑥测量急速时的主油路油压，并与标准值进行比较。若油压太高，应通过节气门拉索或节气门位置传感器予以调整。对采用真空式节气门

阀的自动变速器，应采用缩短节气门阀推杆长度的方法，予以调整。若调整无效，应拆检主油路调压阀或节气门阀。

⑦用举升器将汽车升起，让驱动轮悬空，然后启动发动机，挂上前进挡，让自动变速器运转，同时测量调速器油压，将不同转速下测得的调速器油压与自动变速器维修手册上的标准进行比较。若油压值低于标准值，说明调速器有故障或调速器油路有泄漏，应拆卸自动变速器，检查调速器固定螺栓有无松动、调速器油路上的各处密封圈或密封环有无磨损漏油、调速器阀芯有无卡滞或磨损过度、调速弹簧是否太硬。

⑧若调速器油压正常，则升挡过迟的故障原因为换挡阀工作不良。此时，应拆检或更换阀板。

5. 不能升挡

（1）故障现象。

①汽车行驶中自动变速器始终保持在1挡，不能升入2挡和高速挡。

②行驶中自动变速器可以升入2挡，但不能升入3挡和超速挡。

（2）故障原因。

①节气门拉索或节气门位置传感器调整不当。

②调速器有故障。

③调速器油路严重泄漏。

④车速传感器有故障。

⑤2挡制动器或高挡离合器有故障。

⑥换挡阀卡滞。

⑦挡位开关有故障。

（3）故障诊断与排除。

①对于电子控制自动变速器，应先进行故障自诊断。影响换挡控制的传感器有节气门位置传感器、车速传感器等，诊断故障时按所显示的故障代码查找故障原因。

②按标准重新调整节气门拉索或节气门位置传感器。

③检查车速传感器。如有损坏，应予以更换。

④检查挡位开关的信号。如有异常，应予以调整或更换。

⑤测量调速器油压。若车速升高后调速器油压仍为0或很低，说明调速器有故障或调速器油路严重泄漏，应拆检调速器。调速器阀芯如有卡滞，应分解清洗，并将阀芯和阀孔用金相砂纸抛光。若清洗抛光后仍有卡滞，应更换调速器。

⑥用压缩空气检查调速器油路有无泄漏。如有泄漏，应更换密封圈或密封环。

⑦若调速器油压正常，应拆卸阀板，检查各个换挡阀。换挡阀如有卡滞，可将阀芯取出，用金相砂纸抛光，清洗后再装入。如不能修复，应更换阀板。

⑧若控制系统无故障，应分解自动变速器，检查各个换挡执行元件有无打滑现象，用压缩空气检查各个离合器、制动器油路或活塞有无泄漏。

6. 无超速挡

（1）故障现象。

①在汽车行驶中，车速已升高至超速挡工作范围，但自动变速器不能从3挡换入超速挡。

②在车速已达到超速挡工作范围后，采用提前升挡（松开加速踏板几秒后再踩下）的方法也不能使自动变速器升入超速挡。

（2）故障原因。

①超速挡开关有故障。

②超速电磁阀有故障。

③超速制动器打滑。

④超速行星排上的直接离合器或直接单向超越离合器卡死。

⑤挡位开关有故障。

⑥自动变速器油温传感器有故障。

⑦节气门位置传感器有故障。

⑧3—4换挡阀卡滞。

（3）故障诊断与排除。

①对于电子控制自动变速器，应先进行故障自诊断，检查有无故障代码。自动变速器油温传感器、节气门位置传感器、超速电磁阀等部件的故障都会影响超速挡的换挡控制，在诊断时按显示的故障代码查找故障原因。

②检查自动变速器油温传感器在不同温度下的电阻值，并与标准值进行比较。如有异常，应更换自动变速器油温传感器。

③检查挡位开关和节气门位置传感器的信号。挡位开关的信号应和变速杆的位置相符。节气门位置传感器的电阻或输出电压应能随节气门的开度变大而上升，并与标准相符。如有异常，应予以调整。若调整无效，应更换挡位开关或节气门位置传感器。

④检查超速挡开关。在ON位置时，超速挡开关的触点应断开，超速指示灯应不亮；在OFF位置时，超速挡开关触点应闭合，超速指示灯应亮起。如有异常，应检查电路或更换超速挡开关。

⑤检查超速电磁阀的工作情况。打开点火开关，但不要启动发动机，在按下超速挡开关时，检查超速电磁阀有无工作的声音。如果超速电磁阀不工作，应检查控制线路或更换超速电磁阀。

⑥用举升器将汽车升起，让驱动轮悬空。运转发动机，让自动变速器以前进挡工作，检查在空载状态下自动变速器的升挡情况。如果在空载状态下自动变速器能升入超速挡，并且升挡车速正常，说明控制系统工作正常，不能升挡的故障原因为超速制动器打滑，在有负荷的状态下不能实现超速挡。如果能升入超速挡，但升挡后车速不能提高，发动机转速下降，说明超速行星排中的直接离合器或直接单向超越离合器卡死，使超速行星排在超速挡状态下出现运动干涉，加大了发动机运转阻力。如果在无负荷状态下仍不能升入超速挡，说明控制系统有故障，应拆卸

阀板，检查3—4换挡阀。如有卡滞，可将阀芯拆下，予以清洗并抛光。如不能修复，应更换阀板总成。

7. 无前进挡

（1）故障现象。

①汽车倒挡行驶正常，在前进挡时不能行驶。

②变速杆在D位时不能起步，在S位、L位（或2位、1位）时可以起步。

（2）故障原因。

①前进离合器严重打滑。

②前进单向离合器打滑或装反。

③前进离合器油路严重泄漏。

④变速杆调整不当。

（3）故障诊断与排除。

①检查变速杆的调整情况。如果异常，应按规定程序重新调整。

②测量前进挡主油路油压。若油压过低，说明主油路严重泄漏，应拆检自动变速器，更换前进挡油路上各处的密封圈和密封环。

③若前进挡的主油路油压正常，应拆检前进离合器。如摩擦片表面粉末冶金层有烧焦或磨损过度，应更换摩擦片。

④若主油路油压和前进离合器均正常，则应拆检前进单向离合器，按照维修手册所述方法检查前进单向离合器的安装方向是否正确以及有无打滑。如果装反，应重新安装；如有打滑，应更换新件。

8. 无倒挡

（1）故障现象。汽车在前进挡时能正常行驶，但在倒挡时不能行驶。

（2）故障原因。

①变速杆调整不当。

②倒挡油路泄漏。

③倒挡及高挡离合器或低挡及倒挡制动器打滑。

（3）故障诊断与排除。

①检查变速杆的位置。如有异常，应按规定程序重新调整。

②检查倒挡油路油压。若油压过低，则说明倒挡油路泄漏，应拆检自动变速器，予以修复。

③若倒挡油路油压正常，应拆检自动变速器，更换损坏的离合器片或制动器片（制动带）。

9.频繁跳挡

（1）故障现象。汽车以前进挡行驶时，即使加速踏板保持不动，自动变速器仍会经常出现突然降挡现象；降挡后发动机转速异常升高，并产生换挡冲击。

（2）故障原因。

①节气门位置传感器有故障。

②车速传感器有故障。

③控制系统电路搭铁不良。

④换挡电磁阀接触不良。

⑤ECU有故障。

（3）故障诊断与排除。

① 对于电子控制自动变速器，应先进行故障自诊断。如有故障代码出现，按所显示的故障代码查找故障原因。

②检查节气门位置传感器，如有异常，应更换。

③检查车速传感器，如有异常，应更换。

④检查控制系统电路各条搭铁线的搭铁状态，如有搭铁不良现象，应予以修复。

⑤拆下自动变速器油底壳，检查各个换挡电磁阀线束插头的连接情况，如有松动，应予以修复。

⑥检查控制系统 ECU 各接线脚的工作电压，如有异常，应予以修复或更换。

⑦换一个新的阀板或 ECU 试一下，如果故障消失，说明原阀板或 ECU 损坏，应更换。

⑧更换控制系统所有线束。

10. 发动机怠速熄火

（1）故障现象。

①发动机怠速运转时将变速杆由 P 位或 N 位换入 R 位、D 位、S 位、L 位（或 2 位、1 位）时发动机熄火。

②在前进挡或倒挡行驶过程中，踩下制动踏板停车时发动机熄火。

（2）故障原因。

①发动机怠速过低。

②阀板中的锁止控制阀卡滞。

③挡位开关有故障。

④输入轴转速传感器有故障。

（3）故障诊断与排除。

①变速杆在空挡位或停车挡位时，检查发动机怠速。正常的发动机怠速应为 750 r/min，若怠速过低，应重新调整。

② 对于电子控制自动变速器，应先进行故障自诊断，按所显示的故障代码查找故障原因。

③检查挡位开关的信号，其应与变速杆的位置相一致，否则应予以调整或更换。

④检查输入轴转速传感器，如有损坏应更换。

⑤拆卸阀板，检查锁止控制阀，如有卡滞应清洗抛光后装复。如仍不能排除故障，应更换阀板。若油底壳内有大量的摩擦粉末，应彻底分解自动变速器，予以检修。

11. 无发动机制动

（1）故障现象。

①在行驶中，当变速杆位于前进低挡位（S位、L位或2位、1位）时，松开加速踏板，发动机转速降至怠速，但汽车没有明显减速。

②下坡时，变速杆位于前进低挡位，但不能产生发动机制动作用。

（2）故障原因。

①挡位开关调整不当。

②变速杆调整不当。

③2挡强制制动器打滑或低挡及倒挡制动器打滑。

④控制发动机制动的电磁阀有故障。

⑤阀板有故障。

⑥自动变速器打滑。

⑦ECU有故障。

（3）故障诊断与排除。

① 对于电子控制自动变速器，应先进行故障自诊断，按所显示的故障代码查找故障原因。

②做道路实验，检查加速时自动变速器有无打滑现象。如有打滑，应拆修自动变速器。

③ 如果变速杆位于S位时没有发动机制动作用，但变速杆位于L位时有发动机制动作用，则说明2挡强制制动器打滑，应拆修自动变速器。

④如果变速杆位于L位时没有发动机制动作用，但变速杆位于S位时有发动机制动作用，则说明低挡及倒挡制动器打滑，应拆修自动变速器。

⑤检查控制发动机制动的电磁阀线路有无短路或断路；电磁阀线圈电阻是否正常；通电后有无工作声音。如有异常，应修复或更换。

⑥拆卸阀板总成，清洗所有控制阀。阀芯如有卡滞，可抛光后装复。如抛光后仍有卡滞，应更换阀板。

⑦检测ECU各管脚电压。要特别注意与节气门位置传感器、挡位开关连接的各管脚的电压。如有异常，应做进一步的检查。

⑧更换一个新的ECU试一下。如果故障消失，说明原ECU损坏，应更换。

12. 不能强制降挡

（1）故障现象。当汽车以3挡或超速挡行驶时，突然将加速踏板踩到底，自动变速器不能立即降低一个挡位，致使汽车加速无力。

（2）故障原因。

①节气门拉索或节气门位置传感器调整不当。

②强制降挡开关损坏或安装不当。

③强制降挡电磁阀损坏或线路短路、断路。

④阀板中的强制降挡控制阀卡滞。

（3）故障诊断与排除。

①检查节气门拉索或节气门位置传感器的安装情况。如有异常，应按标准重新调整。

②检查强制降挡开关。在加速踏板踩到底时，强制降挡开关的触点应闭合；松开加速踏板时，强制降挡开关的触点应断开。如果加速踏板踩到底时强制降挡开关触点没有闭合，可用手直接按动强制降挡开关。如果按下开关后触点闭合，说明开关安装不当，应重新调整；如果按下开关后触点仍不闭合，说明开关损坏，应予以更换。

③对照电路图，在自动变速器线束插头处测量强制降挡电磁阀。如有异常，则故障原因是线路短路、断路或电磁阀损坏，应检查线路或更换电磁阀。

④打开自动变速器油底壳，拆下强制降挡电磁阀，检查电磁阀的工作情况。如有异常，应予以更换。

⑤拆下阀板总成，分解、清洗、检查强制降挡控制阀。阀芯如有卡滞，可进行抛光。若无法修复，则应更换阀板总成。

13. 无锁止

（1）故障现象。汽车行驶中，车速、挡位已满足锁止离合器起作用的条件，但锁止离合器仍没有产生锁止作用；汽车油耗较大。

（2）故障原因。

①自动变速器油温传感器有故障。

②节气门位置传感器有故障。

③锁止电磁阀有故障或线路短路、断路。

④锁止控制阀有故障。

⑤变矩器中的锁止离合器损坏。

（3）故障诊断与排除。

①对于电子控制自动变速器，应先进行故障自诊断，检查有无故障代码。如有故障代码，则可按显示的故障代码查找相应的故障原因。与锁止控制有关的部件包括自动变速器油温传感器、节气门位置传感器、锁止电磁阀等。

②检查节气门位置传感器。如果在一定节气门开度下的节气门位置传感器输出电压过高或电位计电阻过大，应予以调整。若调整无效，应更换节气门位置传感器。

③打开油底壳，拆下自动变速器油温传感器。检测自动变速器油温传感器。如不符合标准，应更换自动变速器油温传感器。

④测量锁止电磁阀。如有短路或断路，应检查电路；如电路正常，则应更换电磁阀。

⑤拆下锁止电磁阀，进行检查。如有异常，应予以更换。

⑥拆下阀板，分解并清洗锁止控制阀。如有卡滞，应抛光装复。如不能修复，应更换阀板。

⑦若控制系统无故障，则应更换变矩器。

14.自动变速器异响

(1)故障现象。

①在汽车运转过程中,自动变速器内始终有异常响声。

②汽车行驶中自动变速器有异响,停车挂空挡后异响消失。

(2)故障原因。

①油泵因磨损过度或 ATF 油面高度过低、过高而产生异响。

②变矩器因锁止离合器、导轮单向离合器等损坏而产生异响。

③行星齿轮机构异响。

④换挡执行元件异响。

(3)故障诊断与排除。

①检查自动变速器 ATF 油面高度。若太高或太低,应调整至正常高度。

②用举升器将汽车升起,启动发动机,在空挡、前进挡、倒挡等状态下检查自动变速器产生异响的部位和时刻。

③若在任何挡位下自动变速器中始终有一连续的异响,通常为油泵或变矩器异响。此时,应拆检自动变速器,检查油泵有无磨损、变矩器内有无大量摩擦粉末。如有异常,应更换油泵或变矩器。

④若自动变速器只在行驶中有异响,空挡时无异响,则为行星齿轮机构异响。此时,应分解自动变速器,检查行星排各个零件有无磨损痕迹,齿轮有无断裂,单向离合器有无磨损、卡滞,轴承或止推垫片有无损坏。如有异常,应予以更换。

15.自动变速器油易变质

(1)故障现象。

①更换后的新自动变速器油使用不久即变质。

②自动变速器温度太高,从加油口处向外冒烟。

（2）故障原因。

①汽车使用不当，经常超负荷行驶，如经常用于拖车，或经常急速、超速行驶等。

②自动变速器散热器管路堵塞。

③通往自动变速器散热器的限压阀卡滞。

④离合器或制动器自由间隙太小。

⑤主油路油压太低，离合器或制动器在工作中打滑。

（3）故障诊断与排除。

①让汽车以中低速行驶 5～10 min，待自动变速器达到正常工作温度后，在发动机运转过程中检查自动变速器散热器的温度。在正常情况下，变速器散热器的温度为 60℃左右。若散热器的温度低，说明油管堵塞，或通往散热器的限压阀卡滞。这样，自动变速器油未得到及时冷却，油温过高，因而变质。

②若散热器的温度太高，说明离合器或制动器自由间隙太小。此时，应拆卸自动变速器，予以调整。

③若 ATF 温度正常，应测量主油路油压。若油压太低，应检查节气门拉索或节气门位置传感器的调整情况。若节气门拉索或节气门位置传感器安装正常，应拆卸自动变速器，检查油泵是否磨损过度，阀板内的主油路调压阀和节气门阀有无卡滞，主油路有无漏油处。

④若上述检查均正常，则出现故障的原因可能是汽车经常超负荷行驶或未按规定使用合适牌号的 ATF。对此，可将 ATF 全部放出，加入规定牌号和数量的 ATF。

15.4　万向传动装置的故障诊断与排除

传动装置出现故障，汽车的表观现象主要有以下几种情况：

（1）汽车起步时传动轴有撞击声，行驶中当车速变化或高速挡低速行驶时也会出现撞击声，整个行驶过程响声不断。

（2）汽车起步时无异响，但加速时会出现异响，脱挡滑行时也有十分清晰的异响。

（3）车速超过中速出现异响，车速越高响声越大，达到一定速度时车身振抖，车门、转向盘等强烈振响。若此时空挡滑行，振动更加强烈，降到中速时振抖消失，但传动轴异响仍然存在。

万向传动装置的常见故障有传动轴或前驱动轴异响、传动轴发抖或前驱动轴振动等。

15.4.1 传动轴或前驱动轴异响

1. 故障现象

汽车起步或行驶过程中，有撞击声出现，并且车速变化时响声更明显，则为传动轴异响。汽车行驶中，在加、减速和转弯时前驱动桥出现不正常的响声，则为前驱动轴异响。

2. 故障原因

（1）传动轴装配错误，两端的转向节叉不在同一平面内。

（2）转向节十字轴装配过紧。

（3）万向传动装置各连接部位及中间支架固定螺栓松动。

（4）中间轴承、十字轴滚针轴承润滑不良。

（5）中间轴承与中间传动轴轴颈配合松旷。

（6）传动轴花键齿与滑动叉花键槽磨损松旷，或变速器第二轴花键齿与凸缘花键槽磨损松旷。

（7）前桥驱动的前驱动轴外侧等速转向节或内侧等速转向节磨损过度或损坏。

3.故障诊断与排除

（1）检查转向节叉是否在同一平面内，如图 15-30 所示。若安装错误，应重新装配。

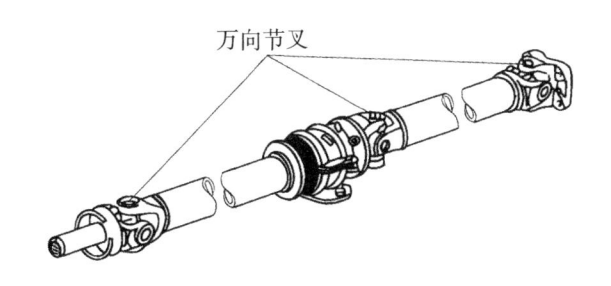

图 15-30　传动轴转向节叉安装方向

（2）检查万向传动装置各连接处的螺栓是否松动。若松动，应予以紧固。

（3）若连接状况良好，则拉紧驻车制动器，用手握住传动轴管来回转动。若感到阻力较大，应检查十字轴是否装配过紧或缺油，必要时进行调整。若扭转传动轴感到松旷，应检查轴承是否缺油或磨损过度，伸缩节花键齿与槽是否磨损过大，必要时进行润滑、修理或更换。

（4）检查中间轴承与中间传动轴轴颈的配合情况，如图 15-31 所示。若松旷，予以修理或更换。检查中间支架的安装是否欠妥，使中间轴承位置偏斜，或检查轴承盖螺栓松紧度是否不当。若是，应调整。

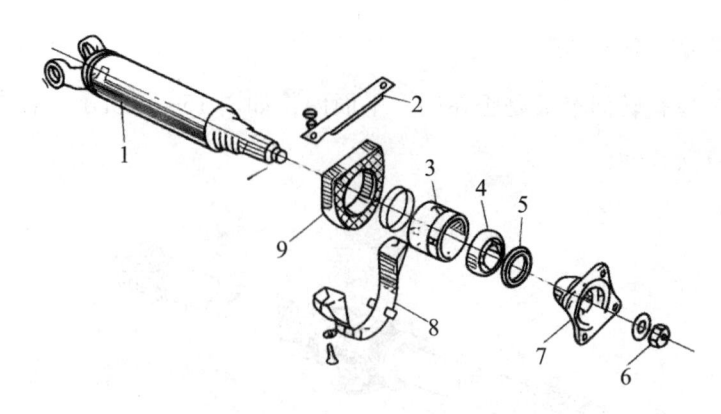

1—前传动轴；2—上盖板；3—轴承座；4—中间轴承；5—油封；6—螺母；7—凸缘；
8—支架；9—橡胶垫环

图 15-31　检查中间轴承与中间传动轴轴颈配合情况

（5）若上述检查后，仍存在异响，应拆下传动轴，检查传动轴是否弯曲变形，如图 15-32 所示。若有变形，应予以校正。

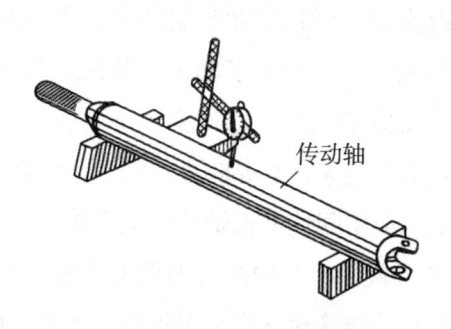

图 15-32　检查传动轴变形量

（6）前桥驱动的汽车，若加、减速和转弯时前驱动轴发出异响，应分别拆检外侧等速转向节或内侧等速转向节是否磨损过度或损坏。若磨损松旷或损坏，应更换。

15.4.2 传动轴发抖或前驱动轴振动

1. 故障现象

若为传动轴发抖，则当汽车车速达到一定速度时，车身出现严重抖动，车门、转向盘等强烈振响。若为前驱动轴振动，则当汽车加速行驶或高速行驶时均会出现这种现象，严重时车身振响。

2. 故障原因

（1）传动轴装配错误，两端转向节叉不在同一平面内。

（2）传动轴弯曲变形。

（3）传动轴轴管凹陷或平衡块脱落。

（4）中间轴承或支架橡胶垫环隔套磨损松旷。

（5）十字轴滚针轴承磨损松旷或破裂。

（6）伸缩节花键齿与花键槽磨损，配合松旷。

（7）前驱动轴内侧等速转向节磨损松旷。

3. 故障诊断与排除

（1）检查装配标记是否对正，是否能保证传动轴两端转向节叉处在同一平面内。若不对正，应重新装配。

（2）检查传动轴管是否凹陷，平衡块是否脱落。若凹陷或脱落，应予以修理。

（3）拉紧驻车制动器，用手握住传动轴轴管来回转动。若有晃动，应检查各连接螺栓是否松动，再检查传动轴花键配合是否松旷。若松旷，应修理或更换。

（4）以上检查完好，应拆下传动轴，检查传动轴是否弯曲变形。若弯曲变形，应予以校正。

（5）检查十字轴轴颈与滚针轴承是否磨损松旷、滚针破裂，如图15-33所示。若不符合要求，应予以修理或更换。

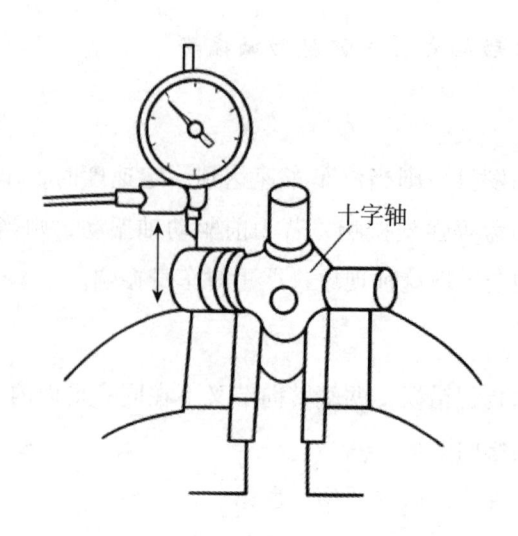

图 15-33　检查十字轴与轴孔配合间隙

（6）若汽车行驶中发出连续振响，应在发动机熄火后，用手握住中间传动轴，径向晃动，检查中间支架固定螺栓是否松动，轴承是否磨损松旷，橡胶垫环隔套是否径向间隙过大。若不符合要求，应予以修理或更换。

（7）经以上检查完好，应拆下中间传动轴检查。若有弯曲变形，应予以校正。

（8）若为前驱动的，应拆检前驱动轴内侧等速转向节的滚道表面和钢球是否磨损严重、卡滞。若磨损过度或卡滞，应更换内侧等速转向节。

15.5　驱动桥的故障诊断与排除

驱动桥出现故障，汽车的表观现象主要有以下几种情况：

（1）汽车行驶一定里程后，用手触碰驱动桥壳中部，有无法忍受的烫手感觉。

（2）汽车挂挡行驶时驱动桥发出较大响声，而当滑行或低速行驶时响声减弱或消失。

（3）汽车行驶、滑行时驱动桥均发出较大响声。

（4）汽车转弯行驶时驱动桥发出较大响声，而直线行驶时响声减小或消失。

（5）起步或突然改变车速时，驱动桥发出"吭"的一声。

（6）汽车缓行时驱动桥发出"格啦格啦"的撞击声。

（7）后桥漏油。

驱动桥的功能是将万向传动装置输入的动力经降速增扭，改变传动方向后，分配给左右驱动轮，并且允许左右驱动轮以不同转速旋转。一般汽车用驱动桥主要由主减速器、差速器、驱动半轴及桥壳等组成，结构如图15-34所示。驱动桥的常见故障为异响、过热和漏油等。

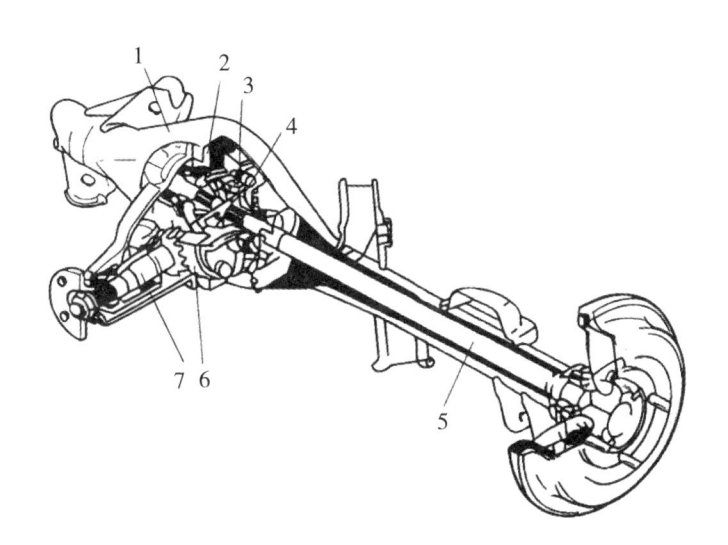

1—后桥壳；2—差速器壳；3—差速器行星齿轮；4—差速器半轴齿轮；5—后半轴；6—主减速器从动齿轮齿圈；7—主减速器主动小齿轮

图15-34 驱动桥的结构

15.5.1 驱动桥的异响

1. 故障现象

（1）汽车挂挡行驶时驱动桥发出较大响声，而滑行或低速行驶时响声减小或消失。

（2）汽车行驶、滑行时驱动桥均发出较大响声。

（3）汽车转向行驶时驱动桥发出较大响声，而当直线行驶时响声减小或消失。

（4）汽车起步或突然改变车速时，驱动桥发出"吭"的一声。

（5）汽车缓车时，驱动桥发出"格啦格啦"的响声。

2. 故障原因

驱动桥产生异响的根本原因是驱动桥的传动部件磨损松旷、调整不当或润滑不良。其具体原因如下。

（1）主减速器轴承、差速器轴承磨损松旷。

（2）主减速器的锥齿轮和圆柱齿轮、差速器行星齿轮和半轴齿轮等磨损过度，齿面损伤或轮齿折断。

（3）主减速器主、从动锥齿轮啮合调整不当。

（4）半轴齿轮花键槽与半轴花键配合磨损松旷。

（5）差速器行星齿轮与半轴齿轮不匹配，啮合不良。

（6）差速器行星齿轮轴轴颈磨损过度，行星齿轮支承垫圈磨薄，行星齿轮与差速器行星齿轮轴卡滞或装配不当。

（7）主减速器从动锥齿轮与差速器壳紧固螺栓松动，差速器轴承盖紧固螺钉松动。

（8）后轮轮毂轴承损坏。

（9）车辆轮辋破裂，轮辋上轮胎螺栓孔磨损过大，使轮辋固定不牢。

（10）齿轮油不足、油质不符合要求。

3.故障诊断与排除

（1）若汽车挂挡行驶有异响，而空挡滑行异响减小或消失，应将主减速器拆下，分解检查驱动桥主、从动锥齿轮的轮齿是否损伤折断，啮合间隙是否过大，啮合痕迹是否符合要求，如图15-35所示。若有损伤或不符合要求，应更换或调整。

图 15-35　检查主、从动锥齿轮的啮合间隙

（2）若汽车直线行驶无异响，而转弯时驱动桥出现异响，应检查差速器两端轴承是否松旷，必要时加以调整。若不松旷，应将差速器拆下，分解检查行星齿轮、半轴齿轮、行星齿轮轴是否磨损松旷或行星齿轮是否啮合不良，如图15-36所示。若不符合要求，应修理、调整或更换。

图 15-36　检查差速器行星齿轮和半轴齿轮啮合情况

（3）汽车无论挂挡行驶还是空挡滑行，驱动桥均有响声，应检查润滑油油量及品质，必要时按要求加油。若正常，应将主减速器拆下，检查主、从动锥齿轮的啮合间隙和差速器轴承。若不符合要求，应调整啮合间隙和轴承松紧度，必要时更换轴承。

15.5.2 驱动桥过热

1. 故障现象

汽车行驶一定里程后，用手触摸主减速器壳，有无法忍受的烫手感觉。

2. 故障原因

（1）主减速器主、从动齿轮啮合间隙过小。

（2）轴承装配过紧。

（3）齿轮油不足、变质或规格不符合要求。

3. 故障诊断与排除

（1）检查驱动桥壳内润滑油量及品质是否符合规定。若不符合规定，应加足或更换。

（2）若润滑油油量及品质符合规定，应将主减速器拆下，检查主、从动锥齿轮的啮合间隙是否正常（图15-35），若间隙过小，应予以调整。

（3）用手触摸驱动桥各轴承部位，若有烫手感觉，说明轴承装配太紧，应重新调整，如图15-37所示。

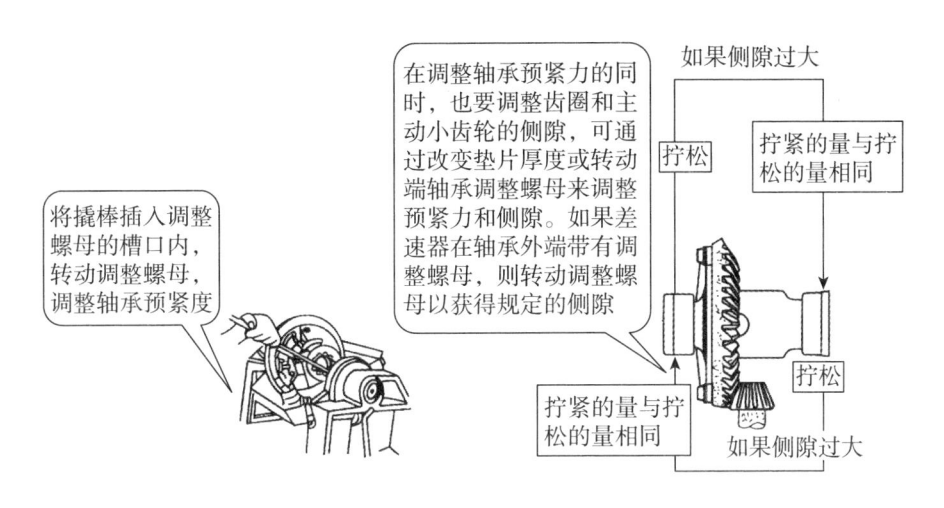

（a）主动锥齿轮轴承调整　　　（b）差速器轴承调整

图15-37 调整驱动桥各轴承预紧度

15.5.3 驱动桥漏油

1. 故障现象

驱动桥加油口螺塞、放油口螺塞、油封处或结合面处有明显的漏油痕迹。

2. 故障原因

（1）润滑油过多，运转中大量润滑油被齿轮搅动，使壳体内压力增高，导致润滑油从各密封垫处渗漏。

（2）加油口或放油口螺塞松动。

（3）油封损坏或油封与轴颈不同轴。

（4）油封轴颈因磨损而出现槽沟。

（5）各结合面的平面度误差太大或密封垫片损坏。

（6）通气孔堵塞，壳体内外空气流通不畅，造成内部油压升高，润滑油从密封垫处渗漏。

（7）桥壳有铸造缺陷或裂纹。

3.故障诊断与排除

（1）清洁驱动桥与主减速器壳体外表，检查是否有裂纹。若有裂纹，应予以更换。

（2）检查驱动桥桥壳通气孔是否堵塞，如图15-38所示。若有堵塞，应予以清洁疏通。

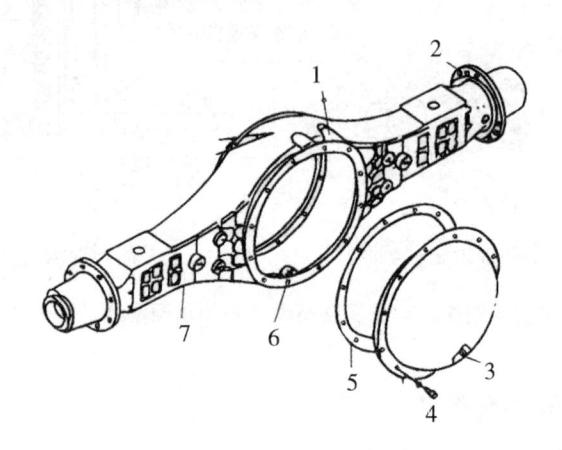

1—通气塞；2—凸缘盘；3—油面孔；4—后盖；5—后桥壳垫片；6—放油孔；7—后桥壳

图15-38　检查通气孔是否堵塞

（3）检查放油螺塞是否松动或滑扣。若松动，加以紧固，若滑扣则予以修复或更换。

（4）检查驱动桥内润滑油油量。若油量过多，应按规定减少润滑油油量。

（5）检查主减速器主动锥齿轮轴或驱动桥主动轴伸出部位是否漏油。若漏油，应拆检油封，如图15-39所示。若油封损坏，应予以更换。

（6）半轴油封处漏油，应检查油封是否安装歪斜或损坏。若安装歪斜，应重新安装；若损坏，则应进行更换。

（7）若结合面漏油，应检查连接螺栓或螺母是否松动，衬垫是否损坏，结合面是否不平，如图15-40所示。若衬垫损坏，应予以更换；若结合面不平，应进行修理。

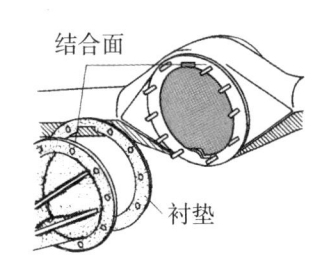

图 15-39 检查主动锥齿轮轴油封   图 15-40 检查驱动桥壳衬垫和结合面

第 15 章 汽车电控自动变速系统性能测试实验 | 285

第16章　汽车车身稳定程序性能测试实验

16.1　ESP 概述

电子稳定程序系统（ESP）是改善汽车行驶性能的一种控制系统，可以大大降低交通事故并提高道路交通安全水平。ESP 的功能是监控汽车的行驶状态，在车辆紧急躲避障碍物或转弯时出现转向不足或转向过度的情况时，使车辆避免偏离理想轨迹。它有防止汽车转向时滑移、不稳定和侧向驶出车道的综合控制能力。

ESP 通常起到支援 ABS（汽车防抱死制动系统）及 ASR（驱动防滑系统，又称牵引力控制系统）的功能。它通过对从各传感器传来的车辆行驶状态信息进行分析，向 ABS、ASR 发出纠偏指令，来帮助车辆维持动态平衡。ESP 可以使车辆在各种状况下保持最佳的稳定性，在转向过度或转向不足的情形下效果更加明显。

ESP 一般需要安装转向传感器、轮速传感器、侧滑传感器、横向加速度传感器等。如图 16-1 所示，ESP 可以监控汽车行驶状态，并自动向一个或多个车轮施加制动力，以保证车子在正常的车道上运行，甚至在某些情况下可以进行每秒 150 次的制动。如今 ESP 有三种类型：能向 4 个车轮独立施加制动力的四通道或四轮系统；能对两个前轮独立施加制动力的双通道系统；能对两个前轮独立施加制动力和对后轮同时施加制动力的三通道系统。

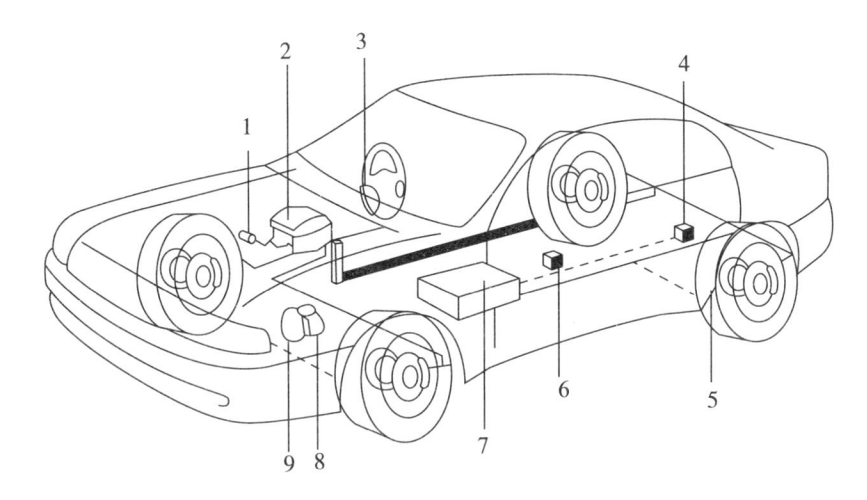

1—制动液压传感器；2—液压控制单元；3—转向角度传感器；4—横摆率传感器；5—转速传感器；6—G 传感器；7—ECU；8—节气门位置传感器；9—节气门执行器

图 16-1 汽车车身稳定程序（ESP）示意图

ESP 能自动地向一个或多个车轮施加制动力，在某些情况下每秒可进行 150 次制动，以确保汽车行驶在选定的车道内。

ESP 系统可大致分为四个部分：用于检测汽车行驶状态和驾驶员操作的传感器部分；用于估算汽车侧滑状态和计算恢复到安全状态所需的旋转动量和减速的 ECU 部分；用于根据计算结果来控制每个车轮制动力和发动机输出功率的执行器部分；用于告知驾驶员汽车失稳的信息部分，如图 16-2 所示。

ESP 系统的主要传感器及其功能如下。

（1）转向传感器：监测转向盘旋转角度，帮助确定汽车行驶方向是否正确。

（2）轮速传感器：监测每个车轮速度，确定车轮是否打滑。

（3）偏航率传感器：记录汽车绕垂直轴线的运动，确定汽车是否在打滑。

（4）横向加速度传感器：检测汽车转弯时产生的离心力，确定汽车通过弯道时是否打滑。

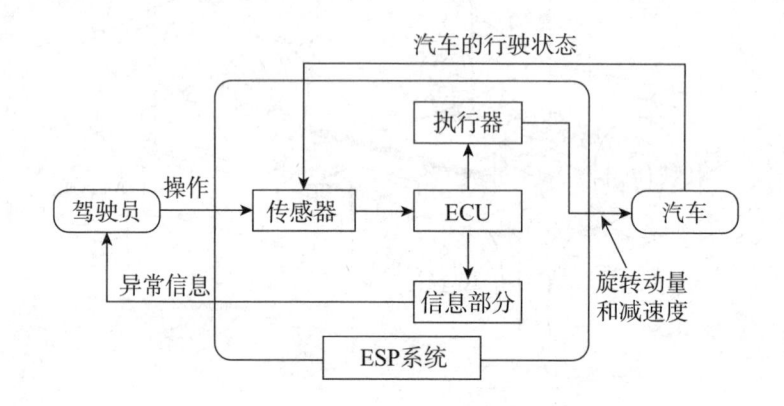

图 16-2　ESP 主要传感器及其功能

当汽车转向不足时，车身表现为向弯外推进，此时 ESP 将通过对左后轮的制动来调整行驶状态；而当汽车转向过度时，ESP 则通过对右前轮的制动来调整行驶状态。

ESP 可以实时监控汽车行驶状态，必要时可自动向一个或多个车轮施加制动力，以保持车子在正常的车道上运行，甚至在某些情况下可以进行每秒 150 次的制动，而且它还可以主动调控发动机的转速，并可调整每个轮子的驱动力和制动力，以缓解汽车的过度转向和转向不足问题。ESP 还有实时警示功能，当驾驶者操作不当和路面异常时，它会用警告灯警示驾驶者。

在 ABS、BAS（制动辅助系统）及 ASR（驱动防滑控制系统）三个系统的共同作用下，ESP 可以最大限度地保证汽车不跑偏、不甩尾、不侧翻。据统计，有 25% 导致严重人员伤亡的交通事故是由侧滑引起的，有 60% 的致命交通事故是由侧面撞击引起的，其主要原因就是车辆发生了侧滑，而 ESP 能有效降低车辆发生侧滑的概率，从而减少发生交通事故的数量，以拯救生命。

当前 ESP 主要应用于一些高端车型，如奔驰、奥迪等，国内的新车 ESP 装备率还只有 3%，随着人们对车辆安全性的要求日益提高，ESP 将会被越来越多的车辆所应用。

ESP 最重要的特点就是它的主动性，如果说 ABS 是被动地做出反应，那么 ESP 却可以做到防患于未然。

（1）ESP 不是一套独立的系统，实际上它是建立在 ASR 基础之上的，这也是 ESP 系统总是包含 ASR 等系统功能的原因。

（2）ESP 不完全依赖于驾驶人的操纵，其能起到纠正行驶轨迹的作用，可以减轻驾驶人的负担。

（3）ESP 保证车辆在复杂行驶条件下始终保持可操纵性。装备 ESP 的车将同时具有 ASR、EDL（电子差速锁）、ABS 功能。只要 ESP 识别出驾驶员的输入与车辆的实际运动状态不一致，它就能马上通过有选择的制动/发动机干预来稳定车辆。

ESP 的组成部分如下：

（1）传感器：包含转向传感器、车轮传感器、侧滑传感器、横向加速度传感器、方向盘油门刹车踏板传感器等，负责采集行驶状态数据。

（2）ESP 电脑：对传感器采集到的数据进行计算，算出车身状态，然后跟存储器里面预先设定的数据进行对比。当电脑计算数据超出存储器预存的数值的时候，即车身临近失控或者已经失控的时候，则命令执行器工作，以保证车身行驶状态能够尽量符合驾驶员的意图。

（3）执行器：ESP 的执行器实际上就是 4 个车轮的刹车系统。和没有 ESP 的车不同的是，装备有 ESP 的车的刹车系统具有蓄压功能，可以帮驾驶员踩刹车。简单来说，蓄压功能就是电脑可以根据需要，在驾驶员没踩刹车的时候替驾驶员向某个车轮的制动油管加压，让这个车轮产生制动力。

（4）仪表盘上的 ESP 灯：反映 ESP 状态。

16.2　ESP 的工作过程

ESP 的工作过程如下：

（1）当车辆左转出现转向不足（速度太快拐不过来）的情况时，ESP 各个传感器会把转向不足的消息告诉电脑，然后电脑就控制左后轮制动，产生一个拉力和一个扭力来对抗车头向右推的转向不足趋势。

（2）车辆左转，后轮抓地力不足或者后驱车油门踩猛了出现转向过度状况的时候，ESP 会控制右前轮制动，同时减小发动机输出的功率，纠正错误的转向姿态。

（3）车辆直线行驶刹车时，由于地面附着力不均匀出现跑偏的时候，ESP 会控制附着力强的轮子减小制动力，让车按照驾驶员预想的行驶线路前进。同样，当一边刹车一边转向的时候，ESP 也会控制某些车轮增大制动力或者减小制动力，让车子按照驾驶员的意图行进。

16.3　ESP 测试

16.3.1　制动力度是关键

制动力度是影响 ESP 效果的最直观因素之一，下面本书以 2012 年欧洲新车碰撞测试（new car assessment program, NCAP）中的两款反差巨大的 SUV 车型新森林人和新揽胜为例进行介绍。

在新揽胜的 ESP 测试中，明显可以看到 ESP 介入后直接将车辆相应的车轮锁死，从而将新揽胜牢牢地"拽"住，作用之强甚至让轮胎冒烟。新揽胜 ESP 的制动力度很大，控制了车辆的偏移程度，使车辆在方向回正后行驶轨迹依旧非常平直。

新森林人的 ESP 装置在 ESP 测试中表现得就有些不尽如人意。整个测试过程中没有任何车轮因为 ESP 装置的介入而出现锁止的状况，这使得新森林人的侧滑并没有得到有效控制，行驶轨迹偏移非常明显。

16.3.2 车身姿态不容忽视

新森林人在 ESP 测试中由于前悬挂偏软、后悬挂行程不足而出现明显的横向跳动，甚至还出现后轮离地的状况——这是 ESP 测试中非常容易出现的车身姿态。车身姿态与车辆的极限操控性能有很大关系。操控性能出色的车辆在这样的状况下，通常其车身姿态也能保持得较为出色，失控可能性也越小，较少需要 ESP 干预；操控性能一般的或重心偏高、轴距偏短的车在应急状况下就非常依赖 ESP 的控制。

车辆重心高、悬挂调校甚至前后配重不同，都会使得不同车辆在 ESP 测试中的车身姿态有非常大的区别。以新森林人为例，它在 ESP 测试中出现的主要姿态问题是由悬挂调校导致的。

16.4 新车进行 ESP 匹配流程

ESP 整车匹配主要由主动安全系统供应商完成，在我国能进行 ESP 整车匹配的主动安全供应商主要有博世、大陆、天合、威伯科（WABCO）、德尔福等厂家。

主动安全系统供应商对新车型进行 ESP 匹配大约需要 8 个月的时间，按照夏季高附着系数铺装路面匹配实验—冬季低附着系数铺装路面匹配实验—夏季高附着系数铺装路面匹配实验三个环节闭环完成。

一般在每年 10 月份整车企业配送样车给主动安全系统供应商，主动安全系统供应商先接样并对样车的主动安全系统进行技术参数检查，并根据检查结果，对该型号主动安全系统进行各类车载道路实验用传感器、数据采集系统、电控操作系统等专业硬件和软件的安装和调试，随后在内部实验场高附着系数路面上，按内部匹配测试方法进行初期匹配测试。其内部的匹配测试主要围绕制动、转向、操纵稳定性、ABS 等开展，其各指标要求要比国标、欧标及美标苛刻得多，测试大约持续1～2个月的时间；

  初期高附着匹配实验完成以后，匹配工程师跟随实验样车奔赴冬季汽车实验场，进行为期3～4个月的低附着系数路面匹配实验，实验时间大约从年前12月持续到年后3月份，针对匹配实验过程中出现的各种工况进行多次ESP电控系统软件参数的调试，直至满足内部匹配要求。在冬季附着匹配实验完毕之前，样车整车生产企业会按照内部匹配规程、国标及欧标、美标进行验收。冬季匹配实验验收以后，匹配工程师再次跟随实验样车返回夏季试验场，进行为期1～2个月的高附着系数路面的匹配实验，随后整车生产企业进行高附着系数匹配实验的验收，至此整套主动安全系统的匹配完成。

第17章　汽车巡航控制系统性能测试实验

汽车巡航控制系统是利用电子技术对汽车行驶速度进行调节，实现以预先设定车速行驶的电子控制装置。下面以雷克萨斯 LS400 型轿车为例，介绍巡航控制系统的故障诊断与排除方法。雷克萨斯 LS400 型汽车巡航控制系统为微机控制型，巡航控制开关为手柄型，执行器为电动机驱动型。其控制系统部件位置如图 17-1 所示，电路图如图 17-2 所示。

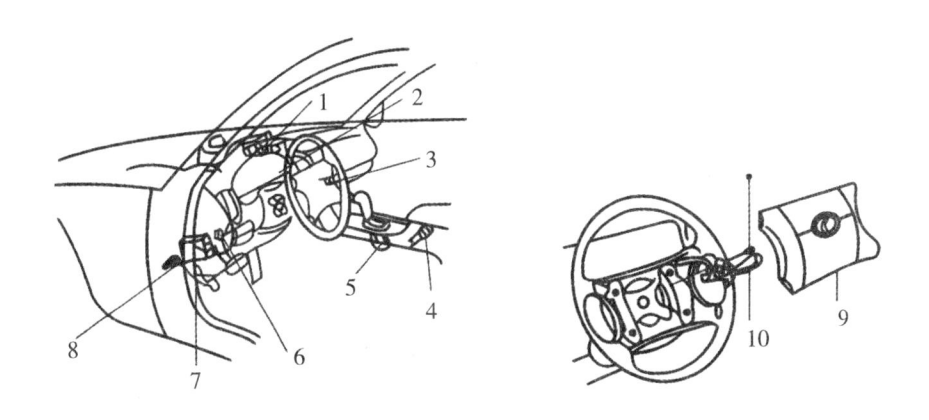

1—执行器；2—巡航主指示灯；3—主控开关；4—1号车速传感器；5—空挡启动开关；6—制动灯开关；7—巡航控制 ECU；8—驻车制动器开关；9—喇叭衬垫；10—主控开关

图 17-1　巡航控制系统部件位置

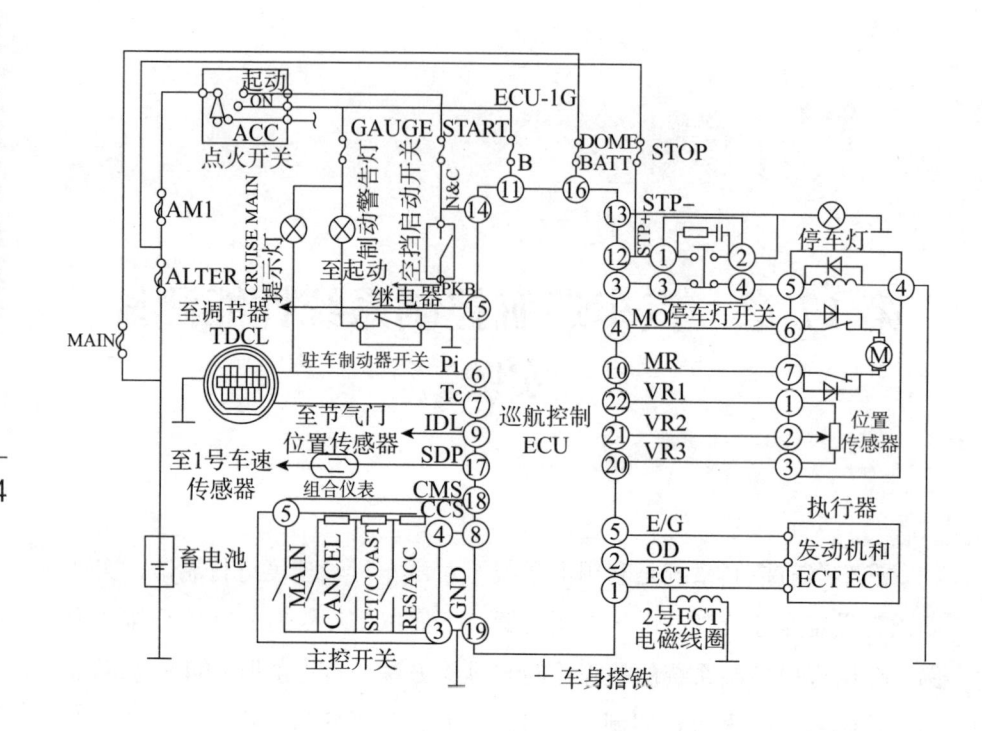

图 17-2 巡航控制系统电路

17.1 故障自诊断

17.1.1 故障代码读取

故障代码读取方法如下：

（1）接通点火开关。

（2）用跨接线跨接诊断座 TDCL 的端子 TC 与 E1。

（3）根据仪表板上的 CRUISE 指示灯的闪烁情况读取故障代码。雷克萨斯 LS400 轿车巡航控制系统故障代码及其含义如表 17-1 所示。

表 17-1　雷克萨斯 LS400 轿车巡航控制系统故障代码

故障代码	故障代码含义	故障代码	故障代码含义
11	驱动电动机或安全电磁离合器电路不正常	23	实际车速低于设定车速 16 km/h 以上
12	安全电磁离合器电路不正常	31	控制开关电路不正常
13	驱动电动机电路或位置传感器不正常	32	控制开关电路不正常
21	车速传感器不正常	34	控制开关电路不正常

17.1.2　清除故障代码

关闭点火开关，拆下位于发动机室的熔断器/继电器盒内的 DOME 熔断器 10 s 以上，即可清除故障代码。

17.1.3　输入信号检查

输入信号包括巡航控制开关、制动灯信号、空挡起动开关信号等。输入信号检查的目的是确认各输入信号是否正常输入巡航 ECU。其方法是在巡航控制系统进入输入信号检查模式后，通过操作输入信号开关或在汽车行驶时使相应的输入信号进入巡航控制 ECU。ECU 若收到相应的信号，将通过巡航指示灯闪烁输出相应的代码，确认接收到该输入信号；若没有输出相应的代码，说明信号输入装置或其电路有故障。进入输入信号检查模式的步骤如下：

（1）接通点火开关，把巡航控制开关置于设定/减速位置保持不动，接通巡航控制主开关，巡航指示灯应反复闪烁。

（2）放松巡航控制开关，使设定/减速开关关闭，按表 17-2 所列的操作方法进行检查。

（3）根据巡航指示灯的闪烁情况读取代码，如表17-2所示。当两个以上信号输入 ECU 时，只显示最小的代码。

（4）要退出输入信号模式，只需关闭巡航控制主开关。

表17-2　巡航控制系统输入信号检查

序号	操作方法	闪烁代码	诊断
1	接通点火开关，接通取消（CANCEL）开关	1	取消开关电路正常
2	接通点火开关，接通设定/减速（SET/COAST）开关	2	设定/减速开关电路正常
3	接通点火开关，接通恢复/加速（RES/ACC）开关	3	恢复/加速开关电路正常
4	接通点火开关，踏下制动踏板	6	制动灯开关电路正常
5	启动发动机，拉紧驻车制动器	7	驻车制动开关电路正常
6	汽车行驶，然后将变速杆置于空挡位置	8	空挡启动开关电路正常
7	汽车以高于40 km/h的车速行驶	持续闪烁	车速传感器正常
8	汽车以低于40 km/h的车速行驶	常亮	

17.1.4　取消信号的检查

如果正在进行巡航行驶的汽车的巡航行驶被不正常地自动取消，可能是某个取消开关或电路出现了故障。通过取消信号检查，可确定发生故障的开关及其电路。巡航控制系统 ECU 进入取消信号检查模式的方法如下：

（1）接通点火开关，把巡航控制开关置于取消位置保持不动，接通巡航控制开关，巡航控制 ECU 即进入取消信号检查模式。

（2）读取仪表板上的巡航指示灯闪烁的诊断码，如表17-3所示。

（3）要退出取消信号检查模式，关闭巡航主开关即可。

表17-3 巡航控制系统取消信号的检查

代码	诊断	代码	诊断
1	除故障代码23以外的故障	5	接收到空挡启动开关信号
2	故障代码为23的故障	6	接收到驻车制动灯开关信号
3	接收到取消的开关信号	7	车速传感器输出信号降到40 km/h以下
4	接收到制动灯开关信号	常亮	除上述故障以外的故障（如电源中断）

需要注意的是，当驾驶人通过操纵某一取消开关停止巡航控制系统的工作时，代表相应取消信号的代码同样会存储在巡航控制ECU内，因此表17-3中的代码不能理解为故障代码。

17.1.5 巡航控制系统故障诊断与排除顺序

对巡航控制系统进行自诊断后，若读取到故障代码，应进一步进行故障代码诊断，以确定故障的具体部位和原因。由于同一个故障代码产生的原因可能有几个，在进行故障诊断的时候，应按一定的顺序进行检查，如表17-4所示。

表17-4 巡航控制系统故障诊断与排除顺序表

故障代码	驱动电动机	安全电磁离合器	位置传感器电路	车速传感器	控制开关电路	执行器控制拉索	巡航控制ECU
11	1	2					3
12		1					2
13	2		1				3
21				1			2
23	3			2		1	4

续表

故障代码	驱动电动机	安全电磁离合器	位置传感器电路	车速传感器	控制开关电路	执行器控制拉索	巡航控制ECU
31					1		2
32					1		2
34					1		2

17.2 故障代码诊断

在故障自诊断中，若读取到故障代码，应根据读取到的故障代码进行诊断，以进一步确定故障的具体部位及原因。

17.2.1 故障代码为 11 或 13 的执行器电动机电路故障诊断

故障代码为 11 或 13 的执行器电动机电路故障诊断方法如下：

（1）拔下巡航控制执行器电动机插接器，将蓄电池正极与执行器端子 5 连接，负极与执行器端子 4 连接，如图 17-3 所示，则电磁离合器应结合。

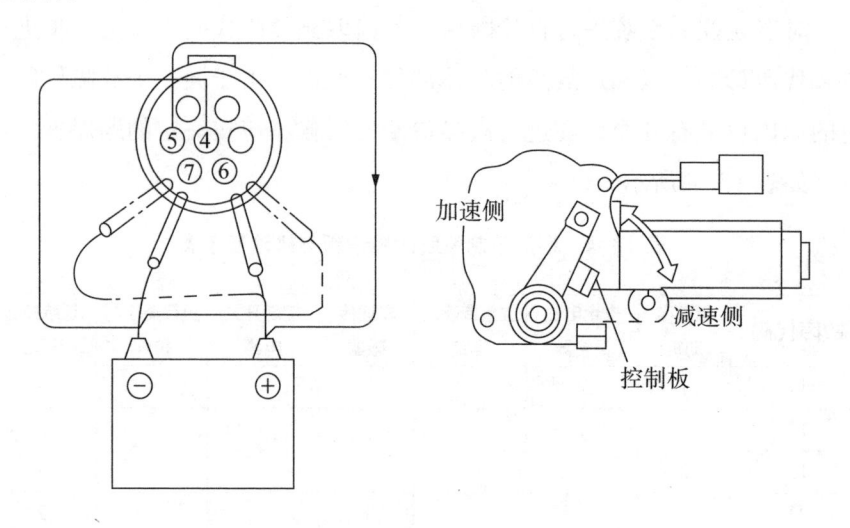

图 17-3　执行器电动机故障检查

（2）将蓄电池正极与执行器端子6连接，负极与执行器端子7连接，如图17-3所示，控制臂应平滑地转向节气门打开方向。将蓄电池正极与执行器端子7连接，负极与执行器端子6连接，控制臂应平滑地转向节气门关闭方向。当控制臂转至节气门全开或全关的极限位置时，限位开关应使控制臂停止转动。若检查结果不是如上所述结果，则应更换巡航控制执行器。

（3）检查巡航控制ECU与执行器之间的导线，若导线有故障，应进行修理。

17.2.2 故障代码为11或12的电磁离合器电路故障诊断

故障代码为11或12的电磁离合器电路故障诊断方法如下：

（1）检查巡航控制ECU配线侧插接器端子3与车身搭铁之间的导通情况，电路如图17-4所示。测量值应约为38 Ω，不正常则检查电磁离合器。

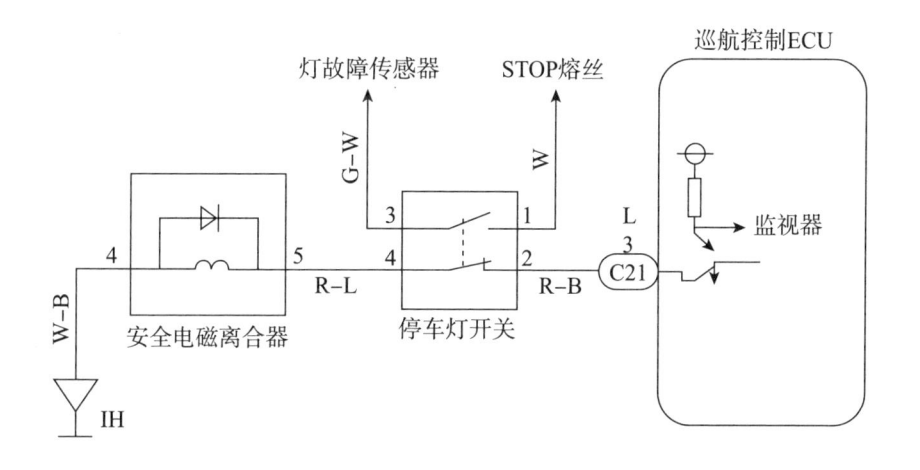

图17-4　安全电磁离合器与巡航控制ECU连接电路

（2）检查安全电磁离合器。如图17-5所示，用万用表检测安全电磁离合器端子4与5之间的电阻，正常值约为38 Ω，或者进行动态检查。

进行动态检查时，其正常情况如下：没有通电前，扳动离合器控制臂应能转动；当电源正极接端子5，负极接端子4时，离合器控制臂应能锁住。若正常，则检查停车灯开关，否则更换电磁离合器。

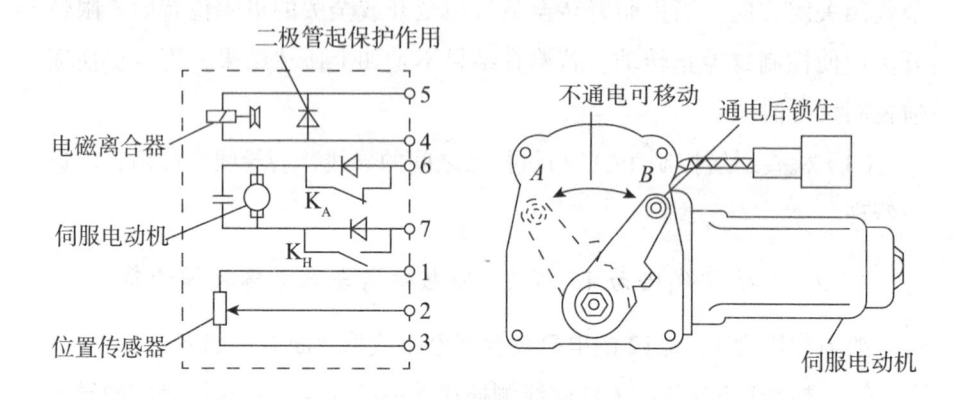

图 17-5 安全电磁离合器的检查

（3）检查停车灯开关。踩下制动踏板时，插接器端子1与3之间应能导通，而放松制动踏板时，端子2与4之间应能导通。若正常，则检查和修理巡航控制ECU与停车灯开关、停车灯开关与电磁离合器、电磁离合器与车身搭铁之间的配线和插接器。若配线良好，插接器工作良好，则检查并更换停车灯开关。

17.2.3 故障代码为13的位置传感器电路故障诊断

故障代码为13的位置传感器电路故障诊断方法如下：

（1）接通点火开关，缓慢将控制臂从加速侧转向减速侧时，检测巡航控制ECU线束侧插接器端子VR2与端子VR3之间的电压，电路如图17-6所示。控制臂在节气门全关位置时，电压约为1.1 V；在节气门全开位置时，电压应为4.2 V。控制臂转动时，电压变化应连续平稳。若不正常，应检查位置传感器。

（2）拔下执行器插接器，用万用表测量端子1与3之间的电阻，其值应为 2 kΩ。用手缓慢将控制臂从加速侧转向减速侧时，执行器端子 2 与 3 之间的电阻值应平缓地由 0.5 kΩ 到 1.8 kΩ。若不正常，则更换位置传感器。

（3）检查巡航控制 ECU 与执行器之间的配线和插接器是否开路或短路。若不正常，修理或更换配线或插接器。

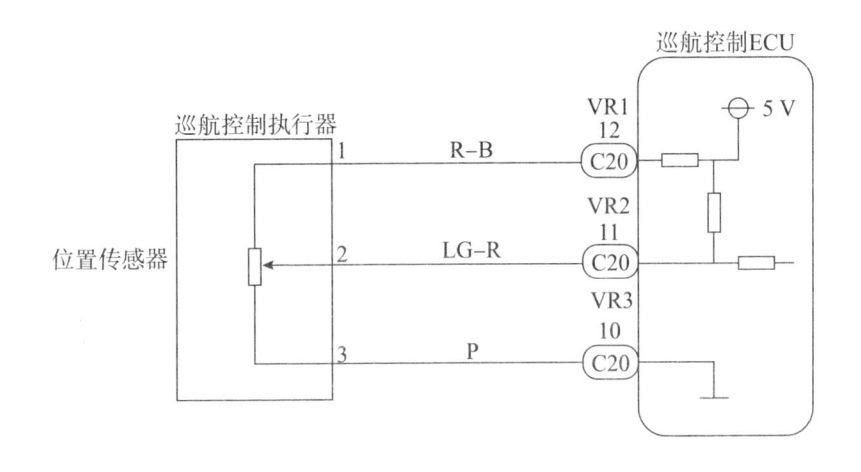

图 17-6 位置传感器与 ECU 的连接电路

17.2.4　故障代码为 21 的车速传感器电路故障诊断

故障代码为 21 的车速传感器电路故障诊断方法如下：

（1）进入输入信号检查模式，驾驶车辆行驶，检查车速在低于和高于 40 km/h 时巡航控制指示灯的工作情况。

（2）当车速低于 40 km/h 时，巡航指示灯应常亮；当车速高于 40 km/h 时，巡航指示灯应闪烁。

（3）驾驶车辆行驶，检查车速表的工作情况。若车速表不工作，排除车速表故障。若车速表工作良好，拆下组合仪表，保持组合仪表线束的连接，接通点火开关，顶起汽车驱动桥，用手转动传动轴，检测组合仪表 A 插接器端子 10 与搭铁之间的电压。传动轴每转一转，电压应在

0～5 V之间变换。若没有电压或电压没有按上述要求变化，检查组合仪表电源。若电压正常，检查组合仪表与巡航控制ECU之间的导线。

（4）若车速信号及导线良好，检查并更换巡航控制ECU，否则修理组合仪表和导线。

第 18 章　汽车总线系统测试实验

汽车 CAN-BUS，即 CAN 总线技术，全称为控制器局域网总线技术，其用简洁的双绞线和一些器件，将汽车上相关的各电控系统联系起来，实现了发动机控制系统、传动控制系统、舒适控制系统和信息娱乐控制系统之间的通信，实现了整车各系统之间的信息即时共享，提高了信息传输的可靠性。目前 CAN 总线技术广泛应用于轿车，关于汽车 CAN 总线故障产生的原因及检测实验的主要有以下方法。

18.1　CAN 总线故障产生的原因

CAN 总线系统中拥有一个 CAN 控制器、一个信息收发器、两个数据传输终端及两条数据传输总线。除了数据传输总线外，其他各元件都置于各控制单元的内部。CAN 总线系统产生故障的原因一般有以下三种：

18.1.1　汽车电源系统引起的故障

汽车电控模块的工作电压一般为 10.5～15.0 V，如果汽车电源系统提供的工作电压不正常，就会使某些电控模块出现短暂的不正常工作，这会引起整个汽车 CAN 总线系统通信不畅。

18.1.2 汽车 CAN 总线系统的链路故障

通信线路的短路、断路或线路物理性质变化引起通信信号衰减或失真，都会导致多个电控单元工作不正常，使 CAN 总线系统无法工作。

18.1.3 汽车 CAN 总线系统的节点故障

节点是汽车 CAN 总线系统中的电控模块，因此节点故障就是电控模块的故障。它包括以下两种：一是软件故障，即传输协议或软件程序有缺陷或冲突，从而使汽车 CAN 总线系统通信出现混乱或无法工作，这种故障一般会成批出现；二是硬件故障，一般是电控模块芯片或集成电路故障，使汽车 CAN 总线系统无法正常工作。

18.2 CAN 总线系统的检测

18.2.1 终端电阻值测量

电阻测量过程中应先断开车辆蓄电池的接线，大约等待 5 min，直到系统中所有的电容器放完电，然后再测量，因为控制单元内部电路的电阻是变化的。

对终端电阻测量结果的分析如下：

如果带有终端电阻的两个控制单元是并联的，单独测量一个终端电阻，其阻值大约为 120 Ω，总值约为 60 Ω 时，可以判断终端电阻正常，但是总的电阻不一定就是 60 Ω，其相应阻值与总线的结构有关，因此测量总阻值时，可通过将一个带有终端电阻的控制单元插头拔下，观察总阻值是否发生变化来判断故障。当拔下一个带有终端电阻的控制单元插头后测量的阻值没有发生变化，则说明系统中存在问题，可能是被拔下的控制单元电阻损坏或是 CAN-BUS 出现断路。

18.2.2 电压的测量

测量 CAN-L 或 CAN-H 的对地电压，结果如下：

（1）PT-CAN 的 CAN-L 对地电压大约为 2.4 V，CAN-H 对地电压大约为 2.6 V。

（2）K-CAN 的 CAN-L 对地电压大约为 4.8 V，CAN-H 对地电压大约为 0.2 V。

这些接近的值根据总线负载可能有大约 100 mV 的偏差。

18.2.3 CAN 总线系统的波形测量

CAN 总线正常波形是 CAN-High 和 CAN-Low 电压相等、波形相同、极性相反，通过使用博世 FSA740 综合检测仪测量波形可以轻松判断故障。

测量方法：将仪器第一通道的红色测量端子接 CAN-High 线，第二通道的红色测量端子接 CAN-Low 线，两者的黑色测量端子同时接地。此时，可以在同一界面下同时显示 CAN-High 和 CAN-Low 的同步波形。

波形分析如下：

（1）CAN-High 对地短路：CAN-High 的电压置于 0 V、CAN-Low 的电压电位正常，在此故障下，CAN 总线变为单线工作状态。

（2）CAN-High 对正极短路：CAN-High 的电压大约为 12 V、CAN-Low 的电压电位正常，在此故障下，CAN 总线变为单线工作状态。

（3）CAN-Low 对地短路：CAN-Low 的电压置于 0 V、CAN-High 的电压电位正常，在此故障下，CAN 总线变为单线工作状态。

（4）CAN-Low 对正极短路：CAN-Low 的电压大约为 12 V、CAN-High 的电压电位正常，在此故障下，CAN 总线变为单线工作状态。

（5）CAN-High 对正极通过连接电阻短路：将 CAN-High 线的隐性电压电位拉向正极方向，正常值应大约为 0 V。受连接电阻影响，电阻越小，隐性电压电位越大。在没有连接电阻的情况下，该电阻值位于蓄电池电压。

（6）CAN-High通过连接电阻对地短路：将CAN-High的显性电位移向接地方向，正常值应大约为4 V。受连接电阻影响，电阻越小，则显性电压越小。在没有连接电阻的情况下短路，则该电压为0 V。

（7）CAN-Low对正极通过连接电阻短路：将CAN-Low线的隐性电压电位拉向正极方向，正常值应大约为5 V。受连接电阻影响，电阻越小，则隐性电压电位越大。在没有连接电阻的情况下，该电阻值位于蓄电池电压。

（8）CAN-Low通过连接电阻对地短路：将CAN-Low的隐性电压电位拉向0 V方向，正常值应大约为5 V。受连接电阻所影响，电阻越小，则隐性电压越小。在没有连接电阻的情况下，该电压值为0 V电压。

（9）CAN-High与CAN-Low相交：两线波形呈现电压相等、波形相同、极性相同的特征。

18.2.4 读取测量数据块

使用博世FSA740综合检测仪或其他专用检测仪读取某控制单元数据块，如果显示1，表明被检控制单元工作正常；如果显示0，则表明被检控制单元工作不正常，其原因可能是线路断路或该控制单元损坏。

18.3 典型车载网络的结构

18.3.1 传统汽车的典型车载网络结构

传统汽车的典型车载网络结构采用多条不同速率的总线分别连接不同类型的节点，仅使用网关服务器来实现整车的信息共享和网络管理，如图18-1所示。

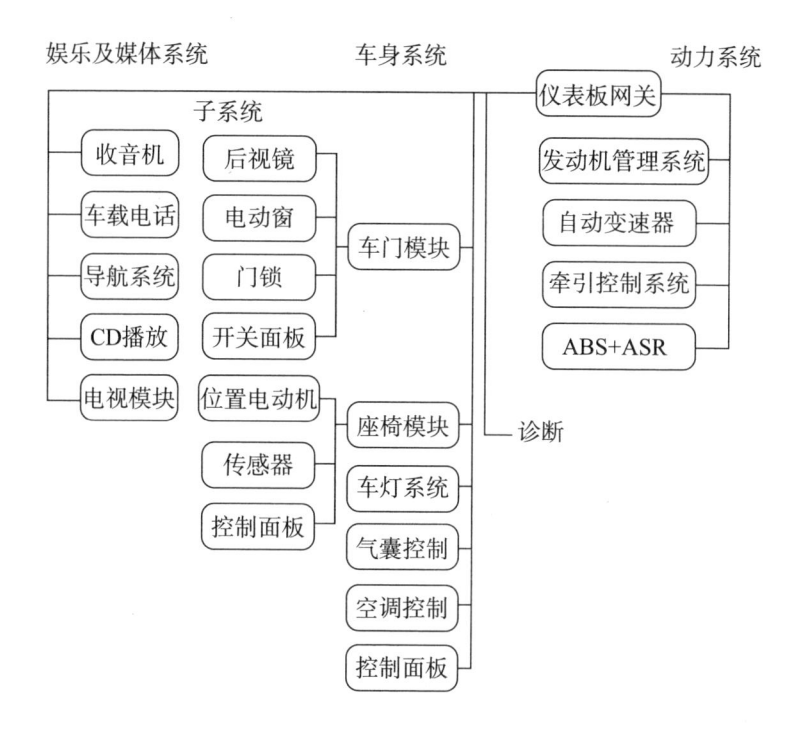

图 18-1　传统汽车的典型车载网络结构

（1）车身系统的控制单元多为低速电动机和开关量器件，对实时性要求低，数量众多。使用低速的总线连接这些电控单元，将这部分电控单元与汽车的驱动系统分开，有利于保证驱动系统通信的实时性。

（2）动力系统的受控对象直接关系到汽车的行驶状态，对通信实时性有较高的要求，因此使用高速的总线连接动力系统。传感器组的各种状态信息通过网络总线可以广播的形式在高速总线上发布，各节点可以在同一时刻根据自己的需要获取信息。这种方式最大限度地提高了通信的实时性。

（3）信息与车载媒体系统对于通信速率的要求更高，一般要求大于 2 Mbit/s。采用新型的多媒体总线连接车载媒体，这些新型的多媒体总线往往是基于光纤通信的，从而可以充分保证带宽。

（4）网关是汽车内部通信的核心，通过它可以实现各条总线上信息的共享以及实现汽车内部的网络管理和故障诊断功能。

18.3.2 新能源汽车的车载网络结构

与传统汽车不同，新能源汽车一般除了传统汽车网络系统，还会增加一套相对独立的新能源 CAN，如图 18-2 所示。新能源 CAN 的主要作用是控制电动机控制器、车载充电机、高压控制盒、非车载充电机等部件之间的通信，其信息传递采用高速传输，一般通信速率为 500 kbit/s。

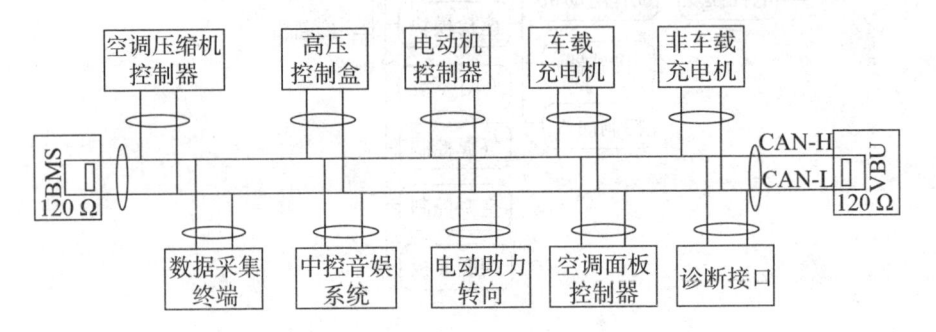

图 18-2 新能源 CAN 结构图

18.4 车载网络故障的检测方法与技巧

18.4.1 车载网络系统故障维修注意事项

车载网络系统故障维修注意事项如下：

（1）在检查电路之前确保点火开关关闭，断开蓄电池负极。禁止在点火开关接通时断开或重新连接动力系统接口模块线束插接器。

（2）使用测试器时，其开放端口电压应为 7 V 或更低。不要在测量端口施加 7 V 或更高的电压。

（3）切勿使用快速充电器启动车辆。

（4）确保蓄电池电缆端子坚固。

（5）在安装新的动力系统接口模块前，确保安装的类型正确，务必参见最新的备件信息。

（6）如果需要焊接动力模块上的线束插接器，必须断开插接器。

（7）不要触摸动力系统接口模块插接器端子或动力系统接口模块电路板上的锡焊元器件，以防静电放电造成损坏。

（8）为了避免损坏线束插接器端子，在对动力系统接口模块线束插接器进行检测时，必须使用合适的线束测试引线。

（9）动力系统接口模块对电磁干扰极其敏感。在执行维修程序时，要确保动力系统接口模块线束布设正确，并且安装牢固。

（10）发动机运行时，不得从车辆电气系统上断开蓄电池。

（11）在充电前，务必从车辆电气系统上断开蓄电池。

（12）确保蓄电池接线端连接牢固，并且不能使用快速充电器启动车辆。

（13）在安装新的动力系统接口模块前，确保安装类型的正确。

（14）当插接器需要更换时，只能更换认可的电气插接器，以保证正确的配合并防止线路中电阻过大。在更换新的控制单元后，必须对新的控制单元进行重新编码，控制单元的编码可以使用专用的诊断仪进行。

18.4.2 车载网络故障维修方法

1. 车载网络故障维修的一般方法

车载网络故障维修的一般方法如下：

（1）检查汽车电源系统是否存在故障，检查蓄电池电压、各接头连接情况、相关熔丝、发动机与车身的搭铁情况等；检查交流发电机的输出波形是否正常（若不正常，将导致信号干扰故障）等。

（2）检查汽车多路信息传输系统的键接是否存在故障。可采用替换法或跨接线法进行检测。

（3）检查是否存在节点故障。通常采用替换法进行检测。

（4）利用 CAN 系统的故障自诊断功能进行检查。

2. CAN 系统节点故障维修

节点故障是电控模块的故障，包括软件故障和硬件故障。其中，硬件故障一般是指芯片和集成电路的故障，会造成汽车信息传输系统不能正常运行；软件故障主要是指汽车信息传输系统通信出现故障，会造成控制系统失灵。

对于节点的故障，一般只采用替换控制单元的方法进行检测，然后读取故障代码来排除。

3. CAN 系统链路故障判断

汽车 CAN 总线的链路故障指通信线路的故障。当汽车信号传输系统出现通信线路故障时，会导致通信线路短路，通信信号失真，还可能会引起电控系统错误动作。

判断链路是否出现故障，一般采用示波器或汽车专用检测仪来检查通信数据信号是否与标准通信数据信号相符，如果出现异常说明链路出现故障。

4. CAN 系统电源系统故障检测

CAN 系统的核心部分是含有通信 IC 芯片的控制单元，它的正常工作电压为 10.5～15 V。如果汽车电源系统提供的工作电压低于该值，将造成 CAN 系统暂时无法通信。

检查时应首先检查蓄电池的电压、各插头连接情况、相关的熔丝、发动机与车身的搭铁是否良好以及相应控制单元的电源供给等情况，然后检查发电机的输出电压是否正常等。

18.4.3　网络故障的症状

一旦网络出现故障，相应的症状就可能会出现。每种症状（单根导线断路除外）都可能引发问题，这些症状如下：

1.数据总线的两根导线短路

若两根导线之间短路,将导致整个网络失效。

2.导线对地短路

若两根导线中的某一根接地短路,则接上解码器诊断时无模块响应。

3.导线对电源短路

若两根导线中的某一根对电源短路,将导致整个网络失效。

4.一根导线断路

若一根导线断路,则仍可进入"DATA LINK DIAGNOSTIC"(数据链接诊断)菜单并进行测试。

5.两根导线都断路

若两根导线在靠近数据链接接头(诊断接头)处发生断路,解码器和网络之间将无法通信。不过在网络的一个分支上两根导线都断路时,只有断点后面的模块无法与解码器通信。

6.两根导线均对地短路

若两根导线都对地短路,将导致整个网络失效,各控制单元将按"故障模式"工作。汽车可以启动或行驶,但模块将只能使用与其直接连接的传感器。

7.控制单元内部故障

若网关彻底损坏,将导致整个网络失效。

当初步判断为某两个控制单元之间的数据总线出现故障时,可以用万用表对这两个模块之间的数据总线进行检查,并注意检查线束插接器端口和接头是否损坏、弯曲和松脱(接头侧和线束侧)。

实际检查时,还可充分利用两个数据传递终端电阻进行数据线路故障范围的确定。在系统完全正常的情况下,断开电源,拔下整个网络数据传输系统中除作为数据传输系统终端的两块控制单元外的任一模块,在拔下的模块上找到数据总线,用万用表测量线束的两数据总线之间的电阻值,电阻值均应约为两个数据传递终端电阻并联后的电阻值(高速数据传输系统通常为 60 Ω 左右),否则说明通信线路或作为数据传输系统终端的两块控制单元存在故障。此时再检查作为网络数据传输系统终端的两块控制单元的数据传递终端电阻,如正常,则为总线通信线路故障。

18.4.4 CAN 总线检测系统检测方法与技巧

1. 电阻测量

为了避免信号反射,在两个 CAN 总线上连接着电阻值各为 120 Ω 的终端电阻,两个终端电阻并联形成一个 60 Ω 的等效电阻,在电源电压关闭时可以测量该等效电阻。此外,单个电阻可以各自分开测量。测量 60 Ω 等效电阻的方法如下:将一个容易触及的控制单元从总线上拆下,然后测量 CAN-L 和 CAN-H 间的电阻。

测量电阻应注意的事项如下:先断开车辆蓄电池的接线,大约等待 3 min,直到系统中所有的电容器放完电后再测量,因为控制单元内部电路的电阻是变化的;在 K-CAN 总线上可以进行未定义的电阻测量。

2. 电压测量

检测的前提是蓄电池已连接且点火开关接通。为了确定 CAN-L 或 CAV-H 导线是否损坏,可测量 CAN-L(或 CAN-H)的对地电压。PC-CAN 的对地电压大约为 2.4 V,CAN-H 对地电压大约为 2.6 V;K-CAN 的 CAN-L 对地电压大约为 4.8 V,CAN-H 对地电压大约为 0.2 V。这些接近的值根据总线负载可能有大约 100 mV 的偏差。

3. 波形测量

波形测量检测的前提是蓄电池已连接且点火开关接通。检测 PT-CAN 时示波器的设置:横坐标(时间)设置为 0.05 ms/div,纵坐标(电压测量范围)设置为 5 V。如果用示波器测量 CAN-L 和搭铁导线的电压，在电压极限（最小）为 1.5 V 和电压极限（最大）为 2.5 V 时得到一个近似矩形的信号；用示波器测量 CAN-H 和搭铁导线间的电压，在电压极限（最小）为 2.5 V 和电压极限（最大）为 3.5 V 时得到一个近似矩形的信号，说明 PT-CAN 总线无故障。

检测 K-CAN 时示波器的设置：横坐标（时间）设置为 0.1 ms/div，纵坐标（电压测量范围）设置为 10 V。如果用示波器测量 CAN-L 和搭铁导线的电压，然后在电压极限（最小）为 1 V 和电压极限（最大）为 5 V 时得到一个矩形的信号；用示波器测量 CAN-H 和搭铁导线间的电压，然后在电压极限（最小）为 0 V 和电压极限（最大）为 4 V 时得到一个矩形的信号，说明 K-CAN 总线无故障。

4. CAN 总线的失效与诊断

（1）总线的失效。K-CAN 或 PT-CAN 总线的失效原因可能是 CAN-L 或 CAN-H 导线短路或某个控制单元损坏。为了查找故障原因，应按下列工作步骤进行诊断：

①将 CAN 总线用户一个一个依次拔出，直到找到故障原因（控制单元 X）。

②检查控制单元 X 的导线是否短路。

③如有必要，检测或更换控制单元 X。如果某个控制单元至 CAN 总线的分支线短路，仅执行该工作步骤即可。

④如果 CAN 总线导线自身短路，则必须检查 CAN 总线线束。

（2）诊断。

①断路（单线模式）。在各控制单元中有一个自己的总线接收器，一旦断路，电平可能在整个的 K-CAN 网络上保持，从而导致发送控制单元不能识别此类故障，并继续在双线模式下工作。但如果一个控制单元越过中断位传送一条信息，则接收控制单元仅在未损坏的总线导线上确定活性。为此接收的控制单元识别单线控制模式并存储故障"CAN 线路故障"。

如果不同的控制单元越过中断位连接的信息，则在单线模式下可能多个控制单元会在故障代码存储器中记录。为了查找中断位，应进行下列工作步骤。

对于输入故障"CAN线路故障"的控制单元，检查分支线（从控制单元到CAN总线的导线）是否断路：如果分支线都正常，则CAN总线中存在着断路。中断位一定在输入故障"CAN线路故障"的控制单元之间。

②短路。如果在系统中存在短路，则所有控制单元必定记录"CAN总线故障"。为了查找短路，应进行电压和示波器，或根据"CAN总线失效"工作步骤进行检查。

5. CAN双线式数据总线系统的检测方法

CAN数据总线指用于传递和分配数据的系统。CAN双线式数据总线系统是一个有两条线的总线系统，通过这两条数据总线，数据可按顺序传到与系统相连的控制单元。这些控制单元就是通过CAN总线彼此相通的（通过CAN总线传递数据）。CAN双线式数据总线系统目前已经广泛应用在电控汽车上。

在检查数据总线系统前，须保证所有与数据总线相连的控制单元无功能故障。功能故障指不会直接影响数据总线系统，但会影响某一系统的功能实现的故障。例如，传感器损坏，会使传感器信号不能通过数据总线传递。这种功能故障对数据总线系统有间接影响，会影响需要该传感器信号的控制单元的通信。如存在功能故障，先排除该故障，即记下该故障并消除所有控制单元的故障代码。排除所有功能故障后，若控制单元间数据传递仍不正常，则检查数据总线系统。检查数据总线系统故障时，需要区分两种可能的情况。

（1）检测由两个控制单元组成的双线式数据总线系统时，应先关闭点火开关，断开两个控制单元（图18-3），检查数据总线是否断路、短路或对正极／地短路。如果数据总线无故障，则更换较易拆下或较便宜的一个控制单元试一下。如果数据总线系统仍不能正常工作，则更换另一个控制单元。

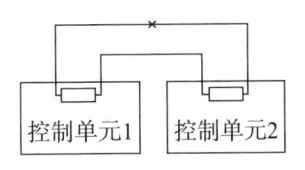

图 18-3　两个控制单元组成的双线式数据总线系统

（2）检测由三个或更多控制单元组成的双线式数据总线系统时，应先读出控制单元内的故障代码。如图 18-4 所示，如果控制单元 1 与控制单元 2 和控制单元 3 之间无通信，则关闭点火开关，断开与总线相连的控制单元，检查数据总线是否断路。如果总线无故障，更换控制单元 1。如果所有控制单元均不能发送和接收信号（故障存储器存储"硬件故障"），则关闭点火开关，断开与数据总线相连的控制单元，检测数据总线是否短路，是否对正极／地短路。

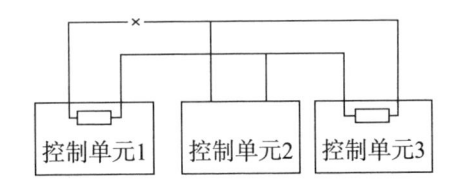

图 18-4　三个控制单元组成的双线式数据总线系统

如果检查数据总线找不出引起硬件损坏的原因，检查是不是某一控制单元引起该故障。断开所有通过 CAN 数据总线传递数据的控制单元，关闭点火开关，接上其中一个控制单元，连接 VAG1551 或 VAG1552，打开点火开关，消除刚接上的控制单元的故障代码。用功能 06 来结束输出，关闭并再次打开点火开关，打开点火开关 10 s 后用故障阅读仪读出刚接上的控制单元故障存储器内的内容。如显示"硬件损坏"，则更换刚接上的控制单元；如未显示"硬件损坏"，则接上下一个控制单元，重复上述过程。

连接蓄电池接线端子后，输入收音机防盗密码，进行玻璃升降器单触功能的基本设定及时钟的调整，对于使用汽油发动机的汽车，还应进行节气门控制单元的自适应调节。

18.5　电动汽车整车 CAN 总线网关及网络化管理

电动汽车各种电气设备的工作由整车车载网络系统协调控制，如图18-5所示为电动汽车的典型车载网络结构。

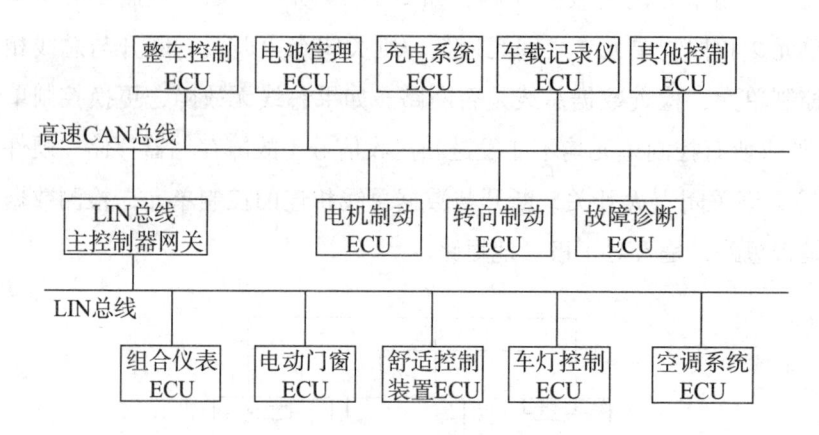

图 18-5　电动汽车的典型车载网络结构

18.5.1　整车 CAN 总线

电动汽车 CAN 总线系统由整车控制器、电池管理系统、电动机控制系统、制动控制系统、仪表控制系统组成。各个控制器之间通过 CAN 总线进行通信，以实现传感器测量数据的共享、控制指令的发送和接收等，并使各自的控制性能都有所提高，从而提高系统的控制性能。它们之间的通信信息类型为信息类和命令类，信息类主要是发送一些信息，如诊断信息等；命令类则主要是发送其他执行器的命令。

CAN 总线作为一种有效支持分布式控制或实时控制的串行通信网络，完全能够满足这些要求，其模型结构只有三层，即物理层、数据链路层和应用层。传输介质为双绞线，通信速率最高可达 1 Mbps/40 m，直接传输距离最远可达 10 km/kbps，可挂接设备数最多可达 110 个。CAN 通信协议规定了四种不同的帧格式，即数据帧、远程帧、错误帧和超载帧。基于下列五条基本规则进行通信协调：总线访问；仲裁；编码/解码；出错标注；超载标注。

18.5.2 整车 CAN 总线网关及网络化管理

在整车的网络管理中，整车控制器是信息控制的中心，负责信息的组织与传输、网络状态的监控、网络节点的管理、信息优先权的动态分配以及网络故障的诊断与处理等。通过 CAN（EVBUS）线协调电池管理系统、电动机控制器、空调系统等模块相互通信。

18.6　车载网络系统故障维修的注意事项

车载网络系统故障维修的注意事项如下：

（1）总线电压不要用交流挡检测，而应使用直流挡检测。

（2）不要拉伸 CAN 总线线束。

（3）不要将 CAN 总线线束拆开超过 4 cm。

（4）不要将 CAN 总线线束与其他导线连接。

（5）使用厂家推荐的故障诊断仪进行诊断。

现在采用车载网络的车辆越来越多，在实际维修中如果遇到网络线路 CAN 线或 LIN 线出现故障的情况，有的维修人员会使用万用表电压挡测量相应线路的电压。这样测量其实是不准确的，因为总线的信号是波形信号，用万用表测量的其实是波形的峰值电压，不能反映测量线路的真实电压。最准确的方法是用示波器测量相应总线的波形，将波形的周期和峰值调节合适，就会很明显地看出故障是短路、断路，还是虚接等故障。

巡航控制开关与巡航控制 ECU 连接电路如图 18-6 所示。检查巡航控制 ECU 与控制开关之间的配线和插接器是否断路或短路，若断路或短路，应修理或更换配线或插接器、巡航控制开关与巡航控制 ECU 连接电路。

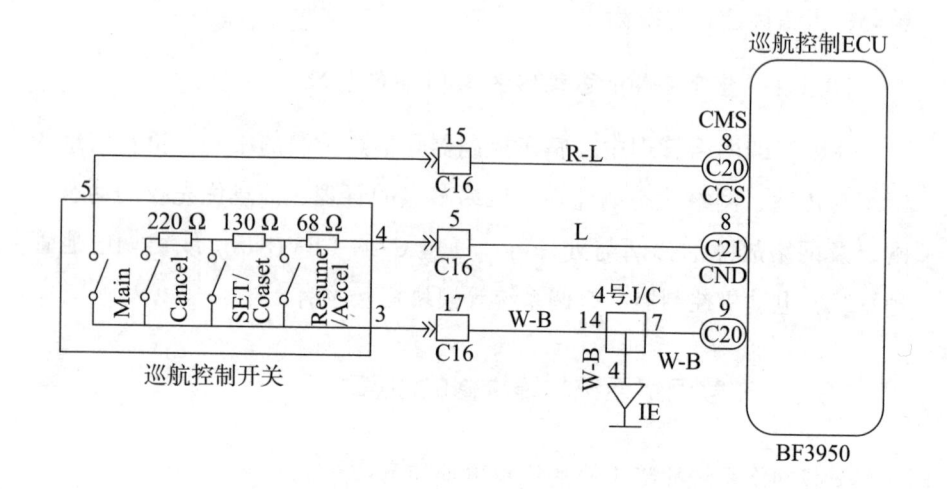

图 18-6　巡航控制开关与巡航控制 ECU 连接电路

参考文献

[1] 曾清德，朱立宗，黄镇财.汽车车身电控系统检修[M].上海：同济大学出版社，2017.

[2] 张彦会，曾清德.汽车车身底盘电控技术与检修[M].北京：人民交通出版社股份有限公司，2017.

[3] 倪训阳，杨民东，李旺.汽车电气设备构造与维修[M].天津：天津科学技术出版社，2020.

[4] 谭婷，何伟，朱凯.汽车电气设备构造与维修[M].上海：同济大学出版社，2019.

[5] 付百学，马彪，潘旭峰.现代汽车电子技术[M].2版.北京：北京理工大学出版社，2008.

[6] 劳动和社会保障部教材办公室，上海市职业培训指导中心.汽车维修电工(中级)[M].2版.上海：中国劳动社会保障出版社，2007.

[7] 王新民，宋震，姜国华.汽车维修技能实训[M].上海：同济大学出版社，2017.

[8] 熊维平，许平.汽车检测诊断实用技术[M].北京：人民交通出版社股份有限公司，2016.

[9] 戴良鸿.汽车维修工[M].天津：天津科学技术出版社，2009.

[10] 袁敏，崔平安，李雷.汽车新技术[M].上海：同济大学出版社，2017.

[11] 姚国平，舒华.汽车维修电工：电控系统[M].北京：国防工业出版社，2007.

[12] 刘皓宇. 汽车电器实训 [M]. 北京：高等教育出版社，2014.

[13] 黄仁义，滕建华. 汽车底盘电控技术 [M]. 北京：科学技术文献出版社，2015.

[14] 丛守智. 汽车维修技术及设备 [M]. 北京：机械工业出版社，1999.

[15] 庄继德. 汽车技术法规与法律服务 [M]. 3版. 北京：机械工业出版社，2018.